골목부자 월1천만원 장사왕

초판 1쇄 인쇄 2018년 1월 15일
초판 1쇄 발행 2018년 1월 20일

지은이 · 왕장사
발행인 · 강혜진
발행처 · 진서원
등록 · 제 2012-000384호 2012년 12월 4일
주소 · (03335) 서울 은평구 갈현로 182 대원빌딩 4층
대표전화 · (02) 3143-6353 / **팩스** · (02) 3143-6354
홈페이지 · www.jinswon.co.kr | **이메일** · service@jinswon.co.kr

편집진행 · 성경아 | **기획편집부** · 김선유 | **표지 및 내지 디자인** · 디박스
일러스트 · 최정을 | **마케팅** · 강성우

◆ 잘못된 책은 구입한 서점에서 바꿔드립니다.
◆ 이 책에 실린 모든 내용, 디자인, 이미지, 편집 구성의 저작권은 진서원과 지은이에게 있습니다. 허락 없이 복제할 수 없습니다.
◆ 저작권자를 찾지 못한 내용과 사진은 저작권자가 확인되는 대로 저작권법에 해당하는 사항을 준수하고자 합니다. 양해를 구합니다.

ISBN 979-11-86647-19-6 12320
진서원 도서번호 15007
값 18,000원

이 도서의 국립중앙도서관 출판예정도서목록(CIP)은 서지정보유통지원시스템 홈페이지(http://seoji.nl.go.kr)와 국가자료공동목록시스템
(http://www.nl.go.kr/kolisnet)에서 이용하실 수 있습니다.(CIP제어번호: CIP2017030230)

골목부자 장사왕
월 1천만 원

"나는 장사로 마흔살에 은퇴한다"

왕장사 지음

Special thanks to

♥

**왕장사 팟캐스트 애청자 여러분!
진심으로 감사드립니다.**

부모님께 용돈 드리며 나잇값을 하고
가족과 함께 마음껏 쓸 수 있는 돈은 얼마일까요?
막연히 생각한 돈은 월 1천만원!

부동산과 주식은 우리와 맞지 않았어요.
정년퇴직이 보장된 회사는 사라졌지요.
그래서 장사를 시작했습니다.

골목마다 숨은 고수를 만나 기본기를 다졌고,
365일 자리를 지킨 노점상에게 신의를 배웠습니다.
장사와 삶을 어떻게 따로 이야기할 수 있을까요?
인생에는 요행이 없듯, 장사도 마찬가지입니다.

왕장사 팟캐스트에 출연해주신 모든 분들과 청취자 분들
그리고
골목냉면수유점님, 괴산 다코아찌님, 부산 깨봉님,
연남동 문날님, 배장근 세무사님,
노란코끼리 대표 이백용님, 구스토어 사장님, 공인중개사 예진님

♥

왕장사를 장사왕으로 거듭나게 해주신 모든 분께
진심으로 감사드립니다.

팟캐스트 창업 분야 1위!
전국 장사왕들의 진검승부 노하우 총망라!

팟캐스트 왕장사(왕초보 장사꾼의 사장수업)는 왕초보를 장사왕으로 변모시키는 방송으로, 장사 고수 뜸부기, 직장인 대표 파이, 대기업 영어 강사 허피디가 뭉쳐서 만들었다. 홍대앞에서 닭꼬치 노점상부터 호프집, 즉석떡볶이집 등을 런칭해 대박 행진을 펼친 뜸부기를 주축으로 모였다.

직장에 다니지만 미래가 불안한 파이, 자기 사업을 일구고픈 허피디는 뜸부기의 장사 노하우를 공유하고자 방송을 기획했고, 그로부터 3년간 130여편의 에피소드를 내보냈다. 방송이 거듭될수록 왕초보 장사꾼들의 열광적인 호응을 얻었다.

주변에 대박 가게가 있다는 제보에 왕장사팀이 직접 출동해 인터뷰를 진행하기도 했다. 이 과정에서 방송을 듣던 애청자가 창업했다는 사연을 보내왔고, 이미 장사를 하던 사장님도 고민 상담을 요청하는 등 대한민국 장사꾼들의 소통의 장이 되었다. 무엇보다도 큰 결실은 뜸부기의 수제자인 파이, 허피디가 창업에 성공했다는 것이다. 팟캐스트 스튜디오 단팟(시설임대업), 자동차 인테리어 쇼핑몰 팝콘자동차(인터넷쇼핑몰)가 그것이다.

왕장사 방송의 결실 1 팟캐스트 전문 스튜디오 '단팟'   왕장사 방송의 결실 2 자동차용 소품 전문점 '팝콘자동차'

왕초보 월 1,000만원 벌기 프로젝트!
대기업 월급쟁이 부럽지 않은 수입!

뜸부기를 비롯한 장사 고수들은 수많은 실패를 거쳐 현재의 자리에 왔다. 그들이 왕초보에게 공통적으로 하는 조언은 장사를 시작하기 전에 충분히 준비하고 공부해야 한다는 것. 그래야 피 같은 돈과 시간을 날리지 않고 수익을 거둘 수 있다.

이 책은 왕초보를 위해 사업계획서 작성부터 상권분석, 입지 선택, 점포 계약과 노무, 세무 등 어느 것 하나 놓치지 않게끔 체크리스트로 꼼꼼히 정리한 것으로, 고수의 20년 가까운 노하우를 1권으로 만날 수 있다.

많은 사람들이 장사를 시작하면 월급쟁이보다 많이 벌고 싶다고 말한다. 실제로 소자본으로 창업할 경우 월 600만원 정도의 수익은 불가능한 일이 아니다. 줄줄 새는 경상비를 틀어막으면 월 400만원 수익을 추가로 만들 수도 있다. 이렇게 월 1,000만원 수익을 거두면 대기업 월급쟁이가 부럽지 않을 것이다.

이 단계를 경험하면 누구나 고수의 경지에 도전장을 내밀 수 있다. 두 번째, 세 번째 가게를 오픈하면서 사장이 없어도 자동적으로 굴러가는 오토매장으로 운영하는 것이다. 가게가 잘되면 어느덧 인수하겠다는 사람이 나타난다. 부동산투자가가 집을 1채, 2채 구입해 시세차익과 월세수익을 얻듯, 장사꾼도 실력을 쌓으면 권리금과 월매출이라는 복리의 수익을 거머쥐게 된다.

부동산, 주식 재테크보다 성공률이 높은 게 장사!
당신도 장사로 마흔 전에 은퇴할 수 있다!

왕장사팀의 리더이자 장사 고수인 뜸부기는 얼마 전 은퇴를 선언했다. 목표를 모두 이루었으니 미뤄둔 공부와 재충전의 시간을 갖겠다고 한 것이다. 동년배 직장인들이 미래를 걱정하며 출근할 때 그는 마흔살에 인생 2막을 활짝 열게 되었다.

회사만 다녀서는 노후를 준비할 수 없다. 그래서 다들 주식이나 부동산 같은 재테크를 한다. 하지만 주식이나 부동산은 운이 많이 따라야 하고, 성공률과 수익률도 낮은 편이다. 하지만 장사는 다르다. 돈이 없으면 노점상부터 시작하면 되고, 설사 실패할지라도 몸으로 배운 지식이기에 남는 게 있다. 장사는 정직하다. 허황된 욕심을 버리고 낮은 자세로 임한다면 누구나 성공의 기회를 붙잡을 수 있다. 왕장사 방송에 등장한 수많은 게스트들이 바로 그 증거다.

30억짜리 건물을 가진 건물주는 월세 1,000만원 정도 수익을 얻는다. 우리 모두 건물주가 될 수는 없을 것이다. 하지만 그들이 버는 월세만큼 장사로 월매출을 낼 수는 있다. 소자본 창업으로 월 1,000만원 수익은 결코 불가능한 꿈이 아니다. 월매출이 높은 가게일수록 부동산이나 주식처럼 가치가 생겨서 권리금이란 명목으로 사고팔기도 한다. 권리금과 월매출을 창출하는 실력 있는 장사꾼, 무에서 유를 만드는 그들의 노하우가 궁금하지 않은가? 그렇다면 지금 당장 이 책을 펼쳐보자.

팟캐스트 왕장사 삼총사 뜸부기, 파이, 허피디

왕초보 장사꾼이라면?

월 1,000만원 순수익 만들기

★ 빚 없이 시작! 돈보다 아이디어로 무장! ★

누구나 장사로 월 1천만원 OK!

장사는 요행이 아니야! 허황된 욕심을 버리고 빚 없이 낮은 자세로 준비!

1단계 최소 비용으로 내 가게 창업!
무권리점포 or 3,000만원 이하 권리금 투자로 창업비용 최소화

2단계 상권 맞춤 차별화! 매출 극대화!
독특한 인테리어와 메뉴, 단골 확대로 월 600만원 벌기!

3단계 나가는 돈 틀어막고 순수익 높이기!
줄줄 새는 세금, 경상비, 인건비 차단! 월 400만원 벌기!

월순수익 1,000만원!

골목부자 장사왕 도전!

골목부자 장사왕이 되려면?

월 1,000만원 순수익 + 권리금 만들기

★ 장사도 재테크! 오토매장으로 매출과 권리금 쑥쑥! ★

안 팔 건데… NO!

권리금 5천에 파세요!

월 1,000만원 순수익을 낸 장사꾼 도전! 수익로봇 오토매장 만든다!

1단계 잘나가는 가게 몸값 높이기!
홍보와 입소문으로 매출 상승, 유지비 줄이고 서비스 강화!

2단계 권리금 만들고 장사로 재테크하기!
나만의 장사 시스템 구축해 권리금으로 보상받기!

3단계 오토매장으로 수익로봇 만들기!
나 없이 돌아가는 오토매장! 시간과 돈이 2배로 들어온다!

월순수익 1,000만원! +α!

고수 마흔살 은퇴! 천만원+α

돈 걱정 없는 노후 완성!

골목부자 장사왕 되는 핫코스!

3가지 유형의 장사꾼, 나는 어디에 속할까?

3가지 유형 중 자신에게 해당되는 것을 선택하세요. 유형별로 안내된 단계를 따라 읽으면 됩니다.
궁금한 내용은 곧바로 읽어도 OK!

유형 1 — 왕초보 독립점포 장사꾼

- 내 스타일대로 하고픈 장사가 따로 있다
- 밑바닥부터 알바할 각오가 되어 있다
- 모아놓은 자금이 충분하지 않다

1단계 장사 준비
1년 안에 목표 수익률 달성하는 가게 만들기!
▶ 준비마당

2단계 사업계획서 작성
매출목표와 수익률을 깐깐하게 따져보자!
▶ 둘째마당

3단계 상권과 입지 분석
내가 가진 돈에 맞게, 가성비 최고 명당은?
▶ 셋째마당

4단계 내 가게 계약하기
계약서 1장이 장사의 성패를 좌우한다!
▶ 넷째마당

유형 2 — 왕초보 프랜차이즈 장사꾼

- 위험한 건 No, 전문가의 도움을 받고 싶다
- 직장 다니며 부업으로 운영하고 싶다
- 이미 충분한 자금을 모아두었다

1단계 장사 준비
1년 안에 목표 수익률 달성하는 가게 만들기!
▶ 준비마당

2단계 프랜차이즈 계약
유망 프랜차이즈 어디? 안전한 창업 원한다면?
▶ 첫째마당

3단계 사업계획서 작성
매출목표와 수익률을 깐깐하게 따져보자!
▶ 둘째마당

4단계 내 가게 계약하기
계약서 1장이 장사의 성패를 좌우한다!
▶ 넷째마당

유형 3

이미 장사 중인 장사꾼

- 장사를 하고 있지만 매너리즘에 빠졌다
- 같은 매출이라도 순수익을 더 올리고 싶다
- 내 가게 매출을 좀더 올릴 방법을 알고 싶다

1단계
노무 상식 배우기

적법하게! 그러나 불필요한 인건비는 막으려면?

▶ 다섯째마당

2단계
생존 세무 배우기

합법적으로 세금 줄이는 방법을 알아보자!

▶ 여섯째마당

3단계
자투리 경비 알기

줄줄 새는 경상비만 줄여도 수익률이 높아진다!

▶ 일곱째마당

 **SOS! 무엇이든 물어보세요!**

책 내용 중 궁금한 게 있거나 장사하는 현장에서 함께 나누고픈 얘기가 있다면 왕장사 카페의 '책문고답하기' 게시판을 방문해보세요.(cafe.naver.com/jangsapod) 왕장사팀 저자 분들이 친절하게 답변해드릴 겁니다. 지나간 팟캐스트 방송을 들으려면 팟빵에서 '왕장사'를 검색하세요.

왕장사 카페 cafe.naver.com/jangsapod

팟빵에서 '왕장사' 검색!

차례

준비마당 — 왕초보 장사꾼, 장사왕이 되려면?   24

01	흙수저 월 1,000만원 벌기, 장사에서 답을 찾다	26
02	장사 체질? 끊임없이 공부한다면 누구나 합격!	32
03	속 빈 강정 같은 크고 번듯한 장사, 주의!	38
04	아르바이트 경험, 장사 밑천으로 최고!	42
05	장사왕 3대 성공비결 — 목표, 신념, 실천	45
06	장사왕 비법 실천 — 세상 모든 가게 매출 산출법!	52

첫째마당 프랜차이즈 엿보고 장사왕 되기

56

07	창업자금이 충분하다면 프랜차이즈도 고려 대상	58
08	프랜차이즈 창업 5단계 한눈에 보기	62
09	[프랜차이즈 창업 1단계] 신중하게! 업종 선택과 상담	65
10	필수 질문 — 상품 금액, 교육비, 인테리어비, 투자비	67
11	[프랜차이즈 창업 2단계] 수익이 왔다갔다하는 가맹계약	74
12	[프랜차이즈 창업 3단계] 인테리어계약과 시공	80
13	인테리어 세부 견적서를 요청해야 하는 이유	82
14	[프랜차이즈 창업 4단계] 장비 계약과 설치	86
15	[프랜차이즈 창업 5단계] 본사 교육과 오픈!	88
16	왕초보를 위한 프랜차이즈 성공비결 7가지!	93

둘째마당 — 돈 되는 소설을 써보자! 부기곰탕 사업계획서

100

17	사업계획서, 이대로만 작성하면 A학점!	102
18	**[월매출 정하기]** 매출 2,000만원은 순수익 600만원 꼴!	108
19	**[월순수익 계산법]** 월매출에서 원가+고정비 빼기	111
20	**[운영시간 결정]** 하루 몇 그릇 팔아야 월매출 2,000만원을 채울까?	118
21	**[투자비 점검 1]** 권리금, 보증금의 모든 것	123
22	**[투자비 점검 2]** 인테리어 비용 예측하기	129
23	**[투자비 점검 3]** 월세+인건비 6개월치 확보하기	136
24	**[결론]** 15평 부기곰탕 초기 투자금은 6,700만원!	139
25	**[복기]** 사업계획서 약점 보완하기	141
26	**[특명]** 투자비 6,700만원, 11개월 안에 회수하기	147

셋째마당 대박 명당을 찾아라! 상권분석법 — 154

27	내가 가진 돈에 맞춰 상권과 입지를 선택하라	156
28	**[상권분석 1]** 서울 상권 Top 20 중 잘 아는 지역부터 철저 분석!	159
29	**[상권분석 2]** 유동인구, 배후인구 파악하기 — 한양대 사례	162
30	**[상권분석 3]** 빅데이터로 살펴보기 — 연남동 사례	168
31	**[상권분석 4]** 경쟁업체 파악하기 — 카페 창업 사례	176
32	**[상권분석 5]** 건물 가격만 알면 월세 예측 척척!	182
33	**[총정리]** 상권 결정을 위한 최종 체크리스트	188

넷째마당 눈뜨고 코 베이지 않는 정신 바짝 계약법 196

34	왕초보와 고수는 계약에서 판가름난다	198
35	[계약 1] 권리금 협상과 계약	202
36	이렇게 협상해야 공인중개사가 움직인다	211
37	권리금계약서 정복하기	215
38	3억 챙긴 장사꾼 vs 한 푼도 못 건진 장사꾼	218
39	[계약 2] 임대차계약 하루 전, 꼭 체크 체크!	222
40	임대차계약서 정복하기	230
41	장사의 자격, 영업허가증 준비하기	233
42	[계약 3] 호구가 되지 않는 인테리어 업체 선정법	237
43	인테리어계약, 새는 돈을 막아라!	245

나쁜 사장님 안되고도 인건비 줄이기

248

- 44 근로계약서, 왜 작성해야 할까? — **250**
- 45 근로계약서 정복하기 — **255**
- 46 상생 근로계약서 작성법 — **261**
- 47 최저시급, 주휴수당 모르면 나쁜 사장님 — **265**
- 48 4대보험과 퇴직금도 인건비에 포함! — **272**
- 49 파트타이머 채용시 인건비 절약 노하우 — **280**

합법적으로 세금 아끼는 장사왕 비법

284

50	필수 세금 3종 — 원천징수, 부가가치세, 종합소득세	**286**
51	세무의 시작, 홈택스와 친해지기!	**291**
52	[필수 세금 1] 인건비의 마무리, 원천징수!	**300**
53	[필수 세금 2] 매출에 10%씩 붙는 부가가치세	**305**
54	[필수 세금 3] 돈을 벌면 무조건 내는 종합소득세	**314**

알면 덜 뜯긴다!
15평 매장 자투리 경비들

322

55	포스기를 비롯한 각종 기기 렌탈비용 — 8만원	**324**
56	요식업 치명타, 쥐와 벌레! 방역비 — 10만원	**329**
57	내 가게의 안전을 위한 보험! CCTV — 3만원	**332**
58	내 재산을 지켜주는 화재보험 — 연 11만원	**337**
59	음식물쓰레기 처리비용 — 30만원	**339**
60	사장님만 예민한 카드수수료 — 8만원	**344**
61	15평 요식업 에너지비용 — 100만원	**346**
62	내 가게 알리기 — 온라인 마케팅으로 비용 절감!	**351**
63	웃어넘겨야 할 각종 분쟁과 돌발지출	**358**

장사왕 Tip

항목	페이지
'네이버부동산'에서 건물 가격 조회하기	183
15평 부기곰탕, 자투리 경비 절약 체크리스트	349
4대보험 대상이 아닌 경우는?	273
CCTV 설치를 언짢아하는 고객이 있다?	335
각양각색 경쟁업체 대응법	181
감가상각비, 3년간 나눠서 차감하자	151
갑작스런 해고, 법적 제지 조항은?	278
계약 전 공급면적과 전용면적 확인 필수!	224
권리금 사례 — 맥줏집, 학원, 디저트가게, 테이크아웃점	208
권리금 실거래가, 부동산중개소에 물어보자	161
권리금 중개수수료, 통상적으로 5~10%	214
권리금계약 끝난 후 건물주 반대! 맥줏집 분쟁 사례	236
나는 몇 점짜리 사장님일까?	55
내 가게 보증금, 얼마까지 보호될까? 환산보증금!	229
내 가게 이름, 상표출원으로 지키자	365
단돈 30만원으로 노점 창업 가능!	30
단시간근로자 계약시 근로일과 근로시간 쓰는 법	259
보안업체, 안전한 이미지를 사라	333
복식부기, 성공한 장사꾼의 의무!	304
부가가치세 누락하고 가격 책정하면 순수익 하락!	117
부가가치세 절감! 실전 꿀팁	312
비수기 극복법 — 은행원 출신 사장님의 골목냉면	146
상권만큼 중요한 내 가게 간판 지키기	187
상권이 필요 없는 쇼핑몰 창업 — 팝콘자동차 사례	195
새로운 종업원 고용을 주저하지 마라	283
새로운 홍보의 장! 팟캐스트와 네이버 모두, 스토어팜	356
세금을 내지 않으면 어떤 불이익이 있나?	289
셀프 인테리어? 꼭 싸기만 한 건 아니다	135
손님 1명이 지불하는 금액, 객단가	114
수당만큼 중요한 근로시간	271
아직 내 상품의 원가를 모른다면?	112
영세사업자와 저임금근로자를 위한 두루누리사회보험	279
왕초보는 권리금 3,000만원이 상한선!	128
인테리어! 업체에 맡길까, 직접 할까?	244
일반과세자? 간이과세자? 뭐가 좋은 걸까?	311
장사는 실천! 단팟스튜디오 창업기	50
전기 증설, 건물주와 협의 필수!	85
종이 없는 계산서, 전자세금계산서	299

종합소득세 절감! 실전 꿀팁	321
좋은 직원 뽑는 면접 방법	253
지하 1층 임대차계약시 누수 특약은 필수!	232
직접세, 간접세란?	306
집기비품, 중고를 활용해도 좋다	132
청소년 고용시 신경써야 할 부분은?	275
최저임금 인상으로 인한 정부지원금 계획	264
카드대금 지급 횟수를 줄여 수수료 감축!	345
폐식용유도 모으면 돈!	343
포스기 선택, 대세를 따라가라!	326
포스기로 부기곰탕 영업 빅데이터 예측하기	328
프랜차이즈 본사가 하라는 것 안 해도 되나?	91
프랜차이즈 손익계산 1. 샤브샤브 전문점	97
프랜차이즈 손익계산 2. 아이스크림 전문점	98
프랜차이즈 손익계산 3. 맥주 전문점	99
프랜차이즈 창업비용, 평균 1.6억!	64
프랜차이즈, 지금 대세는 누구?	72
홍대앞 떡볶이 장사, 마흔살 은퇴의 꿈을 이루다!	35

● 체크리스트

권리금 협상 전 시세 조사하기	206
근로계약서 구성 요소 확인하기	251
인테리어계약서 구성 항목	246
인테리어계약시 물어볼 사항	247
임대차계약 도중 건물주에게 물어보면 좋은 내용	228
임대차계약 도중 건물주와 협의할 부분	227
임대차계약 직전 확인사항	225
자투리 경비 절약 방법	350

01 흙수저 월 1,000만원 벌기, 장사에서 답을 찾다
02 장사 체질? 끊임없이 공부한다면 누구나 합격!
03 속 빈 강정 같은 크고 번듯한 장사, 주의!
04 아르바이트 경험, 장사 밑천으로 최고!
05 장사왕 3대 성공비결—목표, 신념, 실천
06 장사왕 비법 실천—세상 모든 가게 매출 산출법!

준비마당

왕초보 장사꾼, 장사왕이 되려면?

골목부자
월1천만원 장사왕

흙수저 월 1,000만원 벌기, 장사에서 답을 찾다

연봉 1억 이상, 월급쟁이로 가능할까?

우리나라 직장인은 얼마를 벌까? 한국납세자연맹에 따르면 직장인 평균 연봉은 3,172만원이다. 여기서 대기업 정규직 평균 연봉은 6,248만원, 중소기업 정규직 평균 연봉은 3,323만원이다. 이보다 못 받는 근로자가 훨씬 많다는 것을 짐작할 수 있다. 이렇게 살면 서울에 아파트 1채 구하는 데 평균 39년이 걸린다.

그래서 직장 다니면서도 부업을 준비하거나, 퇴직하고 전업으로 장사를 하려는 사람들이 많다. 평생직장과 정년보장은 이미 옛말이 됐기 때문이다. 이러니 월 1,000만원 번다는 목표는 건물주라도 되지 않는 이상 꿈같은 얘기다.

그렇다면 요즘 건물주는 얼마나 벌까? 일반적으로 30억짜리 건물 하나가 있으면 월세로 1,000만원 정도 들어온다고 한다. 30억짜리 건물이라고 하면 어마어마하게 느껴지지만, 그것으로 월 1,000만원 번다고 하니 상대적으로 만만해 보인다. 대한민국에서 월 1,000만원 버는 건물주가 되기는 어려워도 월 1,000만원 버는 장사꾼은 될 수 있지 않을까?

월순수익 1,000만원, 왕초보 장사꾼의 꿈같은 목표!

월 1,000만원 버는 장사의 성공공식은 다음과 같다. 먼저 소박하게(?) 월순수익목표를 600만원으로 잡아보자. 대략 월매출 2,000만원을 기록하면 벌 수 있는 돈이다.◆ 이 책에서 살펴볼 사업계획서 쓰기(둘째마당)나 상권분석(셋째마당) 등 다양한 지식을 활용하면 **월 600만원 버는 가게**를 만들 수 있다. 그렇다면 600만원에 어떻게 400만원을 더해 월순수익목표 1,000만원을 달성할까?

① 물론 불황일 땐 어느 정도 한계가 있다. 대박이 나지 않는 이상 더는 순수익을 높이기 어려운 한계에 부딪치게 된다. 이때는 최소의 비용으로 가게를 운영하기 위해 지출 내역을 검토하고 광고비를 줄이는 한편 숨겨진 순수익을 찾아야 한다. 이렇게 찾는 순수익은 매출 향상분을 포함해 최대로 월 400만원까지 끌어올릴 수 있다. 즉 매달 순수익 1,000만원은 전혀 불가능한 이야기가 아니다.

② 다른 측면에서 살펴봐도 가능하다. 월 600만원 순수익이 나오는 가게라

◆ 이 책에서는 월 1,000만원 순수익 달성을 위해 매출의 30%를 수익으로 잡았다. 장사를 하면서 수익률이 30%가 되지 않는다면 전략을 다시 짜야 한다. 장사를 하다 보면 자기도 모르게 새나가는 비용이 많아서, 수익률목표를 30%로 잡아야 월 1,000만원 순수익을 거둘 수 있다. 2,000만원 매출이라면 30%인 600만원을 순수익으로 예상할 수 있다.

면 권리금을 받고 나오기에 충분하다. 예를 들어 무권리점포로 창업해서 월 600만원 버는 가게를 만든다고 하자. 몇 년 후 점포 계약이 끝나고 가게를 성장시킨 대가로 5,000만원의 권리금을 받고 나온다고 하자. 권리금을 12개월로 나누면(5,000만원 ÷ 12개월) 월 400여만원이 수익으로 잡힐 것이다. 이렇게 한다면 매달 1,000만원을 번 셈이다.

건물주 부럽지 않은 장사 고수의 수익 창출법

고수들은 가게를 하나 정리하면 거기서 번 돈을 밑천으로 다음 가게를 만들고, 또 새로운 가게를 늘리고 하면서 금방 몸집을 불린다. 그 결과는? 내게는 건물이 하나도 없지만 건물주 못지않은 순수익을 내게 되는 것이다. 이들도 왕초보 시절에는 많은 시행착오를 거쳤을 것이다. 하지만 자신의 역량 안에서 장사의 기본기를 차곡차곡 다지며 올라왔다는 점은 공통된 사실이다.

왕초보라면 작은 가게를 자기 손으로 키워 성공해보는 경험이 중요하다. 이 책에서 월 1,000만원 순수익을 기준점으로 잡는 이유가 있다. **왕초보로 장사를 시작해 월 1,000만원 순수익을 만들 수 있다면 이 사람은 이미 고수의 반열에 들어선 셈**이다. 충분히 자기만의 장사 시스템을 구축하고 있으며, 오토매장◆을 운영할 수 있는 역량이 있다.

이런 과정에 익숙해졌다면 매장을 늘리는 것도 방법이다. 나만의 장사 시스템으로 최소한의 관리만 하고, 직원과 아르바이트로 운영하는 매장을 2개 만

◆ **오토매장** : 매장주가 일정 시간만 출근하거나 하루 종일 자리를 비워도 돌아가는 관리형 매장을 의미한다. 직원이나 아르바이트 사원을 고용해 전일제로 근무하게 하는 등 자동으로 운영되는 시스템이 구축된 곳이다.

들었다고 생각해보자. 추가 인건비가 들어가서 한 매장의 월순수익은 줄어들 수도 있다.

하지만 운영이 잘되던 가게를 확장하는 경우 이미 숙련된 직원이 있기 때문에 큰 어려움 없이 새 직원에 대한 교육이 이루어진다. 그런 직원에게 의존하는 만큼 비전과 발전을 제시해야 한다. 하지만 책임감이 강한 직원이 늘어날수록 한 단계 높은 홍보, 마케팅, 서비스를 고객들에게 제시할 수 있다. 가게를 확장할수록 초창기 안착에 필요한 시간이 대폭 줄어들기 때문에 더욱 유리한 수익구조 안으로 들어갈 수 있다.

이 책의 목표는 왕초보 장사꾼이 프랜차이즈의 도움 없이 소자본으로 자기만의 장사 시스템을 만들고 수익을 극대화할 수 있도록 돕는 것이다. 상권분석부터 각종 장사 노하우를 섭렵해야 가능한 일이지만, 차근차근 밑그림을 그리고 실천해보자. 이 책의 모태가 되는 왕장사 팟캐스트를 함께 들으며 책을 읽어나가는 것도 도움이 될 것이다.

이 책의 내용이 왕장사 팟캐스트에 고스란히 담겨 있다

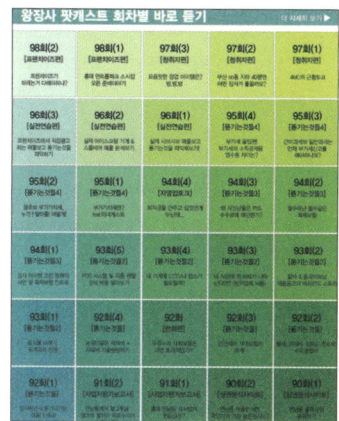

왕장사 카페(cafe.naver.com/jangsapod)에 오면 팟캐스트 회차별 바로 듣기가 있다

단돈 30만원으로 노점 창업 가능!

부천 중동 재래시장의 호떡집과 종로 노점의 훈남만두

노점상 창업비용은 얼마일까? 왕장사 팟캐스트 11회에서 부천 중동 재래시장 안 앞도배(점포 소유자의 승낙을 받아 점포 앞에 자리잡은 노점) 자리에서 호떡을 파는 이태곤 사장님을 인터뷰한 적이 있다. 자동차부품 사업으로 남은 것은 빚과 단돈 30만원. 이 돈으로 장사를 시작했다. 창사모 카페 주인장 건언님께 레시피를 배워 시작했다고 한다. 축제 시즌이 끝나 중동시장에 자리를 잡았으나 성과가 컸다.

4회에 인터뷰한 '훈남만두' 사장님도 기억에 남는다. 줄지은 종로3가 노점들, 여기서 유일하게 휴대전화에 시선을 뺏기지 않고 상냥한 미소로 손님과 눈을 맞추며 장사하는 청년 사장님. 노점을 시작한 것은 더 큰 사업을 위한 발판이라며, 자기 손에 단돈 50만원밖에 없다고 해도 노점상을 시작할 수 있다고 했다. 비가 오면 우산을 떼어 팔고, 번 돈으로 또 다른 물건을 파는 등, 돈이 없다고 해서 장사를 시작할 수 없는 건 아니라고 했다.

부족한 인터뷰 때문에 다시 찾아간 훈남만두. 벌써 노점상은 그만두고 점포를 차려 장사를 시작했다고 한다. 과연, 왕장사팀의 안목을 확인하는 순간이었다.^^

창사모 건언님 레시피로 시작한 호떡 노점

다시 찾아간 훈남만두, 성공의 결실로 점포 창업!

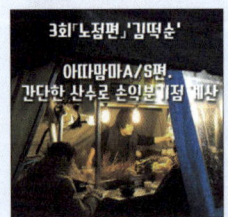
홍대앞 지킴이 '김떡순' 사장님

한때 홍대앞에서 닭꼬치 노점상을 한 왕장사팀의 뜸부기. 밑천 없이 시작했지만 희망을 잃지 않고 단골이 30%에 육박하는 가게를 만들었다. 막연하게만 보이던 직장인 월급 이상의 매출액도 달성했다. 이렇게 번 돈으로 점포로 옮겨 창업하고 마흔살 은퇴의 꿈을 이뤘다. 장사 노하우는 노점상 시절에 대부분 쌓았을 정도로 값진 시간이었다.

노점은 불법, 한시적 허용 기회 노릴 것!

장사를 시작할 때 돈이 어느 정도 있으면 프랜차이즈를, 상대적으로 돈이 적으면 독립점포를 열게 된다. 그런데 가진 돈이 거의 없으면? 그래도 장사를 하고 싶다면? 그럴 땐 노점도 대안이 될 수 있다. 물론 우리나라에서 노점은 불법이다. 하지만 지자체 조례에 의해 한시적으로 합법화가 진행되므로 '노점상사랑모임(노사모)', '창업사업모임(창사모)' 카페에서 수시로 정보를 확인하자.

노점상사랑모임 cafe.naver.com/gclubt

창업사업모임 cafe.naver.com/jangib2041

장사 체질? 끊임없이 공부한다면 누구나 합격!

장사는 체질에 맞아야 한다? 옛날 얘기!

막상 장사를 하려 해도 고민하게 되는 부분이 있다. "성격상, 느낌상, 체질상 장사에 맞지 않는데 과연 내가 할 수 있을까?" 하는 의문이 드는 것이다.

흔히들 장사를 하려면 이른바 장사 체질이 필요하다고 한다. 여기서 장사 체질은 낯선 사람을 만나는 데 거리낌이 없다거나, 설명하고 설득하는 것을 좋아하는 성향을 말한다. 특히나 "손님이 왕"이라는 인식 때문에 항상 친절하고 봉사하는 마음으로 대해야 하는 장사에 거부감이 생기기 쉽다.

하지만 요즘은 상황이 많이 바뀌었다. 손님을 왕처럼 대하는 것은 기본이지만, 왕답게 행동하지 않는 손님은 거부하는 가게가 많아지고 있다. 서비스직에 종사하는 사람의 인권을 살피는 의식이 높아지고 있는 것이다. 그러니까 이제는 이렇게 말할 수 있다.

"장사 체질인 사람만이 장사를 잘하는 게 아니다!"

평생직장이란 말이 무색해진 것처럼, 평생 장사를 하는 가게도 줄어들고 있다. 하지만 자리가 바뀌고 가게를 내놓아도 한번 장사꾼은 영원한 장사꾼이다. **한번 무언가를 팔아 이문을 남겨본 사람은 평생 장사꾼이 된다.** 내성적이고 활발하지 않은 성격이어도 말이다. 하지만 평생 장사꾼의 공통점은 따로 있다. 바로 끊임없이 연구하고 공부하는 자세다.

가게는 사라져도 평생 장사꾼은 존재한다

왕장사팀이 창업한 팟캐스트 스튜디오 '단팟'이 있는 홍대앞만 봐도 요즘 유행의 흐름이 얼마나 빠른지 알 수 있다. 새 가게가 1년이고 2년이고 계속해서 장사하는 모습은 보기 힘들다. 점포 계약 연장이 보장되는 5년이 지나고도 그 자리에 남아 있는 가게는 정말이지 진국이다. 그만큼 오랫동안 살아남는 가게가 없기 때문이다.

생각을 바꾸어야 한다. **평생직장을 찾듯 평생 가게를 일구기보다, 트렌드에 맞게 업종을 바꿀 줄 아는 장사꾼이 되어야 한다.** 마침 우리나라에는 다른 나라에 없는 독특한 문화가 있다. 바로 권리금이다. 가게를 자주 사고파는 상황에서, 자리잡아놓은 가게를 살 때 그 시설과 시스템에 대해 지불하는 돈을 권리금이라고 한다. 가게를 팔 때 권리금을 잘 받을 수 있다는 것은 그만큼 가게를 잘 관리했다는 뜻이며, 그동안의 노고를 인정받는 일이기도 하다.

최근에는 장사를 투자의 관점으로 보는 고수들이 등장했다. 저평가된 가게를 찾아서 장사꾼의 노하우를 담아 좋은 점포로 가꾼 다음 점포를 다른 사람에게 넘기는 것이다.

하지만 일반적인 재테크 투자와 다른 점이 하나 있다. **장사에는 장사꾼의 노력과 헌신이 그대로 드러난다**는 것이다. 연구하고 공들여 개업한 가게는 티가 난다. 다른 누가 아니라 손님이 안다. 그리고 그런 손님이 장사꾼에게 돈을 지불한다.

이렇게 장사에서 성공하려면 어떻게 해야 할까? 바로 **평생 동안 장사에 매진해온 장사꾼들한테서 그 방법을 배워야 한다**. 따라서 무작정 창업하기보다는 잘되는 가게에 들어가 아르바이트부터 시작하자. 그것이야말로 시행착오를 줄이고 고수의 노하우를 몸으로 체득할 수 있는 최고의 방법이다.

한번 이문을 남겨본 장사꾼은 업종을 넘나들며 장사를 한다. 아르바이트로 밑바닥부터 시작한 장사꾼들이 많다. 이들의 노력과 헌신에 따라 대박 신화가 만들어진다

홍대앞 떡볶이 장사, 마흔살 은퇴의 꿈을 이루다!

장사는 효율과 계획이 전부! 사장 역할이 중요

왕장사의 장사 멘토 뜸부기는 지난 10여년간 장사를 했다. 결코 행복하고 즐거운 일만 있었던 것은 아니라는 것을 모두가 예상할 것이다. 처음부터 프랜차이즈처럼 시스템이나 인력관리 노하우, 서비스 매뉴얼, 업무 매뉴얼 등이 체계화되어 있었던 것도 아니고 여러 가지 시련도 있었기에 슬럼프도 많았다. 장사라는 것이 무조건 돈이 벌리기만 하면 최고일 것 같지만, 사람 일이라는 게 그렇게 단순하지가 않다.

시스템이 없어서 반복적으로 일어나는 실수나 마찰들, 업무의 분담과 교육이 제대로 이루어지지 않아서 사장 혼자 모든 것을 해결해야 하는 나날이 반복되는 것, 고용과 노무를 잘 몰라서 아르바이트생들과 생기는 갈등 등. 매일매일 몸으로 때우는 시간이 지속되면 돈벌이가 좀 된다고 해도 장사가 재미있을 리가 없다.

장사는 처음부터 '효율'과 '계획'을 절대 빼놓을 수 없는 영역이다. 어느 정도 사업이 자리를 잡으면 사장님은 사장의 역할을 해야 한다. 사장의 목표와 철학에 따라 역할을 스스로 정하고 효율적인 노동 투입을 통해서 사업의 안전성, 확장성, 차별성 등에 몰두해야 한다.

노점상, 맥줏집을 거쳐 시작한 떡볶이집! 일매출 40만원 목표!

두 번째 장사가 안정기에 접어들 때쯤 다른 사업을 고민하게 되었다. 장기적으로 봤을 때 저녁에 장사하는 것이 쉽지 않았다. 그러나 여전히 인적 자원이나 물적 자원이 충분한 상태가 아니어서, 동업자와 기존 장사에 문제가 없도록 철저히 업무를 분담한 뒤 파트타이머를 고용해 새로 뛰어든 것이 즉석떡볶이였다. 이미 메인 메뉴 개발은 끝난 상태였다.

목표는 일매출 40만원! 주방에서 일하는 사람이 홀서비스까지 해야 살아남는 구조였기 때문에 떡볶이와 단짝이라는 각종 튀김을 포기할 수밖에 없었다. 받아다 파는 튀김은 맛이 없어 경쟁력이 없고 직접 만드는 튀김은 원재료비에 비해 시장가격이 낮게 형성되어 있어서

메리트가 전혀 없었다. 게다가 튀김 요리에 숙련된 사람도 필요해서, 떡볶이를 하면서 튀김까지 한다는 것은 불가능했다. 그래서 '떡볶이에는 각종 튀김'이라는 노선을 버리고 맥줏집을 운영할 때 제일 잘 팔린 한편 손이 덜 가는 메뉴였던 감자튀김을 선택했다.

뜸부기의 세 번째 장사 도전! 마흔살 은퇴를 가능케 한 즉석떡볶이

손이 많이 가는 각종 튀김을 포기하고 감자튀김을 사이드 메뉴로 선택

테이블 회전율이 40분이라는 가정하에 최대 매출을 올리는 데까지 9개월이 걸렸다. 순수익 30%에 목표를 맞춘 전략은 계속 수정되었다. 그렇게 햇수로 8년이 지나면서 함께 일하는 사람들이 늘어나고 점차 성장할 수 있었다.

이제 뜸부기는 가게 운영에서는 완전히 떠났지만 소중하게 지킬 것은 그대로 남아 있다. 그중에서 가장 중요한 리스크관리는 권리금이다. 인력관리나 사업계획은 준비하고 고민하는 만큼 전략적으로 보완할 수 있지만 가장 관리하기 힘든 것이 권리금이고, 다행히 권리금으로 손해를 본 적이 없었다.

오래 장사하려면 재충전 필수! 나 없이 굴러가는 시스템 만들기!

10년간 청춘을 바친 가게 덕분에 목표한 돈을 모았고 은퇴를 선택했다. 물론 그동안 장사만 하고 살지는 않았다. 장사만 하면 오래 버티지 못한다. 재충전을 위해 틈틈이 여행과 휴식을 취했고, 이것이 10년간 장사를 지속한 원동력이었다. 항상 사장이 출근하지 않아도 굴

10년 장사의 비결, 뜸부기의 재충전 팁은 바로 여행!

러갈 수 있도록 시스템을 구축했기에 가능한 일이었다.

100세 시대는 짧은 은퇴가 반복되는 시대다. 뜸부기는 안다. 장사가 준 성취감과 행복이 크다는 사실. 마흔살 은퇴의 꿈을 이루었지만 또다시 새로운 아이템으로 장사를 시작하리라는 사실을.

속 빈 강정 같은 크고 번듯한 장사, 주의!

매출보다 중요한 건 순수익!

장사를 처음 시작하려는 사람들이 흔히 하는 착각이 있다. 장사는 크게 할수록 많이 번다는 것이다. 특히 직장인들이 이런 유혹에 더 쉽게 노출된다. 남의 이목을 지나치게 의식하거나 제대로 구색을 갖추어서 시작하고픈 강박 때문이다.

하지만 실상은 다르다. 과시를 위한 장사는 큰코다치기 쉽다. 이들에게 특별히 해주고 싶은 얘기가 있다.

첫째, 매출 규모가 중요한 게 아니라 순수익이 중요하다. 창업비용을 비싸게 들여 매출 10억을 올리든, 알뜰살뜰하게 운영해 매출 1억을 올리든, 결국 주머니에 들어오는 순수익은 같을 수 있다. 중요한 건 자기 처지와 형편에 맞게 사업의 크기를 정하고 순수익을 가늠해보는 것이다.

둘째, 규모가 작은 가게라도 일단 시작하는 것이 중요하다. 작은 장사라도 부딪쳐본 것과 머릿속으로만 구상한 것의 경험 차이는 어마어마하다. 첫 장사를 100평짜리 큰 매장으로 운영한다 하더라도 운영할 능력이 되지 않으면 하루아침에 무너질 수 있는 것이 장사의 세계다.

큰 가게가 성공을 보장해주지 않는다

똑같은 스시집을 낸 두 사람이 있었다. A는 홀이 10평 정도 되는 작은 가게에 튀김기 하나와 최소한의 주방기기를 설치했고, B는 럭셔리한 인테리어에 단체손님과 큰 주문을 소화할 수 있는 세팅까지 마쳤다. 튀김기도 여러 개로 꽤 큰 투자였다. 둘 다 똑같이 첫 창업을 하는 입장이지만 시작은 달랐다.

처음에는 B의 가게가 잘나갔다. 이른바 오픈빨이었다. 가게도 으리으리하고 기계도 빵빵하니 손님들이 기대를 하고 들어오는 것이다. 그러나 이후 하향세를 그렸고, 결국 결과가 좋지 않았다. 가게의 규모를 크게 시작하는 것 말고는 장사에 대한 노하우가 충분히 쌓여 있지 않았기 때문이다.

하지만 A는 달랐다. 초기 투자비가 적었지만 맛으로 승부했고, 차근차근 수익을 올려 매장을 하나둘 늘렸다. 덕분에 1년 만에 투자금을 회수하고 순수익을 내기 시작했다.

사장 A

빚내서 창업하지 마라! 작은 창업이 필수

A가 B와 달리 성공한 이유는 크게 2가지다. **첫째는 최소의 투자금으로 부담을 줄였다는 것이다.** 투자금이 적게 들었을 뿐 아니라 빚을 갚아나가는 시간도 짧았다. **둘째는 자신의 경험과 주위 상권에 딱 맞는 크기를 결정했다는 것이다.** B의 가게는 많은 손님을 받을 수 있는 시설을 갖추고 있었지만, 정작 본인에게 많은 손님을 받을 만큼 장사꾼의 내공이 갖춰져 있지 않아서 실패했다.

가게의 크기는 근처 상권이라든지 배후인구의 특징, 유동인구 이동 패턴, 내 상품의 특징 등과 관련해서 반드시 심각하게 고려해야 하는 사항이다. 매장의 크기는 고정비용, 특히 월세와 설비투자의 규모, 인건비, 기타 지출에 직접적인 영향을 주는 요인임을 잊어서는 안된다.

왕초보 장사꾼이라면 작게 시작해서 필요한 만큼 확장하는 것을 추천한다. 크게 시작한 가게를 줄이는 것은 어렵다. 그러나 작게 시작한 가게를 늘리는

것은 상대적으로 쉽다. 창업비용에서 경제적일 뿐만 아니라 장사꾼으로서 본인도 성장할 수 있다.

트렌드만 뒤쫓는 장사? 상투 잡지 말 것!

요즘도 카페 프랜차이즈 세미나에는 사람들이 미어터진다. 카페는 자본을 쏟아 장소와 인테리어를 확보하면 장사가 잘되리라는, 막연한 환상에 빠지기 쉬운 대표적인 업종이다. 무엇보다도 카페를 운영하면 있어 보인다. 그래서일까, 퇴직금을 쏟아부어도 성공하는 경우가 참 드물다.

주식투자에서 수많은 개미투자가들이 실패하는 이유도 이와 같다. 한정된 정보 안에서 남들 움직이는 대로 따라가니 이미 모든 투자가 끝난 종목에 매달리게 된다. 정신을 차렸을 때는 이미 작전세력도 나가고 알짜 투자자도 나간 상태다. 남은 것은 가치가 뚝 떨어진 종이쪼가리뿐이다.

이런 상황에서 성공을 거두려면 남들보다 한 발짝 먼저 앞서가야 한다. 어쩔 수 없이 남들 다 하는 경쟁에 뛰어들었다면 경쟁에서 이길 자기만의 무기를 만들어야 한다.

아르바이트 경험, 장사 밑천으로 최고!

미리 1년은 일해봐야 창업 실패를 막는다

장사가 처음이라면 가장 먼저 할 일이 있다. 자신이 창업하고자 하는 업종에서 먼저 아르바이트를 경험하는 것이다. 임금이 낮고 자질구레한 잡무를 도맡게 될 가능성이 있지만, 어차피 장사를 하려면 그런 사소한 일까지 어떻게 돌아가는지 다 파악해야 한다.

무엇보다도 **아르바이트는 1년간 그 업종이 어떻게 돌아가는지 파악하는 가장 경제적이고 확실한 방법**이다. 어떤 업종이든 적어도 1년 사계절은 경험해보는 것을 추천하는데, 같은 장사라 해도 계절마다 처하는 상황과 매출이 다 다르기 때문이다. 마치 연애와 비슷해서, 사계절을 모두 겪고 나야 장사의 본 모습을 알 수 있다.

장사 수업도 받고 돈도 받고, 일석이조!

똑같은 창업을 하더라도 1년간 아르바이트를 경험하고 창업하는 것과 지금 당장 창업하는 것 사이에는 큰 차이가 있다. 왕초보 장사꾼이 지금 당장 창업한다면 장사에 대한 시스템을 직접 모두 만들면서 많은 시행착오에 부딪치게 될 것이다. 버티더라도 수년이 지나야 손익분기점을 넘을 수 있다. 프랜차이즈로 창업한다면 더 많은 투자비용이 필요해서 대출을 받아야 하고, 로열티도 지급해야 하기 때문에 손익분기점이 더 늦어질 수 있다.◆

한편 아르바이트를 경험하고 자기 가게를 창업한다면 첫 1년 동안은 오히려 소득이 발생한 셈이다. **돈을 받으면서 장사의 시스템을 배웠기 때문**이다. 경험과 번 돈을 보태서 2년째에 개인점포를 내도 손익분기점은 늦지 않으리라. 아르바이트하면서 모아놓은 돈을 창업비용에 보탤 수 있으므로 대출에 대한 부담도 낮아질 것이다. 그래서 왕초보 장사꾼에게 1년간 아르바이트를 추천하는 것이다.

요즘 장사는 계속 세분화되고 있다. 자신이 원하는 분야가 베이커리인지 국수 전문점인지 분식집인지 카페인지에 따라 필요한 노하우가 달라진다. 자신이 원하는 스타일대로

◆ 프랜차이즈라고 단점만 있는 건 아니다. 이미 검증된 장사의 시스템을 처음부터 활용할 수 있다는 것은 프랜차이즈의 장점이다. 프랜차이즈에 대한 자세한 내용은 〈첫째마당 프랜차이즈 엿보고 장사왕 되기〉 참고.

장사를 하는 가게를 찾아 그곳에서 아르바이트를 시작해보자. 보다 구체적인 사업계획서를 작성하는 데 도움이 될 것이다.

◆ **아르바이트 경험하고 창업하면 투자금은 최소, 노하우는 최고!** ◆

	아르바이트 경험하고 창업	지금 당장 창업	지금 당장 프랜차이즈 창업
1년째	약 2,000만원 소득	투자비용 약 8,000만원	투자비용 약 1.5억원
	▼	▼	
2년째	투자비용 약 6,000만원	장사 시스템 완성	
	▼	▼	▼
손익분기점	3년째(예상)	3년째(예상)	4년째(예상)
비고	• 안정성 높음 • 대출 투자금 적음	• 안정성 보통 • 대출 투자금 많음	• 로열티 지급 • 대출 투자금 매우 많음

투자비용을 회수하는 손익분기점! 적어도 3년을 마지노선으로 잡고 회수할 것! 자세한 내용은 26장 참고

장사왕 3대 성공비결
— 목표, 신념, 실천

장사의 성패를 가르는 성공비결

성공한 사람들에게는 각자 성공비결이 있다. 장사도 마찬가지다. 성공한 장사꾼들을 지켜본 결과, 장사의 성공비결을 크게 3가지로 정리할 수 있다는 사실을 발견했다. 바로 목표와 신념과 실천(행동력)이다.

첫째, 목표. 구체적일수록 성공에 가까워진다. 똑같은 출발점에 선 두 사람이 있다면 그중에서 간절한 마음으로 목표를 향하는 사람만이 이긴다. 또한 보다 구체적인 목표를 설정해야 성취율도 높아진다.

둘째, 신념. 어떤 상황과 사건에 처하더라도 흔들리지 않을 강인한 멘탈의 근원이다. 매일 새로운 손님을 만나고, 각종 사고와 갈등에 부딪치는 장사꾼에게는 신념이 필요하다. 힘들다고 장사를 그만두기 전에 그 상황을 극복할 수 있는 멘탈이 필요하다.

셋째, 실천. 지금 당장 실행에 옮길 의지, 즉 행동력이다. 장사를 해야겠다고 생각하는 사람들 중 말만 하고 실제로 행동으로 옮기지 않는 사람들이 많다. 말로는 "내년부터!", "목돈이 모이면!", "은퇴하면!"을 외치지만, 과연 그 시기가 왔다고 해서 바로 장사를 하게 될까? 지금 당장 행동으로 옮겨 실천하는 사람이 이긴다.

장사 성공의 3가지 비결

① 목표
장사를 하게 만드는
강력한 동기

② 신념
어떤 손님과 사고에도
흔들리지 않는 멘탈

③ 실천
당장 장사를
시작하는 행동력

어떤 목표와 신념, 실천 의지를 가지고 있는가?

장사의 성공비결 3가지는 스스로 찾고 만들어야 하는 부분이다. 이 책을 펼친 독자라면 원하는 목표, 신념, 실천 의지가 있을 것이다. 여기서 잠깐 그것이 무엇인지 곰곰이 생각해보자. 다음 쪽에 있는 왕장사팀 3명의 사례를 엿보며 칸을 채우면 쉬울 것이다.

나의 목표와 신념, 실천은?

목표	
신념	
실천 ◆ (목표와 신념을 위해 지금 당장 구체적으로 실천할 일은?)	

◆ '실천' 항목이 구체적으로 떠오르지 않는다면 다음 06장을 살펴볼 것.

◆ 왕장사팀 뜯부기 사례 ◆

목표	• 누군가에게 고용되지 않고 자발적인 노동을 한다. • 경제적 제약 없이 삶을 탐구한다. • 반드시 타인의 삶에 기회를 주는 사람으로 산다. • 마흔살이 되기 전에 은퇴한다. • 은퇴의 조건을 모두 충족시키면 바로 은퇴하고 다음 10년을 준비한다.
신념	• 문제의 해결책은 반드시 있다. • 함께하는 사람들을 즐겁게 해줄 수 없다면 장사의 리더가 될 수 없다. • 잘못된 것이나 고쳐야 할 것은 반드시 그날 해결한다. • 장사는 모든 요소들의 균형을 잡는 것이다. 따라서 사소한 것도 소홀히 해서는 안된다. • 장사는 사람을 빼고 이야기할 수 없다. 직원도 손님도 건물주도 모두 내 편으로 만들 수 있다. • 혼자 잘해서 되는 것은 없다. 항상 사람들에게 감사를 표현해야 한다.
실천 (목표와 신념을 위해 지금 당장 구체적으로 실천할 일은?)	• 10년 단위 인생 계획 짜기 • 재무계획표 짜기 • 버킷리스트 만들기 • 지금 당장 사업계획서 써보기 • 나만의 창업 준비노트 만들기 • 1달에 책 5권 읽기 • 관심 분야 자료수집하기 • 1주일에 한 번 업소탐방하고 리포트 써보기 • 오늘 일을 내일로 미루지 말기 • 사람들의 장점을 찾아서 칭찬하기 • 남의 말 끝까지 듣기 • 사람들을 웃게 해주기 • 내가 목표를 달성했을 때를 상상하기 • 내가 장사로 성공해야 한다는 결론에 다다랐으면 할 수 있는 장사가 무엇인지 생각하고 계획하고 바로 행동하기

◆ 왕장사팀 파이 사례 ◆

목표	• 언제 닥칠지 모르는 퇴사 상황을 대비해서 제2의 저수지를 마흔살 전에 만들자.
신념	• 아무리 생각해도 미래를 대비하는 데는 장사가 최고다.
실천 (목표와 신념을 위해 지금 당장 구체적으로 실천할 일은?)	• 일단 작게 '팝콘자동차' 상품을 블로그에서 팔아보자!

◆ 왕장사팀 허피디 사례 ◆

목표	• 빠르게 바뀌는 시장과 사회, 다가오는 미래에 유연하게 대처할 수 있는 주체적인 삶을 살자. • 현재 시장의 문제점을 주체적으로 파악하고 변화시켜서 시장에 새로운 변화를 주자. • 다양한 사람들을 만나고, 다양한 시각과 이해관계를 통해서 더 발전하자. • 그것에서 영감을 얻고 다른 이에게도 영감을 주는 사람이 되자.
신념	• 나 혼자서는 힘들다. 협업을 통해서 빠르게 성장할 수 있는 퍼플오션을 찾자.
실천 (목표와 신념을 위해 지금 당장 구체적으로 실천할 일은?)	• 내 아이디어를 다른 사람들에게 이야기해서 나와 비전이 맞고 나에게 영감을 주는 사람들을 모은다.

왕장사팀 3명은 장사꾼 대표 뜸부기, 직장인 대표 파이, 프리랜서 대표 허피디다. 대한민국에서 장사를 꿈꾸는 사람들의 유형별 대표주자일 것이다. 왕장사팀의 목표, 신념, 실천 항목을 참고해 여러분도 이참에 장사의 의미를 되돌아보길 바란다. 자신의 생각을 정리해보는 것만으로도 장사의 첫 단추는 끼운 셈이다.

장사는 실천! 단팟스튜디오 창업기

1년 만에 투자금 회수! 창업비용 최소화가 성공 포인트!

단팟스튜디오는 팟캐스트 전용 스튜디오로, 왕장사팀인 뜸부기, 허피디, 파이 셋이 공동운영한다. 왕초보가 알아야 할 장사의 기본지식을 팟캐스트로 방송하면서, 언젠가 셋이서 창업해보자고 결심했다. 오랫동안 아이템을 고민하다가 매번 팟캐스트 녹음실을 잡기가 힘들다는 사실을 깨닫고, 아예 녹음실 스튜디오를 내자며 의기투합한 게 출발점이다.

방송에서 차근차근 공부한 대로 사업계획서를 짜고, 수익 타당성을 확인한 다음 창업을 하기로 결정했다. 그다음 시장조사 등을 통해 성장 가능성을 확인했으며, 가격경쟁력 조사, 매출 예상, 경쟁업체와 동종업종을 통한 전략 수립 등의 작업을 했다.

창업비용을 합리적으로 지출한 덕분에 주말의 경우 최대 매출액의 85%를 넘어갈 정도로 순탄하게 성장할 수 있었다. 월순수익은 인건비와 고정비, 기타 지출을 모두 제외하고도 투자비용의 월 10%를 넘는다. 이 말은 1년이 되지 않아서 투자금을 모두 회수할 수 있다는 뜻이다.

약 1년 전부터 연남동 일대 부동산 중개인과 직거래 정보를 통해 꾸준히 월세와 보증금, 권리금 시세를 조사했으며, 조건에 충족되는 매물이 나오자마자 거래를 완료했다. 왕장사팀이 내건 조건은 다음과 같았다.

- 권리금 무
- 최초 2년 계약
- 계약 갱신에 문제가 없을 것
- 건물 자체 하자는 집주인이 책임질 것
- 관리비가 과도하지 않을 것
- 관리비도 세금계산서 발행 가능
- 건물주가 본 사업에 호의적일 것
- 40평 이상
- 녹음실 5개 이상
- 전기승압공사를 하지 않아도 될 것
- 주차 가능
- 대중교통 이용시 도보로 10분을 넘기지 말 것
- 월세 100만원 이하
- 에어컨 실외기를 6개 이상 배치
- 원상복구하지 않아도 될 것

허피디는 기술적인 부분을 담당해 해외에서 시스템을 수입해 세팅했으며, 뜸부기는 임대차 계약, 인테리어계약, 각종 설비 계약과 행정업무를 처리했다. 파이는 디테일한 인테리어와 소품, 집기, 판매물품을 관리하고 특허를 등록했다.

허피디가 담당한 시스템 장비들   뜸부기가 담당한 임대차계약 등   파이가 담당한 특허 등록과 판매물품 관리 등

3명 다 메인이 되는 직업이 따로 있었지만, 효율적으로 업무를 분담함으로써 최소 투자, 최고 수익률을 올리고 있다. 앞으로 시장의 변화와 소비자의 니즈를 민감하게 반영해서 2호점, 3호점을 내는 등 사업규모를 확장해나갈 예정이다.

단팟스튜디오는 3명이 동업해서 창업한 것으로 주식회사 형태를 선택했다. 동업에서 오는 여러 가지 불편하고 불합리한 일들을 미연에 방지할 수 있는 장치들이 있기 때문이다. 2018년 1월 14일이면 단팟스튜디오 1주년이다. 현재는 파트타이머 6명의 인건비를 모두 지출하고도 투자비용의 10%를 매월 흑자로 내고 있다. 오토매장으로 운영 중이지만 다른 사업에 비해서 원재료비나 고정비가 낮고 무엇보다 시세보다 저렴한 월세 덕분에 순수익은 50% 가까이 된다.

장사왕 비법 실천 — 세상 모든 가게 매출 산출법!

지금 당장 점심시간부터 실천하는 장사왕 수업

앞서 실천에 대한 이야기를 했으니, 왕초보 장사꾼이 지금 당장 움직일 수 있는 대표적인 예시를 살펴보자. 어떤 일이든 21일을 반복하면 습관이 된다는 이론대로, **당장 행동하는 것을 21일간 반복한다면 장사꾼의 자세를 만들 수 있을 것**이다.

앞에서 뜸부기는 1주일에 한 번씩 업소를 탐방하고 리포트를 쓰는 것을 실천하고 있다고 했다. 그 구체적인 방법을 이번 장에서 공유할 것이다. 사실 고수들은 대부분 이

런 식으로 다른 장사꾼의 가게에 가서 매출을 산출한다. 왕초보 장사꾼인 여러분도 이들처럼 매출을 계산해보자. 당장 오늘 점심을 먹으러 간 가게에서부터 시작할 수 있다.

① **객단가 계산** : 내가 먹은 메뉴와 주위 사람들이 먹는 메뉴를 토대로 손님 1명이 지불하는 돈을 대략적으로 계산해보자. 이것이 객단가◆다.

② **회전율 계산** : 나와 주위 사람들이 식사하는 데 걸린 시간을 토대로 시간당 손님을 몇 명 받을 수 있는지 계산해보자. 이것이 회전율이다.

③ **최대 월매출 계산** : 객단가와 회전율을 토대로 이 가게가 오늘 얼마를 벌지 예측해보고, 26(법정근로일)을 곱해보자. 이것이 최대 월매출이다.

④ **현실적인 월매출 계산** : 하루 종일 점심시간만큼 손님이 많을 수는 없으니, 최대 월매출에서 대략 30%가 얼마인지 계산해보자. 이것이 점유율을 적용한 현실적인 월매출이다.

⑤ **월수익 계산** : 여기서 끝이 아니다. 인건비, 재료비, 고정비 등 숨어 있는 비용을 다 빼야 한다. 가게마다 이 비용은 천차만별이다. 여기서는 계산하기 편하게 현실적인 월매출에서 30%를 월수익으로 보았다.◆◆ 월수익은 예를 들어 다음과 같이 계산하면 된다.

◆ 한편 테이블의 크기와 규모로 손님을 몇 명 받을 수 있는지를 감안해 테이블당 버는 돈인 테이블단가를 계산해볼 수도 있다.

◆◆ 하지만 월매출이 2,000만원인 경우 30%인 600만원이 순수익이라고 기계적으로 계산하는 일은 피하자. 원재료비, 인건비, 홍보비 등 지출에 대한 정확한 파악을 토대로 월수익 30%가 나오도록 장사를 해야지, 무조건 어떤 가게든 월매출의 30%가 순수익인 것은 아니다. 이런 치밀한 계획이 없으면 앞에서 벌고 뒤에서 밑지는 장사를 하게 된다. 월수익 산출법은 〈둘째마당 돈 되는 소설을 써보자! 부기곰탕 사업계획서〉 참고.

우동가게 월매출과 월수익 산출법

[상황]
점심식사를 하러 근처 우동집에 갔다. 현관을 보니 오후 2시에 열어 밤 12시에 문을 닫는다고 안내문이 붙어 있다. 독특하게도 바(Bar) 형식으로 된 가게라 테이블 없이 손님이 앉을 의자만 10개 있다. 우동은 1그릇에 4,000원인데, 가격이 저렴해서 그런지 1,000원짜리 주먹밥을 추가로 살 수 있다.

[조건]
총 영업시간 10시간 / 총 좌석수 10개 / 객단가 5,000원(인당) / 손님 1명당 머무는 시간 20분

[최대 월매출]
좌석 10개 × 5,000원 × 3(시간당 회전수) × 10시간 × 26일 = **3,900만원**

[현실적인 월매출]
최대 월매출에서 30% 계산. 점유율을 적용한 현실적인 월매출
3,900만원 × 0.3 = **1,170만원**

[월수익]
현실적인 월매출에서 30% 계산. 재료비, 각종 운영비 차감
1,170만원 × 0.3 = **351만원**

장사하는 사람들은 돈 계산이 빠르다. 한 장사가 얼마나 돈이 될지를 파악하는 것이 곧 자신의 장사 방향을 잡는 자료가 되기 때문이다. 지금 당장 점심시간부터 위 내용을 참고해서 가게별 손익분기를 유추해보자. 장사를 준비하는 데 큰 도움이 될 것이다.

나는 몇 점짜리 사장님일까?

왕초보 장사꾼을 위한 자가진단 테스트
본격적으로 장사를 시작하기 전에 본인이 과연 장사를 할 준비가 되어 있는지 테스트를 해보자. 다음 항목을 읽고 맞는 부분에 체크하면 된다.

왕초보 장사꾼 자가진단

질문
☐ 1평 구멍가게도 기업이다. 업무를 나누고 시스템을 갖춰야 한다
☐ 장사를 시작하면 직장인 월급보다 많이 벌 수 있다
☐ 직장보다 나만의 사업을 꾸리는 일이 더 좋다
☐ 아르바이트 경험이 많거나 경험할 예정이다
☐ 돈이 많지 않아도 장사를 할 수 있다
☐ 행동력, 신념, 간절한 목표가 있다
☐ 어떤 가게에 들어가든 매출을 예상할 수 있다

- 6개 이상 : 혹시 당신은 이미 장사꾼? 넷째마당으로 이동해 실전에 대비하라!
- 4개 이상 : 장사의 기초를 다질 때! 첫째마당으로 이동해 장사의 체계를 익히자!
- 3개 이하 : 아직 장사에 대해 막연한 당신. 장사를 원하는지 스스로 되돌아보자!

위 테스트에서 4개만 체크해도 사장님 자격이 충분하다고 볼 수 있다. 바로 첫째마당으로 이동해 실전 장사에 대한 것을 알아보면 된다.
그런데 자가진단 테스트의 항목들에 동의할 수 없다면? 여기서 잠깐 멈추고 스스로 장사를 원하는지, 장사의 힘을 믿는지 되돌아보자. 일단 장사를 시작하는 순간 당신의 삶은 180도 바뀔 것이기 때문이다.

07 창업자금이 충분하다면 프랜차이즈도 고려 대상
08 프랜차이즈 창업 5단계 한눈에 보기
09 [프랜차이즈 창업 1단계] 신중하게! 업종 선택과 상담
10 필수 질문—상품 금액, 교육비, 인테리어비, 투자비
11 [프랜차이즈 창업 2단계] 수억이 왔다갔다하는 가맹계약
12 [프랜차이즈 창업 3단계] 인테리어계약과 시공
13 인테리어 세부 견적서를 요청해야 하는 이유
14 [프랜차이즈 창업 4단계] 장비 계약과 설치
15 [프랜차이즈 창업 5단계] 본사 교육과 오픈!
16 왕초보를 위한 프랜차이즈 성공비결 7가지!

첫째
마당

프랜차이즈 엿보고 장사왕 되기

골목부자
월1천만원 장사왕

창업자금이 충분하다면 프랜차이즈도 고려 대상

소자본 장사꾼에게 프랜차이즈는 부담

프랜차이즈 매출액 50조 시대! 프랜차이즈는 오랜 사업과 검증된 시스템을 갖고 있어 왕초보 장사꾼이 배울 점이 많다. 또한 브랜드의 대중성 덕분에 고객이 친숙하게 다가온다. 하지만 상대적으로 비용이 많이 들기 때문에 장사를 처음 시작하는 왕초보 장사꾼에게 무조건 프랜차이즈 창업을 하라고 권할 수는 없다.

예를 들어 둘째마당에서 살펴볼 개인점포 창업 사례인 '부기곰탕'과 같은 업종에 있는 프랜차이즈 B설렁탕을 창업비용을 가지고 단순히 비교해보면 다음과 같은 차이가 난다.

부기곰탕(개인점포)	B설렁탕(프랜차이즈)
67,072,000원	105,672,000원

B설렁탕은 프랜차이즈 창업 치고는 상대적으로 창업비용이 비싸지 않다. 그래도 개인점포 창업과는 4,000만원 가까이 금액 차이가 난다.

뿐만 아니라 본사에 줘야 하는 유지비(로열티)도 만만치 않다. 가끔 프랜차이즈 창업은 내가 사장인지 직원인지 헷갈릴 정도로 본사로부터 개입을 받는 경우도 많다. 설상가상으로 요즘은 안정적인 운영을 보장할 수 없는 프랜차이즈도 많아졌다.

따라서 왕초보 장사꾼이라면 **프랜차이즈의 시스템을 교과서 삼아 자신의 시스템을 만드는 것을 추천**한다. 많은 노하우가 축적된 곳이므로 여러모로 소자본 개인점포를 내는 데 도움이 된다.

프랜차이즈 vs 개인점포 비교

점포는 크게 프랜차이즈 점포와 개인점포 운영, 2가지로 나눌 수 있다. 이 2가지를 비교해보고, 자신에게 맞는 창업 방식이 무엇인지 고민해보자. 최근 프랜차이즈의 단점이 많이 보인다고 해서 무조건 피할 필요는 없다. 상황과 여건이 본인에게 맞다면 프랜차이즈 점포도 선택지가 될 수 있다.

나만의 가게, 즉 개인점포는 장사꾼이 기획부터 창업, 운영까지 모든 것을 직접 해야 하기 때문에 당연히 자율성이 높다. 자율성이 높다는 것은 선택할 것과 책임질 일이 많다는 말이다. 가게 이름을 짓는 기본적인 것부터 사람을 고용하는 실전적인 것까지 전부 다.

하지만 실전에 뛰어들면 가게 벽을 꾸미는 벽지나 타일을 선택하는 것부터 그릇을 어떤 브랜드의 것으로 구매할지까지 온갖 선택의 기로에 놓이게 된다. 실제로 대부분의 왕초보 장사꾼은 많이 혼란스러워한다.

장사 시스템이 구축된 프랜차이즈는 배울 게 많다. 부업으로 가게를 운영하려는 직장인이나 자금이 여유로운 사람이라면 선택지가 될 수 있다

왕초보 장사꾼은 프랜차이즈로부터 배울 것이 많다. 장사의 시스템은 어떻게 구축해야 하는지, 인테리어는 어떻게 해야 하는지, 매출을 높이는 방법은 무엇인지, 프랜차이즈라는 시스템을 경험하는 것은 장사 성공의 정석을 맛보는 것과 같다.

프랜차이즈 창업과 개인점포 창업의 차이를 정리하면 다음과 같다.

◆ **프랜차이즈 창업 vs 개인점포 창업** ◆

	프랜차이즈	개인점포
투자비용	높음	선택에 따라 낮출 수 있음
운영 난이도	낮음	높음
자율성	낮음	높음
위험성	상대적으로 낮음	상대적으로 높음
기획	불필요	필요
교육	운영 노하우, 레시피 등 전수 가능	무조건 독학
입지	본사의 도움을 받거나 개입을 받을 수 있음	직접 찾아봐야 함
수익	상대적으로 낮음	하기 나름!
알맞은 사람	• 창업자금이 마련된 예비 장사꾼 • 다중점포 점주 • 투잡(부업)으로 운영하려는 장사꾼	• 전업 장사꾼 • 기획 아이템이 확실한 장사꾼

즉 왕초보 장사꾼에게 자금이 충분히 있고, 장사에 대한 체계적인 교육이 필요하고, 한시바삐 창업해야 하는 상황이라면 프랜차이즈 창업이 하나의 답이 될 수 있다.

프랜차이즈 창업 5단계 한눈에 보기

프랜차이즈 창업 5단계 체크리스트

프랜차이즈 점포를 창업하는 과정은 총 5단계로 이루어져 있다. 프랜차이즈 창업과 개인점포 창업에는 차이점이 있지만 이 과정은 대략 비슷하다. 다음 쪽에 프랜차이즈 창업 5단계별 체크리스트를 정리해놓았다. 자세한 내용은 다음 09장부터 살펴볼 것이다.

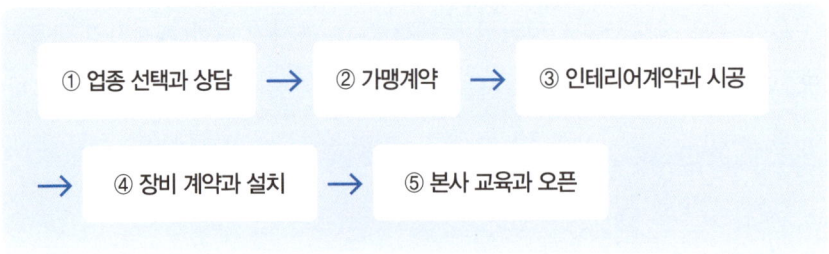

프랜차이즈 창업 5단계

1단계 : 업종 선택과 상담 (09장)
- ☐ 프랜차이즈 작동 원리 살펴보기
- ☐ 유망한 프랜차이즈 업종 고르기
- ☐ 가맹상담 절차와 주의점 알기

> **입지와 상권조사**
> 자세한 내용은 셋째마당으로!

2단계 : 가맹계약 (11장)
- ☐ 가맹계약 방법과 요령 알기
- ☐ 잘못된 가맹계약 관행과 분쟁 파악하기

> **임대차계약**
> 자세한 내용은 넷째마당으로!

3단계 : 인테리어계약과 시공 (12장)
- ☐ 점포 공사의 실행과 절차
- ☐ 내가 할 일은 무엇일까?

> 개인점포와 동일, 자세한 내용은 넷째마당으로!

4단계 : 장비 계약과 설치 (14장)
- ☐ 필요한 장비를 계약하고 설치하기
- ☐ 소요 내역을 정확히 파악하기

5단계 : 본사 교육과 오픈 (15장)
- ☐ 프랜차이즈는 점주에게 무엇을 가르칠까?
- ☐ 개점 프로세스와 주의사항
- ☐ 프랜차이즈 성공비결 배우기

왕초보도 손해 보지 않으려면?

꼼꼼히 체크해봐!

프랜차이즈 창업비용, 평균 1.6억!

프랜차이즈마다 창업비용은 천차만별이다. 각 프랜차이즈 홈페이지에 들어가보면 창업비용 평균치를 조회할 수 있다.

프랜차이즈 창업비용 예시(점포 임대료 미포함, 단위 : 만원)

	본죽(10평)		이디야(20평)		배스킨라빈스31(20평)
가맹가입비		500		1,000	500
교육비	최초교육비	600			150
홍보비		300		200	
보증금		300		500	800
기타 초기비용	개점점검비	300	초도물품비	800	기획관리비 300
인테리어		1,500		4,300	600
가구(의탁자)				900	1,100
간판		690		500	1,000
기기설비		1,640		2,800	5,700
로열티		연 250		월 25	
합계		6,080		11,025	10,150

사실 프랜차이즈에서 밝히는 창업비용은 대체로 실제보다 적게 책정되어 있다. 막상 실전에 들어가면 추가 지출을 피하기 어렵다. 그러므로 자금을 넉넉하게 준비해놓아야 부족해서 허덕이는 일이 없다. 2017년 프랜차이즈 평균 창업비용은 1.6억원을 넘는다. 물론 가게 임대료는 제외한 비용이다.

프랜차이즈 창업 1단계

신중하게!
업종 선택과 상담

한참 기다려서 듣는 인기 브랜드 창업설명회

대부분의 프랜차이즈 본부는 창업설명회를 운영하고 있다. 인기 브랜드라면 설명회를 매일 진행할 정도로 문전성시를 이룬다.

더본코리아는 1달 일정을 미리 고지해서 브랜드별로 창업설명회를 운영한다. 본죽은 매주 화요일, 이디야는 일요일을 제외하고 매일 창업설명회를 운영한다. 창업설명회의 횟수만 봐도 프랜차이즈 창업에 대한 사람들의 관심이 얼마나 뜨거운지를 알 수 있다.

창업설명회는 본격적인 가맹상담 이전에 그 브랜드에 대해 자세히 접할 수 있는 기회다. 대개 방문자에게 기념품과 함께 창업 안내서, 계약서 예제, 기업 정보 공개서, 보도자료 등의 자료를 제공한다. 이 내용을 토대로 즉석에서 질문도 할 수 있어서 프랜차이즈의 생생한 모습을 파악할 수 있다.

지금도 많은 프랜차이즈에서 창업설명회를 운영하고 있다

창업설명회는 영업, 걸러서 듣는 자세 필요!

그러나 창업설명회는 예비 창업자에게 창업을 권유하기 위한 자리인 만큼 공개한 자료 역시 어느 정도 현실과 동떨어져 있을 수 있음을 감안해야 한다. 대체로 창업비용은 평균치 또는 최소치를 제시하는데, 거기에서 **현실적으로 추가비용이 발생할 여지가 있음을 감안**해야 한다. 대부분의 프랜차이즈는 이런 내용을 보기 좋게 정리해서 홈페이지에도 고시하고 있으니, 시간이 여의치 않다면 홈페이지 내용을 확인하는 것도 좋다.

이디야커피 홈페이지의 가맹 안내 메뉴. 프랜차이즈들은 이런 식으로 가맹에 필요한 자료를 홈페이지에 고시하고 있다

필수 질문 — 상품 금액, 교육비, 인테리어비, 투자비

가맹상담은 당당하고 꼼꼼하게!

마음에 드는 프랜차이즈 브랜드가 있다면 본격적으로 가맹본부와 상담을 해보자. 가맹상담은 전화나 직접 대면으로 이루어진다.

가맹상담에서 가장 중요한 것은 ① **내가 미처 모르는 것이 있는가?** ② **내가 아는 것이 얼마나 현실적인가?** 이 2가지를 확인하는 것이다.

가맹계약을 체결하기 전까지는 결국 정보전이다. 어떤 프랜차이즈와 계약하는 것이 내 현재 상황과 맞고 돈을 잘 벌 수 있는지가 정보전에서 갈린다. 막상 계약하고 보니 창업자금보다 많은 돈이 들었다면? 전적으로 자신이 조사한 정보가 부족했기 때문이다. 그러면 자신이 이미 아는 것을 토대로 가맹상담에서 무엇을 확인하고 무엇을 더 물어봐야 할까?

◆ 프랜차이즈 가맹상담시 확인할 사항 ◆

	확인할 것
점포를 개설하고 싶은 지역	• 이 지역에 점포 개설이 가능한가? • 가맹점이 영업권 보호를 어떻게 제시하고 있나? • 영업권을 침해받았을 때 본사에서는 어떠한 책임을 지나? • 영업이 잘될 때 본사에서 직영점을 오픈할 가능성이 있는 계약조항이 있나? • 영업이 잘될 경우 확장할 수 있나?
희망 입지와 상권	• 상권조사와 입지 선정에서 단순 유동인구 조사에 그치지 않나? • 내 업종에 맞는 납득 가능한 데이터를 제시하는가? • 추천하는 상권과 입지에 대한 예상 매출 근거는 타당한가?
계약기간	• 본사에서 계약 갱신을 거절할 경우가 있나? 있다면 어떤 경우인가? • 계약기간 도중 건물주와 임대차계약 등 부득이한 이유로 폐업될 경우 계약 위반인가? 위약금 규정이 있나? • 계약해지 규정이 없거나 애매한 해석이 가능한 것은 없는가?
주요 상품의 금액 ①	• 매출이 잘 나오는 점포, 중간 점포, 낮은 점포의 매출액과 지출내역 확인하기 • 주요 상품의 가격이 매출이나 주문량에 따라 다른 경우가 있나? • 주요 상품의 공급과 가격은 계절이나 특정 시즌에 관계없이 안정적인가? • 주요 상품별 유통기한이나 특별히 요구되는 매입기준이 있나?
로열티 유무	• 로열티는 매출과 상관이 있나? • 로열티가 지나치게 많은 것은 아닌지 매출별로 파악하기
가맹비용	• 별도사항은 어떤 것들이 있나? • 가맹이행보증금은 낮출 수 있나?
교육비용 ②	• 교육기간이 지나치게 짧지 않나? • 원한다면 교육장이 아닌 현장에서 실습할 수 있나? • 부족한 부분이 있을 때 수시로 교육을 요청할 수 있나? • 추가 교육을 요청했을 때 유료인가?
인테리어 비용과 개설하려는 예상 평수 ③	• 별도로 추가되는 항목은 어떤 것이며 실제 평수와 관련해 비용은 얼마인가? • 인테리어를 중간에 바꿔야 하나? • 인테리어 하자시 본사에서 적극적으로 관리해주나? • 점포의 특성을 고려해 필요없는 항목은 뺄 수도 있나?

	확인할 것
투자비용 총액과 나의 매출목표 ④	• 실제 투자비용은 얼마쯤 되는가? • 그것을 회수하는 데 얼마나 걸리나? • 투자비용 대비 매출은 얼마나 나오나? 그것을 위해 어떤 지원을 해주나? • 주변 상권, 비슷한 입지에서 경쟁업체를 조사해 매출을 예상하고 지출목록 확인하기
판촉물, 마케팅 지원 여부	• 판촉물의 가격이 지나치게 비싸지는 않나? • 판촉물의 수량을 강요하는 경우가 있나? • 판촉물은 필요하다고 생각될 때 각 지점의 특성을 고려해 개인적으로 만들거나 본사에서 만들어줄 수 있나? • 판촉물 가격 기준은 무엇인가? • 광고비는 투명하게 사용내역을 설명해줄 수 있나?

여기서 특별히 중요한 항목은 다음과 같다.

①**주요 상품의 금액** : 동종업종의 개인점포에서 판매하는 상품의 가격과 재료들의 시중 가격을 알아놓으면 큰 도움이 된다. 그래야 내 상품이 가격 대비 경쟁력이 있는지 고려할 수 있다.

[예시]
프랜차이즈 카페를 창업하려는 장사꾼 A. 이 프랜차이즈의 커피는 값이 비싼 편이지만 루왁커피라는 독특한 메뉴가 있고 가격도 만족스럽다. A는 루왁커피만의 향과 맛이라면 사람들이 비싼 돈을 지불할 터이므로 강점이 있다고 생각했다.

②**교육비용** : 프랜차이즈는 다양한 교육을 지원해주지만, 오픈할 때의 교육 말고도 지속적인 관리와 교육이 가능한지 확인해야 한다.

[예시]
프랜차이즈 스시 전문점을 창업하려는 장사꾼 B. 언젠가는 자기만의 스시집을 내는 것이 꿈이다. 하지만 스시를 직접 배우기에는 비용과 시간이 많이 들어서 포기하려던 참이었다. 마침 이 프랜차이즈에서는 스시에 대한 다양한 교육과 관리를 해준다고 들었기에 창업을 결심했다.

③ **인테리어 비용** : 프랜차이즈가 거두어가는 인테리어 수익이 얼마나 되는지, 프리미엄은 얼마나 붙어 있는지 확인할 수 있다면 비교분석이 쉬워진다. 실제 인테리어 비용에 대한 사전지식이 필요하다.

[예시]
프랜차이즈 방탈출카페를 창업하려는 장사꾼 C. 퍼즐과 장치를 기획해야 하는 방탈출카페의 특성상 인테리어를 직접 진행하려면 어마어마한 기획력과 비용이 필요하다고 생각했다. 이 프랜차이즈의 인테리어 비용은 높은 편이라고 들었지만 프랜차이즈의 기획에 대한 대가로 크게 비싸지 않다고 생각해서 창업을 결심했다.

④ **투자비용과 나의 매출목표** : 장사꾼의 투자비용과 비용 회수에 걸리는 기간을 감안해 계약기간을 충분히 보장해주는지 확인해야 한다.

[예시]
프랜차이즈 죽집을 창업하려는 장사꾼 D. 노후를 대비해 내 가게를 열고 싶은데, 베이커리나 치킨집은 계약기간이 짧다는 소리가 들려온다. 여러 프랜차이즈와 상담한 결과 폐업률이 가장 낮고 계약기간이 상대적으로 긴 프랜차이즈 죽집을 선택하게 되었다. 투자비용을 회수하기에 적절한 곳이다.

막상 상담을 시작하면 장밋빛 전망과 유려한 미사여구에 어느새 질문을 잊게 된다. 질문이 떠오르더라도 '에이, 괜찮겠지 뭐' 하고 안일하게 넘어가게 되는 것이 사람의 심리다. 위의 목록은 상담 과정에서 알아봐야 하는 최소한의 정보다. 프랜차이즈의 형태와 점포 상황에 따라 더욱 디테일하게 파고들어가야 한다. 상담원은 왕초보 장사꾼이 연 점포의 성공을 보장해주지 않기 때문이다.

또한 프랜차이즈는 대기업이라는 생각에 주눅들거나 번거롭게 하지 않으려는 배려심이 들 수도 있다. 상담 한 번으로 모든 것을 파악하려 하지 말고, 한 군데 상담하고 모든 것을 결정하려 하지 말아야 한다. 한 브랜드에 적어도 세 차례 보충 상담을 하고, **동종업계에서 적어도 다섯 군데 브랜드의 상담을 받을 것을 권한다.**

프랜차이즈 창업할 건데 상권도 알아봐야 한다고?

프랜차이즈는 왕초보 장사꾼에게 이것저것 신경쓸 것 없이 투자만 하면 된다고 유혹하지만, 백퍼센트 성공을 보장하는 것은 아니다. 자칫하면 투자비를 다 날릴 수도 있다. 이를 막기 위해 상권조사는 필수.

상권조사는 우리 장사꾼의 몫이다. 프랜차이즈는 브랜드를 제공하고 인테리어와 레시피, 노하우를 전수한다. 하지만 장사가 잘될 거라고 보장하지는 않는다. 일단 창업하고 나면 가맹점도 결국 물가에 내놓은 아이가 되고 만다.

그래서 계약하려는 프랜차이즈가 어떤 상권에서 잘 먹힐지 조사해야 한다. 기본적으로 상권은 지역과 구매인구, 경쟁업체, 시세 등을 알아보면 된다. 하라는 대로 따르다가 재래시장에 레스토랑을 낼 수는 없으니 말이다. 입지와 상권조사에 대한 자세한 내용은 셋째마당을 보면 된다.

프랜차이즈, 지금 대세는 누구?

가맹점 정보 총망라! '가맹사업정보제공시스템' 이용하기

요즘 잘나가는 프랜차이즈가 어디인지 알고 싶다면? 공정거래위원회에서 운영하는 가맹사업정보제공시스템(franchise.ftc.go.kr)을 이용해보자.

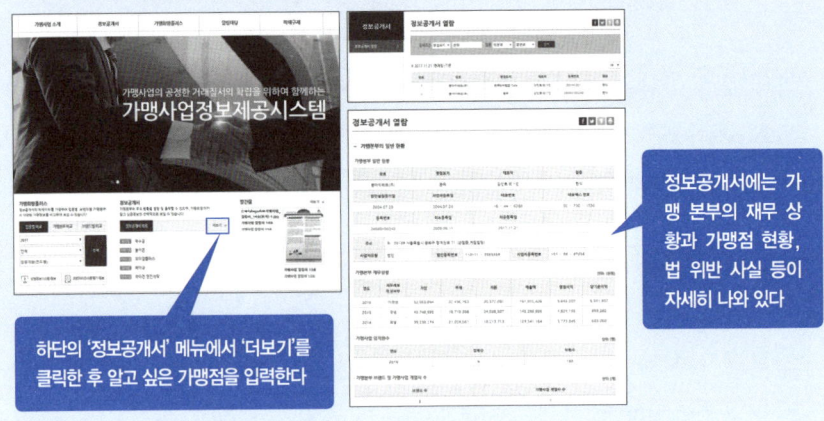

하단의 '정보공개서' 메뉴에서 '더보기'를 클릭한 후 알고 싶은 가맹점을 입력한다

정보공개서에는 가맹 본부의 재무 상황과 가맹점 현황, 법 위반 사실 등이 자세히 나와 있다

성장성, 안정성, 수익성별 Top 10 프랜차이즈 조회하기

가맹사업정보제공시스템에서는 각 가맹점의 정보소개서◆를 바탕으로 업종의 대분류(외식, 도소매, 서비스)와 중분류(한식, 분식, 일식 등)에 따라 순위를 매겨준다. 비교항목 또한 성장성, 안정성, 수익성의 3가지로 나뉘어 있기 때문에 장사꾼이 중점을 두고 있는 부분을 토대로 비교분석이 가능하다.

◆ 정보소개서 : 정보소개서에서는 정보의 업데이트 시점부터 매출, 지점, 시정명령 내용까지 모두 다루고 있다. 궁금한 프랜차이즈가 있다면 꼭 정보소개서를 확인하자.

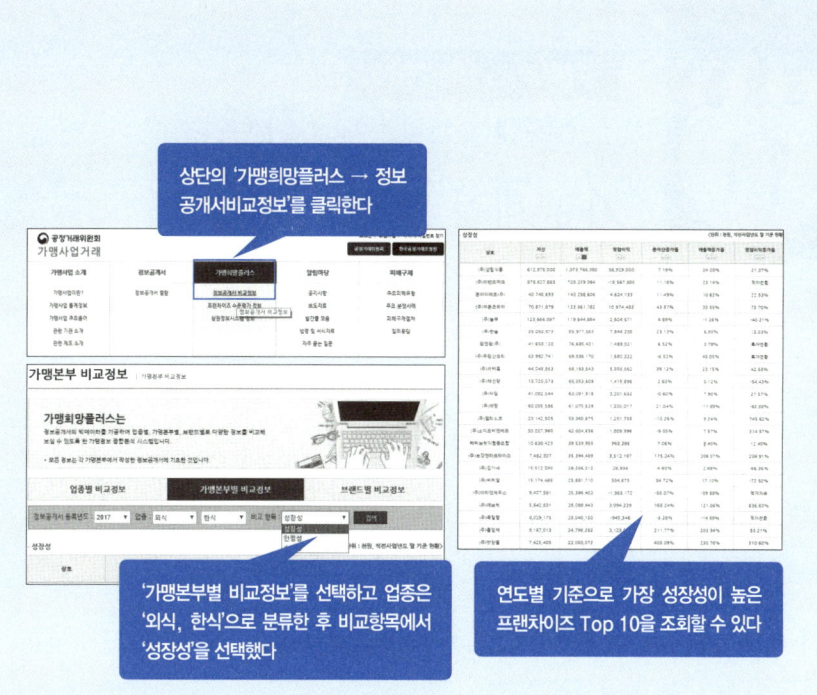

프랜차이즈 피해구제 관련 내용 파악하기

이 사이트에서는 프랜차이즈 사업을 진행할 때 마주칠 수 있는 각종 분쟁과 피해 유형, 사례 등을 조회할 수 있다. 피해구제 절차도 안내하고 있으니 참고하자.

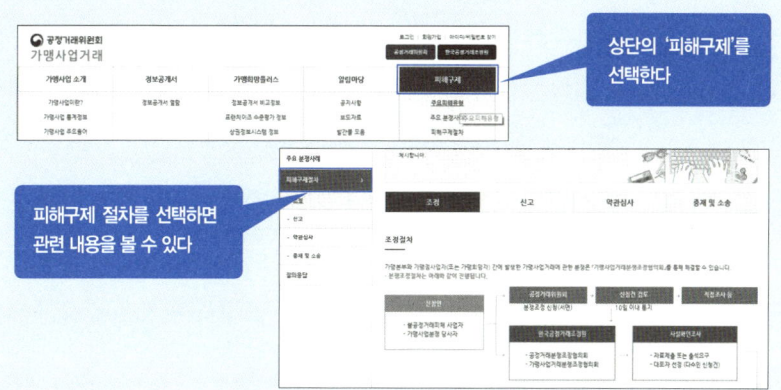

프랜차이즈 창업 2단계

수익이 왔다갔다하는 가맹계약

가맹계약 전, 당당히 의견을 표출하라

임대차계약◆이 끝나면 프랜차이즈 업체와 가맹계약을 해야 한다. 가맹계약을 하기 전, 프랜차이즈 업체는 계약의 내용을 설명할 의무가 있다. 가맹점주는 이 단계에서 궁금한 것이나 고칠 것들을 모두 제안해야 한다. 이미 프랜차이즈 설명회나 자료조사를 통해 굵직한 사안들은 파악했을 것이다. 이제는 그보다 세부적이고 공개되지 않은 부분을 면밀히 검토할 차례다.

가맹계약은 향후 프랜차이즈 업체와 가맹점주의 관계를 정리하는 문서다. 일단 동의하고 넘어가면 바로 법적 구속력을 갖게 된다. 그러므로 계약서를 검토하고 조정할 시간을 충분히 갖고 결정해야 한다. 다시 한 번 말하지만 **계약서에서 이해가 되지 않는 부분에 대해 묻고 수정을 요구하는 것은 장사꾼의 권**

리다. 이를 위해 계약서 날인 전 계약서 사본을 대여할 수 있다.

가맹점계약서, 이 정도는 확인하자!

왕초보 장사꾼에게 가맹점계약서는 너무나 어렵다. 어련히 알아서 합리적으로 작성했겠지 믿고 넘기는 경우도 많다. 그전에 잠깐! 최소한 공정거래위원회(ftc.go.kr)에서 만든 표준가맹계약서♦♦를 기준으로 다음 내용을 점검해보자.

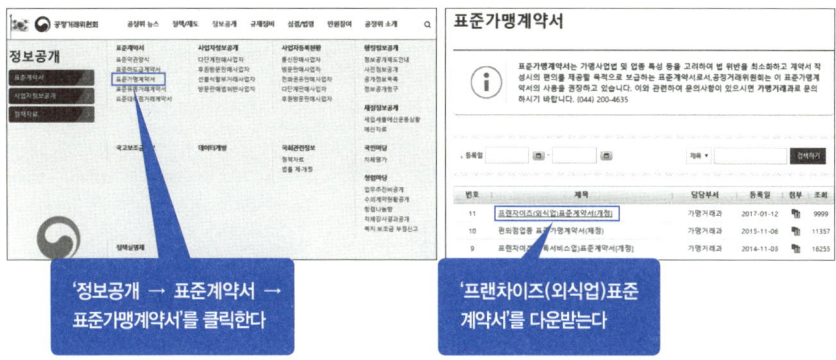

1 | 갑(프랜차이즈 업체)은 무엇을 지원해주는가?

프랜차이즈 업체가 창업하려는 왕초보 장사꾼에게 무엇을 지원해주는지 확

◆ **임대차계약은 언제?** : 프랜차이즈 업체와 가맹계약을 하기 전에 상가 임대차계약이 끝나야 한다. 상가 임대차계약 내용은 〈셋째마당 대박 명당을 찾아라! 상권분석법〉에 설명해놓았으니 참고하자.
◆◆ **공정거래위원회의 표준가맹계약서** : 공정거래위원회에서는 업종별로 표준가맹계약서 사용을 권장한다. 그러나 많은 가맹점이 자사 양식에 따라 계약을 추진한다. 그렇다면 역으로, 가맹점계약서가 표준가맹계약서와 어떤 부분이 다른지 체크해볼 수 있을 것이다.

인하고, 실제로 그것이 어떻게 이루어지는지 구체적으로 확인한다. 실제로 프랜차이즈 업체의 태만으로 사업이 계획서대로 이루어지지 않았는데 법정싸움까지 가서 계약 내용을 토대로 보상을 받은 경우도 있다.

> **제20조 (경영지도)**
>
> ① 가맹본부는 가맹점사업자의 경영활성화를 위하여 경영지도를 할 수 있다.
>
> ② 가맹점사업자는 자신의 비용부담으로 가맹본부에게 경영지도를 요청할 수 있다. 다만, 가맹점사업자가 부담하여야 할 비용은 가맹금에 포함된 통상의 경영지도 비용을 초과한 부분에 한한다.
>
> ③ 제2항의 요청을 받은 가맹본부는 경영지도계획서를 가맹점사업자에 제시하여야 한다.

> 비싼 가맹비를 주고 경영지도를 받는데, 막상 가보니 뭘 가르쳐주는지 모르겠는 경우가 있다! 전수받을 수 있는 내용이 무엇인지 미리 체크!

2 | 점포 공사는 어떻게 이루어지는가?

프랜차이즈 점포는 가맹본부의 이미지와 통일성을 유지하기 위해 점포 인테리어의 사양과 품질기준을 정해놓았다. 왕초보 장사꾼이 직접 인테리어 업체를 선정해 시공해도 프랜차이즈 업체의 사양과 품질기준을 준수한다면 브랜드의 통일성을 해치지 않을 것이다.

그러나 계약 내용을 토대로 이런 자체 시공을 막거나 프랜차이즈 계약업체와 시공할 것을 강요하는 경우가 있다. 예를 들어 신축건물에 입주해 매장을 꾸리는데 '기준 절대 준수'를 이유로 외관을 다시 공사해야 한다면? 필요 이상의 과잉투자가 발생할 것이다. 따라서 사전에 이 부분을 확인하고, 시정이 필요하다면 요구해두어야 한다. 그래야 불필요한 비용이 발생하지 않고 최소의 비용으로 프랜차이즈 창업을 할 수 있다.

제13조 [점포의 설비]

① 가맹점사업자의 점포설비(인테리어)는 가맹사업 전체의 통일성과 독창성을 유지할 수 있도록 가맹본부가 정한 사양에 따라 설계·시공한다(기존시설을 변경하는 경우에도 같다). 가맹본부는 기본적인 설계도면과 시방서를 마련하고 계약체결 이후 가맹점사업자에게 이를 제공하여야 한다.

② 가맹점사업자는 가맹본부가 정한 사양에 따라 직접 시공하거나 가맹본부 또는 가맹본부가 지정한 업체를 통해 시공할 수 있다.

③ 가맹점사업자가 점포 설비에 관한 시공을 하는 경우 가맹본부는 공사의 원활한 진행을 위하여 자신의 비용으로 직원을 파견할 수 있다.

예를 들어 왕초보 장사꾼이 직접 찾아낸 인테리어 업자가 있는데, 프랜차이즈 업체가 막무가내로 계약업체와 시공할 것을 요구한다면? 계약 단계에서 짚어두어야 한다!

3 | 상품 공급은 어디서 어떻게 이루어지는가?

가맹사업의 유지와 목적 달성을 위해 취급상품을 정하고 구입라인을 제안할 것이다. 그런데 혹시 그 목적을 위한 범위 이상으로 취급상품 종류를 제한하지는 않는가? 직접 지정한 자로부터 공급받기를 완전히 강제하고 있지는 않은가? 프랜차이즈의 브랜드 특성이나 이미지와 관계없는 무조건 강제는 공정거래법에 위배된다.

제26조 [원·부재료 등의 조달과 관리]

① 가맹본부가 가맹점사업자에게 공급하여야 할 원·부재료 등의 내역 및 가격은 별첨[3]와 같다. 다만, 물가인상 기타 경제여건의 변동으로 인하여 원·부재료 등의 공급내역, 가격의 변경이 필요할 경우 가맹본부는 변경내역, 변경사유 및 변경가격 산출 근거를 가맹점사업자에 서면으로 제시하고 양 당사자가 협의하여 결정한다.

② 가맹본부는 가맹점사업자가 제1항에 따른 원 부재료 등의 납품대금을 신용카드로 결제하려는 경우 이를 거절하거나 현금결제를 강요하여서는 아니된다.

③ 가맹본부는 가맹사업의 목적달성에 필요한 합리적 사유가 있는 경우에는 원·부재료 등의 공급원을 자기 또는 특정한 제3자로 한정할 수 있다.

특별한 사유 없이 특정 공급원과 거래를 강제한다면? 공정거래법 위반!

4 | 계약해지 사유는 부당하지 않은가?

일반적으로 프랜차이즈 업체의 계약해지 사유는 복잡하고 다양하고 많다. 하지만 부당하고 억울하게 해지를 당해서는 안될 것이다.

이와 더불어 가맹본부가 가맹점주의 동의 없이 계약 내용을 변경·수정할 수 있다는 조항이 있는지 확인해야 한다. 정당한 이유 없이 일방적으로 계약 내용을 변경하는 분쟁 사례가 의외로 많다.

> 하루아침에 계약해지를 당하는 사례도 있다! 불합리하고 불공정한 해지 요건이 있는지 미리 확인 또 확인!

제36조 [계약의 갱신과 거절]

① 가맹본부는 가맹점사업자가 가맹계약기간 만료 전 180일부터 90일까지 사이에 가맹계약의 갱신을 요구하는 경우에는 정당한 사유가 없으면 이를 거절하지 못한다. 다만 가맹점사업자가 다음 각 호의 어느 하나에 해당하는 경우에는 갱신을 거절할 수 있다.

1. 가맹계약상의 가맹금 등의 지급의무를 지키지 아니한 경우
2. 다른 가맹점사업자에게 통상적으로 적용되는 계약조건이나 영업방침을 가맹점사업자가 수락하지 아니한 경우
3. 가맹점의 운영에 필요한 점포·설비의 확보나 법령상 필요한 자격·면허·허가의 취득에 관한 가맹본부의 중요한 영업방침을 지키지 아니한 경우
4. 상품의 품질을 유지하기 위하여 필요한 조리법, 식자재 구입 및 관리 또는 서비스기법의 준수에 관하여 가맹본부가 정한 영업방침을 지키지 아니한 경우
5. 가맹본부의 가맹사업 경영에 필수적인 지식재산권의 보호에 관하여 가맹본부가 정한 영업방침을 지키지 아니한 경우
6. 다른 가맹본부가 통상적으로 요구하는 비용에 의하여 가맹본부가 가맹점사업자에게 정기적으로 실시하는 교육·훈련의 준수에 관한 가맹본부의 영업방침을 지키지 아니한 경우.

프랜차이즈가 제공하는 자료, 적극 활용하라

프랜차이즈 업체에서는 가맹 희망자와 미팅할 때 자신들의 재무 상황, 사업 경력, 관련 소송 등을 담은 자료를 제공한다.♦♦ 왕초보 장사꾼은 이 자료를 검토해 이 프랜차이즈 업체를 믿고 계약할 수 있는지 판단해야 한다. 프랜차이즈 업체의 약점이 아닐까 싶을 만큼 구체적인 자료를 제공해주므로 놀랄 때도 있지만, 기본적으로 자신들의 강점을 소개하기 위한 자료라는 사실을 잊어서는 안 된다.

특히 이런 자료에는 가맹을 진행하며 부담해야 하는 비용들에 대해서도 나와 있는데, 이 지출액이 현실적으로 실현 가능한지 서면 자료를 요구하면 추가 비용 지출을 예방할 수 있다.

♦ 가맹사업법 제13조에 따라 가맹점사업자가 부당하게 본부로부터 해지당하지 않게 갱신 거절 사유를 제한하고 있는데, 최초 가맹계약기간을 포함한 10년을 초과하지 않는 범위에서 가맹점사업자의 계약갱신요구권을 인정하고 있다.
♦♦ 가맹본부에서 준 자료 외에도 공정거래위원회의 가맹사업정보제공시스템에 나오는 자료도 같이 교차로 확인해보자. 가맹사업정보제공시스템에서 제공하는 정보공개서에는 가맹본부의 재무 상황과 가맹점 현황, 법 위반 사실 등이 자세히 나와 있다. 자세한 내용은 72쪽 〈장사왕 Tip 프랜차이즈, 지금 대세는 누구?〉 참고.

프랜차이즈 창업 3단계

인테리어계약과 시공

프랜차이즈가 모든 것을 해결해준다? No!

　프랜차이즈에 대해서 가게를 구성하는 모든 요소를 가맹업자가 해결해줄 것이라고 생각한다면 이는 낭만적인 생각이다. 실제로 모든 요소를 해결할 사람들이 오긴 온다. 인테리어 담당자도 오고, 전기 시공자도 오고, 가구 담당자도 오고, 집기 판매원도 온다. 그러나 대다수 프랜차이즈가 이들 모두를 자신들과 계약한 독점업체로 해결한다.

　이게 무슨 말이냐면, 독점계약으로 인해 웃돈이 붙고 자율성이 떨어진다는 뜻이다. 그나마 프랜차이즈 로고가 새겨진 간판이나 집기, 가구를 사는 것이면 괜찮다. 수도공사나 전기승압처럼 브랜드 밸류와 상관없는 작업이 인터넷을 검색해 나온 견적보다 비싸다면? 머릿속이 복잡해지고 의심이 싹트게 된다.

인테리어에 소비될 눈먼 돈을 잡아라!

점포 자리와 콘텐츠를 준비했으니, 그 안을 어떻게 꾸밀지 계약하고 시공할 차례다. 몇천만원부터 억대 금액까지 왔다갔다하는 계약이 끝났으니 상대적으로 가볍게 보일 수 있다. 게다가 프랜차이즈 업체에서 직접 인테리어와 장비를 관리하고 소개해준다니, 크게 신경쓰지 않고 넘어가는 경우가 많다.

그러나 프랜차이즈 점포를 열 때 소요되는 금액 격차가 큰 것도 이 부분이다. 간판 하나 늘어나거나 냉장고 업체 하나만 바꿔도 수십, 수백만원이 남을 수도 없어질 수도 있다. 이런 눈먼 돈을 잡으려면 모든 것을 일임하지 말고 적극적으로 의견을 내야 한다.

인테리어 시공 절차 한눈에 보기

프랜차이즈 점포의 인테리어 시공은 통상적으로 1달 정도 걸리는데, 다음과 같은 절차를 밟는다. 프랜차이즈별로 가맹점주의 의견을 반영하는 정도는 차이가 있다. 되도록 모든 것을 일임하지 말고 단계별로 물어보고 확인하는 작업이 필요하다. 어차피 매장에서 일하는 것은 사업주 자신이기 때문이다.

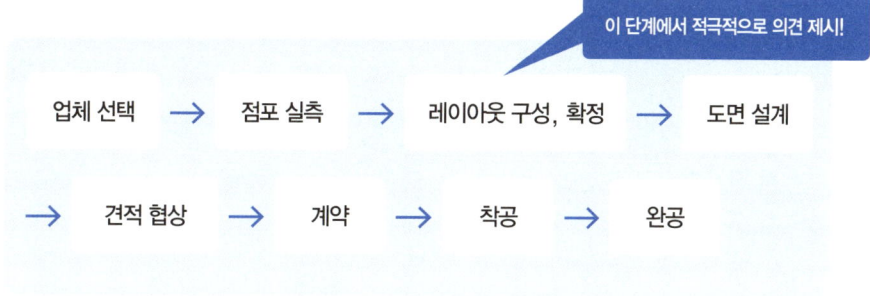

인테리어 세부 견적서를 요청해야 하는 이유

뭉뚱그린 견적서는 위험하다, 세부항목 견적서 요구!

언뜻 보면 인테리어계약과 시공 단계에서 가맹점주가 끼어들 부분이 보이지 않는다. 애초에 인테리어 업체를 선택하는 단계에서 프랜차이즈 본부가 업체를 소개해주거나 계열업체와 계약하기를 추천하는 경우가 많다.

하지만 모두 내 돈이 들어가는 일이다. 공사 후 원하는 모습이 나오지 않는 상황을 피하려면 먼저 레이아웃 구성에서 적극적으로 의견을 제시하자. 레이아웃은 점포 안에서 주방이나 휴게실의 위치, 좌석 배치 등을 계획하는 것이다. 즉 **일하는 사람의 동선과 밀접한 관계가 있다. 원하는 배치가 있다면 이 단계에서 적극적으로 의견을 내야 한다.** 레이아웃이 결정되면 그 내용을 바탕으로 도면이 만들어진다.

손으로 실측

도면 작업 진행

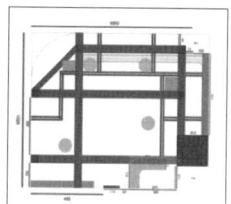
도면으로 구체화

각종 설비가 진행된다

최종적으로 인테리어가 완성된 매장

    도면이 완성되면 인테리어에 들어갈 집기와 가구, 부속 등을 토대로 견적서가 나온다. 그러나 대부분의 가맹점주는 인테리어 전문가가 아니기 때문에 견적서를 봐도 무슨 말인지 이해하기 힘들다. 덕트◆공사에 100만원이라면 그런가 보다 하고, 간판에 200만원이라고 하면 어쩔 수 없이 한다.

    견적서가 타당한지를 살피려면 먼저 세부항목이 모두 나온 견적서를 요구해야 한다. 세부항목 견적서는 어떤 벽지가 몇 롤 들어가는지, 타일은 어떤 사이즈를 몇 묶음 사용하는지 등을 자세히 적은 견적서다. 이를 토대로 불필요한 비용이 추가되지는 않았는지 확인할 수 있다. 또한 세부항목 견적서는 시공이 끝난 뒤 잘 이루어졌는지를 확인하는 데도 유용하다.

◆ **덕트(duct)** : 실내공기를 밖으로 배출하는 시스템. 고깃집은 연기와 냄새를 빼는 데 필수 장비이며, 왠만한 가게에는 꼭 들어가는 설비다. 가정집 가스레인지 위의 배기후드와 같은 원리로 구성된다.

견적서

견적일자 : 2017. 10. 12.

금 액 : 一金이천육백삼십사만일백오원整
지 불 조 건 : 계약금 50%, 중도금 30%, 잔금 20%
부가가치세 : 별 도
유 효 기 간 : 견적제출후 1개월간

대표 : 홍길동
TEL : (02) 123-1234
FAX : (02) 123-1235
ADDRESS :
HOMEPAGE :

No.	Description	Q'ty	Unit	Material Cost		Labor Cost		Sub Total
				Unit Price	Amount	Unit Price	Amount	
	• 인테리어 공사비							
1	재료비	1	LOT		23,534,305			23,534,305
2	인건비	1	LOT				2,805,800	2,805,800
	TOTAL				23,534,305		2,805,800	26,340,105

* 견적외 공사 별도
* 설비(공조,소방,위생) 공사 별도
* 전기 인입공사 및 1차측 전원공사 별도
* 냉,난방기기 공사 별도
* 소품 별도
* CI 및 출력제작물 별도

뭉뚱그린 인테리어 견적서 사례

견적내역서

No.	명칭	종류	수량	단가	
				개별	총합
1	가설공사				885,600
	먹매김		45.4	2,000	90,800
	현장정리및보양		45.4	2,000	90,800
	자재소운반		45.4	3,000	136,200
	준공청소		45.4	7,000	317,800
	공사중발생폐자재반출	1.0 ton	1.0	250,000	250,000
2	철거공사				1,804,200
	천정철거		34.1	7,000	238,700
	벽체철거		34.1	10,000	341,000
	바닥철거		34.1	20,000	682,000
	외부바닥철거		11.3	10,000	113,000
	외부간판철거		5.3	15,000	79,500
	철거중발생폐자재반출	2.5 ton	1.0	350,000	350,000
3	벽체공사				2,474,500
	구조틀조성	소송각재	70.7	8,000	565,600
	합판취부	T9	70.7	10,000	707,000
	ALL PUTTY		70.7	10,000	707,000
	TOTAL				25,774,505

인테리어 세부 견적서 사례

또한 다른 인테리어 전문가에게 추가로 견적을 받아 비교하는 방법도 있다. 대개 견적비용은 없거나 소액이지만, 가게의 실측자료나 설계도◆가 있어야 정확한 견적이 가능하다. 프랜차이즈 본부가 지정한 인테리어 업체의 견적이 인터넷을 검색해 나온 업체의 비용보다 과도하게 비싸서는 안될 것이다. 가격 차이가 난다면 그 이유를 알아야 하고, 그것을 받아들일 수 있는지 고민해야 한다.

전기 증설, 건물주와 협의 필수!

전기 증설시 건물주 각서 1통, 최종 전기요금 납부 영수증 사본, 건축물대장 1통을 준비해야 공사마감일과 개점 일정을 맞출 수 있다. 임대차계약에 전기용량 증설 내용을 삽입하지 않으면 분쟁의 소지가 있으므로 잊지 말고 꼭 챙겨야 한다.

◆ 이런 실측자료나 설계도는 평(3.3㎡)당 10~15만원가량의 돈이 든다. 자세한 내용은 〈넷째마당 눈뜨고 코 베이지 않는 정신 바짝 계약법〉 참고.

프랜차이즈 창업 4단계

장비 계약과 설치

장비 계약도 세부 견적서 요청!

장비 견적서는 조금 더 어렵다. 일반적인 집기라면 모를까, 예를 들어 카페 프랜차이즈인 경우 커피를 내리는 장비들이 일반적으로 얼마나 하는지 알려져 있지 않기 때문이다. 그래서 더더욱 견적서를 보고도 판단하기 어려워 그냥 넘어가기 쉽다.

장비 견적도 마찬가지

커피를 내리는 장비 등 세부 견적서를 요청하자

프랜차이즈 분쟁의 1/3은 시설, 인테리어, 장비 계약 때문이다

로 세부항목 견적서를 요청하자. 아무리 시세를 모르더라도 장비의 개수는 파악할 수 있다. 또 추후에 장비 추가가 필요한 경우 예산이 얼마나 들지도 예측할 수 있게 된다.

가맹점주와 가맹업자, 신뢰가 필요!

가맹업자는 가맹업자대로 가맹점주에 대한 신뢰를 따진다. 일부 가맹점주는 가맹업자에게 자신들이 돈을 낸 고객이므로 잘해줘야 한다고 주장하기도 한다. 가맹업자는 수많은 가맹점을 운영하며 얻은 노하우와 빅데이터를 토대로 장사의 루틴을 짜서 판다. 가맹점주의 고집이 자신에게 불이익으로 돌아올 수도 있는 것이다.

결국 관계가 문제다. 프랜차이즈 장사를 한다면 어느 정도 가맹업자와 신뢰를 유지할 필요가 있다. 가맹업자를 배불리기 위해서가 아니라 앞으로 혜택을 놓치지 않기 위해서다.

사람을 남기기 위해서는 계약업체라 해도 최저가만을 주장해선 안된다. 그렇다고 모든 것을 받아들이는 예스맨이 되었다가는 계획한 투자금보다 훨씬 많은 돈이 빠져나갈 수도 있다.

프랜차이즈 분쟁의 1/3은 시설, 인테리어, 장비 계약 때문에 일어난다. 일반적으로 가맹본부와 시공업자 사이의 먹이사슬이 강할수록 시공의 품질이 저하된다. 가맹점주의 요구도 마찬가지다. 세부항목 견적서를 요청하고 어떤 부분에 돈이 얼마나 들어가는지를 정확하게 파악하는 것은 중요하지만, **무조건 저렴할 것을 주장하는 것은 자기 가게의 품질을 낮추는 일**이 될 것이다.

프랜차이즈 창업 5단계

본사 교육과 오픈!

A부터 Z까지 떠먹여주는 사장수업, 프랜차이즈 창업의 장점!

프랜차이즈 가맹업자는 가맹점주에게 일반적으로 2주 안팎의 교육을 실시한다. 가게를 운영하기 위한 노하우부터 레시피, 인력관리 체계까지 알려준다. 이론대로라면 바로 장사에 돌입해도 문제가 없는 수준이다. 하지만 막상 장사를 시작해보면 이론과 실전이 다르다는 사실을 곧 알게 된다.

장사꾼 혼자 해결하기 곤란한 문제에 봉착한다면 **적극적으로 프랜차이즈 본사에 도움을 요청하고 해결 방법을 모색**하도록 하자. 그것이 개인점포가 아니라 프랜차이즈 점포를 창업하는 데 결정적인 장점이기 때문이다.

인력, 최소가 아닌 적정선을 지켜야

장사를 시작할 때 꼭 필요한 것이 인력이다. 혼자서 모든 것을 해낼 수 있다면 문제될 게 없겠지만, 사람을 고용해야 한다면 꼭 알아야 할 것이 있다.

사장님 A는 30평 규모의 음식점을 차리면서 주방을 담당할 사람만 4명을 고용했다. 언뜻 생각하면 가게 규모에 비해 주방 인원이 너무 많은 것처럼 보일 수 있다. 하지만 막상 실전에 뛰어들면 이만한 인원이 필요한 이유를 곧 알게 된다. 한 사람이 모든 시간 내내 일하는 것이 아니기 때문이다. 3명이 일해야 한다면 4명이, 7명이 일해야 한다면 10명이 필요한 법이다. 그래야 근무시간 안에서 쉬는 시간을 조율하고 꾸준히 질 좋은 음식을 만들 수 있다.

초보 창업자는 이런 부분을 간과하기 쉽다. 1달의 기간을 두고 휴무를 고려하는 것은 상식으로 다들 알고 있지만, **하루 안에서 휴식을 고려해 인원을 배정하는 것은 쉽게 잊혀지는 부분**이다. 적절한 인원 배치로 근무요건을 쾌적하게 유지한다면 개인의 상태에 따라 맛이 달라지거나 질이 떨어지는 일은 없어질 것이다. ◆

전문 셰프, 본사가 직접 관리한다?

이런 와중에 프랜차이즈로 장사를 시작하면 인력관리를 할 필요가 없다는 사실은 사장님들의 큰 짐을 하나 덜어주는 것이다. 그래서 프랜차이즈 중에는

◆ 직원 채용에 대한 보다 구체적이고 법률적인 내용은 〈다섯째마당 나쁜 사장님 안되고도 인건비 줄이기〉를 보면 된다.

본사가 직접 관리한 전문 인력을 파견한다는 사실을 강점으로 내세우는 경우가 많다.

한 스시 전문점도 전담 셰프가 필요했다. 회를 뜨거나 초밥을 만드는 일은 전문적인 능력이 필요한 일이기 때문이다. 이 프랜차이즈가 주로 홍보하는 장점 중 하나가 바로 가맹업체가 전문 셰프를 파견한다는 것이었다. 이것이 잘 이루어진다면 요리사라는 특수업종을 고용하는 데 큰 힘을 들이지 않을 수 있다.

그러나 아쉽게도 의견 차이로 인해 전문 셰프의 파견이 제대로 이루어지지 않았다. 결국 가맹점주는 조리사닷컴(www.zorisa.com), 푸드앤잡(www.foodnjob.com) 같은 사이트에서 직접 셰프를 고용하게 되었다.

이렇듯 본사가 직접 인력관리를 하는 경우 일종의 파워게임이 일어날 수 있다. 점주가 자주 주방에 들어가지 말고 주방의 독립성을 지켜주라고 교육하기도 한다. 점주의 권위와 주방 업무의 효율을 위해서다. 이것은 다른 각도에서 보면 프랜차이즈가 직접 관리하고 파견한 전문 셰프의 자율성을 지키기 위함일 수도 있다.

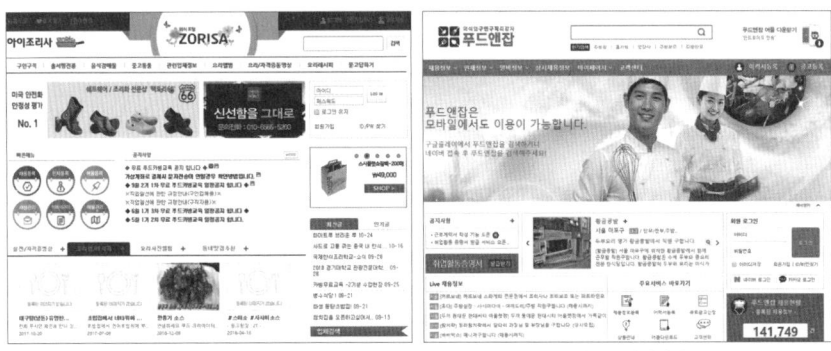

때로는 가맹점주가 직접 셰프를 고용하기도 한다. 전문 셰프 고용시 활용하는 조리사닷컴과 푸드앤잡 사이트

프랜차이즈 본사가 하라는 것 안 해도 되나?

불필요한 인테리어, 안 하기도 어렵다

홍대앞에서 프랜차이즈 스시 전문점을 운영하는 문날님을 만났다. 문날님은 무척 오랫동안 발품을 팔아 좋은 입지의 가게를 얻을 수 있었다고 한다. 새 건물이기 때문에 깔끔함을 살리는 것이 유리한 상황이었다. 그런데 프랜차이즈 가맹업자는 자기들 양식에 맞게 외관공사를 새로 할 것을 요구했다.

외관공사를 하지 않는 것도 가맹본부와 합의가 필요하다

가맹본부 안내대로 진행한 내부 인테리어 공사

문날님은 외관공사를 하지 않는 것이 가게 이미지 유지에 더 유리하다고 주장했다. 그러나 외관공사를 하지 않으려면 프랜차이즈 가맹업자는 물론이고 외관공사를 시행하는 업자까지 설득해야만 했다.

특히 문제는 인테리어 업자의 이익이 대체로 외관공사에서 나온다는 점이었다. 결국 결정한 바를 설득하기 위해 외관공사에서 예상되는 이익금을 전달하고 공사는 진행하지 않는 것으로 합의를 봤다.

제삼자 입장에서는 외관공사를 안 하기 위해 돈을 지불하다니 무척 불리한 합의를 한 것처럼 보일 것이다. 그럼에도 이런 합의를 보는 데조차 어려움이 많았다. 자율성을 확보하는 것이 이렇게 어려운 일이다.

결국 홍보는 사장님의 몫! 포장 노점상으로 변신!

프랜차이즈이지만 매출을 극대화하기 위한 사장님의 노력이 필요하다. 수제 초밥은 반드시 가게에 와야만 먹을 수 있다는 이미지가 있다. 싱싱한 회를 얹어 파는 초밥 특유의 신선함과, 1알 1알 공들여 만드는 장인정신에서 비롯된 생각일 것이다. 그래서 스시 전문점에서 포장이라도 하려면 손님이 직접 찾아가야 한다.

문날님은 한 가게의 사장이지만 초밥 매장 앞에서 따로 노점을 한다. 손님이 편하게 먹을 수 있도록 포장한 스시 상품을 만들고 배달까지 한다. 뙤약볕 아래에서 몇 시간이고 버틸 수 있는 우산을 머리에 달고 직접 손님을 향해 다가간 것이다. 그 결과는? 만족할 만했다. 매장으로 손님을 유입시키는 효과도 있었고 포장매출도 늘었다. 이런 노력으로 창업 초기 투자비용을 빠른 시일에 회수할 수 있었다.

직접 만든 핸즈프리 우산. 뙤약볕 아래 몇 시간이든 괜찮다

아무리 합리적이고 좋은 메뉴를 만들어도 손님이 알지 못하면 끝이다

왕초보를 위한 프랜차이즈 성공비결 7가지!

프랜차이즈 창업 전에 이것만은 꼭 읽어보자!

여기까지 프랜차이즈 창업을 위한 구체적인 과정을 살펴보았다. 그러나 앞서 계속해서 말했듯이, 프랜차이즈가 개인점포에 비해 꼭 성공을 보장하는 것은 아니다. 따라서 기술적인 면과 시스템만큼이나 장사꾼으로서의 자세와 마음가짐도 중요할 것이다.

결국 프랜차이즈 점포를 창업하게 되었다면 어떤 자세와 마음가짐으로 임하면 좋을지, 그 7가지 법칙을 살펴보자.

1 | 일확천금보다 장사 경험에 주목하라

10년 전만 해도 프랜차이즈 점포 10개가 있으면 3개는 큰돈을 벌었다지만,

지금은 10개 중 1개 점포만 돈을 버는 상황이다. 이런 상황에서 중요한 것은 본인이 그 1개 점포에 들어가는 것이지만, 만약 그렇게 되지 않더라도 지금의 점포가 장사 일생에서 처음이자 마지막 점포라고 단정지어 생각하지는 말자. 다음 점포를 위한 계단, **더 나은 장사꾼이 되기 위한 계단을 쌓는다는 마음으로 경험하고 배워야 할 것**이다.

2 | 본인이 좋아하는 프랜차이즈를 선택하라

무조건 성공하는 프랜차이즈 업종은 없다. 유망한 프랜차이즈를 고르는 것도 어렵다. 그럴 시간에 차라리 내가 좋아하는 업종, 내가 집중하고 싶은 분야를 고르는 것이 낫다. 똑같은 시련과 어려움이 반복되더라도 **좋아하고 관심 있는 일을 하는 것과 그렇지 않은 것의 차이는 크기 때문**이다.

3 | 창업비용의 80%는 본인 자금으로 시작하라

잘 버티다 보면 살아남는다. 실패의 타격을 줄이는 가장 쉬운 방법은 무리한 대출을 감행하지 않는 것이다. 대출의 무게에 시달려서 폐업하는 경우를 자주 봤다. 이를 방지하기 위해 **눈높이를 낮춰 본인 자금에 맞는 작은 점포를 여는 것이 더 현명하다.**

4 | 본인이 잘 아는 상권을 선정하라

사람들이 많이 찾는 동네라고 해서 무조건 상권이 좋은 것은 아니다. 골목 하나만 넘어가도 상권이 곧잘 바뀐다. 분명 대로변은 젊은이들의 거리였는데, 모퉁이 하나를 지나니 시장 상권이 되기도 한다. 그리고 이런 부분은 그 지역에서 오래 지냈거나 잘 아는 사람이 아니면 파악하기 어렵다. 게다가 구체적으로 내 가게가 들어설 입지를 따지기 시작하면 골치가 아파진다. 이에 대한 자세한 내용은 셋째마당에서 살펴본다.

5 | 급조된 프랜차이즈는 피하라

워낙 많은 프랜차이즈가 등장하다 보니 처음 사업을 시작한 지 얼마 안된 프랜차이즈 역시 점주를 모집하는 경우를 흔히 본다. 첫 장사로 프랜차이즈를 선택하는 가장 큰 이유를 다시 떠올려보자. 왕초보 장사꾼이 모르는 장사의 시스템과 검증된 체계를 도입하기 위해서다. 이를 위해서 적어도 **직영점이나 가맹점을 5개 이상 내고 1년 이상 사업을 운영해 그 사업성을 확인할 수 있는 프랜차이즈를 선택**하는 것이 좋다.

6 | 다점포 점주가 많은 프랜차이즈인지 확인하라

1인경영과 무인점포가 유행하고, 장사꾼 1명이 여러 점포를 운영하는 경우가 많아졌다. 이런 장사의 고수들은 트렌드에 민감하고 새로운 점포를 열고 닫는 데 능숙하다. 따라서 **그들이 참여하는 비율이 높은 프랜차이즈는 적어도 수익성에서만큼은 유망하다는 증거**가 된다.

다점포 점주의 비율이 많은 프랜차이즈 현황은 매경이코노미에서 매년 조사해서 발표하고 있다. 검색창에 '매일경제 다점포 점주'를 검색해 최신 뉴스를 확인해보자. 책으로도 매년 펴내고 있으니 참고하길 바란다.

최근에는 다점포 비율이 늘어난 업종보다는 줄어든 업종이 많다고 한다. 그만큼 불황이라는 뜻이다. 특히 편의점, 패스트푸드, 김밥, 떡볶이 등 외식업종은 정체된 상태다. 불황을 이길 수 있는 가성비 최적화 창업을 고민해야 할 것이다.

검색창에서 '매일경제 다점포 점주'를 검색해보자

프랜차이즈 업종 트렌드의 변화를 매년 책으로 펴내고 있다

7 | 모두가 권하는 유명한 프랜차이즈는 한 번 더 생각해보자

TV에도 많이 나오고 광고로도 자주 보이며 SNS에도 자주 노출되는 프랜차이즈들이 있다. 그만큼 광고에 많이 투자한다는 것은 다른 프랜차이즈에 비해 규모가 크다는 증거일 수 있다. 하지만 반대로 말하면 그런 프랜차이즈에는 경쟁자가 많다. 경쟁에서 이길 나만의 전략이 없다면 이런 업종에 뛰어들기 전에 한 번만 더 생각해보자.

프랜차이즈 손익계산 1 | 샤브샤브 전문점

몇 가지 사례를 통해 실제 가게의 매출 현황을 살펴보고자 한다. 다음은 창업몰(www.changupmall.com)의 실제 매물을 기준으로 한 손익계산 현황이다.◆

샤브샤브 프랜차이즈(분당 서현) – 순수익 615만원

매출 현황(3개월 평균)		월 지출액 세부항목	
총 창업비용	7,000만원	재료비	1,480만원
월매출액	2,840만원	인건비	440만원
월지출액	2,225만원	비용	190만원
월순수익	615만원	관리비	15만원
		기타 경비	100만원

뷔페식으로 운영되는 샤브샤브 매장이다. 월순수익은 615만원이다. 다만 재료비 비율이 크고, 물가 등락에 따라 재료비가 요동칠 수 있으므로 이 순수익이 안정적으로 지켜지기는 어려울 거라고 예상된다. 프랜차이즈이기 때문에 재료비 원가절감을 개인 재량으로 할 수도 없을 것이다.

이처럼 시세에 따른 약점을 제외한다면 그럭저럭 자리를 잡은 것으로 보인다. 수익이 높은 편은 아니지만, 운영하기에 따라 강점을 만들어낼 수 있는 부분도 많을 것이다.

◆ 온라인이나 프랜차이즈 업체에서 제시하는 자료에 대해서는 의구심을 갖자. 매출이 거품이 있을 수 있고 지출내역도 빠진 게 있을 수 있다. 인건비, 재료비, 카드수수료나 부가가치세, 로열티 등이 누락된 경우가 많아서 실제 순수익은 훨씬 적을 수도 있다.

프랜차이즈 손익계산 2 | 아이스크림 전문점

가장 유명한 B아이스크림 프랜차이즈의 손익을 분석해보자.

아이스크림 프랜차이즈(송파) - 순수익 930만원

매출 현황(3개월 평균)		월 지출액 세부항목	
총 창업비용	22,000만원	재료비	2,250만원
월매출액	3,850만원	인건비	360만원
월지출액	2,920만원	비용	250만원
월순수익	930만원	관리비	35만원
		기타 경비	250만원

직접 아이스크림을 제조하는 매장이 아니므로 높은 재료비는 사실 아이스크림을 사오는 원가라고 볼 수 있다. 샤브샤브보다도 더욱 원가절감을 하기가 어렵다.

또한 순수익이 930만원이니 언뜻 보기에 높아 보이지만, 창업비용 대비 결코 매력적인 매출이 아니다. 별도로 우려되는 부분은 인건비가 현실성 없을 만큼 낮게 책정되어 있다는 점이다. 잘못 기재된 것일 수도 있지만, 인력관리에 차질을 빚고 있을 가능성도 있다.

프랜차이즈 손익계산 3 | 맥주 전문점

용산의 한 맥주 프랜차이즈의 손익계산 사례를 살펴보자.

맥주 프랜차이즈(용산) - 순수익 350만원

매출 현황(3개월 평균)		월 지출액 세부항목	
총 창업비용	5,000만원	재료비	600만원
월매출액	1,700만원	인건비	380만원
월지출액	1,350만원	비용	240만원
월순수익	350만원	관리비	50만원
		기타 경비	80만원

한참 유행한 소형 맥주 프랜차이즈다. 프랜차이즈임에도 불구하고 창업비용이 무척 저렴하다. 월비용과 높은 관리비를 봤을 때 신축건물에서 영업하고 있는 것 같다. 그렇다면 맥주 프랜차이즈가 공략하는 주요 타깃인 젊은 층과 직장인이 호감을 가질 만한 부분이다.

창업비용이 낮은 만큼 순수익도 현실적이다. 왕초보 장사꾼이 처음으로 접하게 될 순수익도 이 정도인 경우가 많을 것이다. 이 맥주 프랜차이즈는 낮은 매출을 저렴한 창업비용으로 절충했다. 그렇다면 우리는 어떤 전략으로 순수익을 만들어낼까? 참고할 만한 부분이다.

17 사업계획서, 이대로만 작성하면 A학점!
18 [월매출 정하기] 매출 2,000만원은 순수익 600만원 꼴!
19 [월순수익 계산법] 월매출에서 원가+고정비 빼기
20 [운영시간 결정] 하루 몇 그릇 팔아야 월매출 2,000만원을 채울까?
21 [투자비 점검 1] 권리금, 보증금의 모든 것
22 [투자비 점검 2] 인테리어 비용 예측하기
23 [투자비 점검 3] 월세+인건비 6개월치 확보하기
24 [결론] 15평 부기곰탕 초기 투자금은 6,700만원!
25 [복기] 사업계획서 약점 보완하기
26 [특명] 투자비 6,700만원, 11개월 안에 회수하기

둘째 마당

돈 되는 소설을 써보자!
부가곰탕 사업계획서

골목부자
월1천만원 장사왕

사업계획서, 이대로만 작성하면 A학점!

매달 순수익 얼마를 버는 게 목표인가?

준비한 자금이 충분하지 않아서, 내가 기획한 장사를 펼쳐보고 싶어서 등 나만의 개인점포를 꿈꾸는 이유는 다양하다. 오래 전부터 장사는 장사꾼의 역량에 모든 것이 좌우되는 분야였다. 물건 하나 떼다 길거리에서 파는 노점부터 뉴욕 메디슨스퀘어파크 노점에서 출발해 세계적인 기업이 된 쉑쉑버거까지, 결국 장사는 장사꾼이 일군 나만의 가게에서 시작된다. 그래서 개인점포를 꿈꾸고 만들어본 장사꾼은 그런 경험이 없는 장사꾼과 차이가 많이 난다. 왕장사팀이 왕초보 장사꾼에게 개인점포 운영을 추천하는 것도 그런 이유에서다.

장사의 고수라면 사업계획서가 있다. 만약 없다면 이번 장의 안내대로 자기만의 사업계획서를 써보자. **사업계획서는 앞으로 내 가게를 운영하며 처하게**

될 여러 선택의 기로에서 나침반이 되어줄 것이다.

 사업계획서라고 말하니 기업에서나 만드는 것 같아 부담스럽게 들리겠지만, 사실은 별것 없다. 아주 간단한 것에서부터 시작해보자. 기본적인 부분, 즉 "나는 얼마를 목표로 벌 것인가?"에서 출발한다. 직장인이라면 목표로 하는 월급이 있듯이 장사꾼에게도 목표로 하는 순수익이 있어야 한다. 가장 먼저 내가 벌고 싶은 순수익목표가 얼마인지 적어보자.

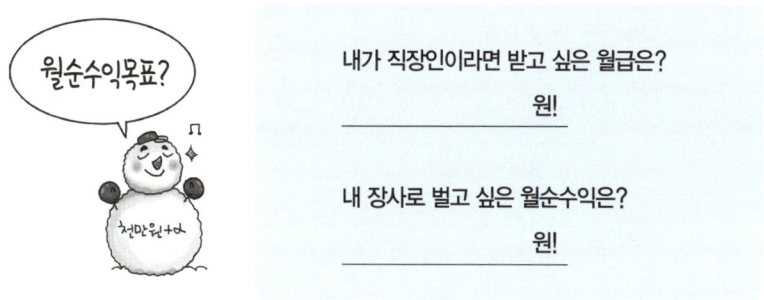

사업계획서, 월순수익목표를 잡으면 끝!

 자, 다음 쪽의 표를 보자. 익숙하지 않은가? 여러분은 이미 준비마당 06장에서 식당의 매출을 유추해보는 내용을 살펴봤다. 다음 쪽 표는 이것을 사업계획서로 재구성한 것이다. 이제 이 목표를 이루기 위해 어떻게 운영해야 하는지 수치로 판단해볼 것이다. 준비물은 이 책과 계산기뿐이다. 다음 사업계획서 양식을 찬찬히 살피고 채워보자.

내 월순이익목표는?
_____ 원!

월매출목표 : _____ 원
(순수익 = 매출목표 × 30%)

운영목표	하루 매출 (매출목표 ÷ 26)	_____ 원
	객단가	_____ 원
	하루 판매목표수 (하루 매출 ÷ 객단가)	_____ 개
	운영시간	_____ 시간
	시간당 판매목표수 (하루 판매목표수 ÷ 운영시간)	_____ 개
	시간당 매출 (하루 매출 ÷ 운영시간)	_____ 원
투자비용	_____ 원	**투자금 회수** ____ 개월 후

매출목표 달성을 위한 전략
☐ ....
☐ ....
☐ ....
☐ ....
☐ ....
☐ ....

사업계획서 작성이 처음이라 어렵다면?

위 양식을 보고 막막한 사람도 있을 것이다. 모든 것을 처음부터 완벽하게 작성할 필요는 없다. 사업계획서 작성이 처음이라 어렵다면 다음과 같이 써보자.

① 모르는 부분은 건너뛰고 대략적으로 예상되는 부분만 적는다.
② 전혀 모르는 부분이 절반이 넘는다면 일단 둘째마당을 다 읽고 다시 돌아와 작성한다.
③ 절반 이상 칸을 채웠다면 미진하거나 어려운 부분만 다시 확인한다.

창업 전 사업계획서 쓸 때 순수익 30%가 안 나오면 다시 고민!

준비마당 06장에서 다른 가게 월매출과 월수익을 옆의 사업계획서 양식대로 도출해본 적이 있다. 이때 월수익을 현실적 매출의 30%로 잡아 가늠해보았는데, 이때 주의할 것은 **내 가게 사업계획서를 작성할 때도 기계적으로 현실적 매출의 30%를 순수익으로 잡으면 안된다**는 것이다. 오히려 창업 초기에 매출의 30%가 순수익이 되도록 아이템을 고르고 비용절감과 운영 시스템을 먼저 계획해야 한다. 창업 전 사업계획서를 써보고 순수익이 30%가 안 나오는 사업이라면 과감히 접는 게 맞다. ◆

◆ **순수익 30%가 중요한 이유** : 순수익은 장사에 필요한 모든 비용을 제외한 나머지, 즉 내 손에 들어오는 돈이다. 사업계획서를 작성할 때 순수익 30%가 나와야 투자금 회수기간을 앞당길 수 있고, 예상치 못한 각종 돌발비용을 감내할 수 있다. 또한 내가 투자한 자본과 노동의 비용을 상쇄할 수 있는 마지노선 비율이기도 하다.

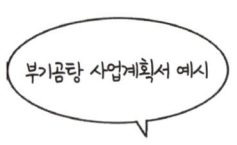

 부기곰탕 사업계획서 예시

내 월순수익목표는?
6,000,000원!

월매출목표 : 20,000,000원
(순수익 = 매출목표 × 30%)

운영목표	하루 매출 (매출목표 ÷ 26)	769,231원
	객단가	6,000원
	하루 판매목표수 (하루 매출 ÷ 객단가)	128그릇
	운영시간	12시간
	시간당 판매목표수 (하루 판매목표수 ÷ 운영시간)	11그릇
	시간당 매출 (하루 매출 ÷ 운영시간)	64,103원

투자비용	6,707만원	투자금 회수	11개월 후

매출목표 달성을 위한 전략
☐ DIY 인테리어로 투자비 절감
☐ 수수부꾸미, 도라지약주 등 사이드 메뉴와 도라지닭곰탕, 약곰탕 등 프리미엄 메뉴 추가
☐ 2인 테이블 위주로 세팅해 손님 인원수에 유연하게 대처

내 장사를 계획할 때는 이처럼 수치적인 부분부터 시작해 구체적인 모습을 그려나가면 좋다. 돈이 되는 장사가 되도록 여러 수치를 적고 수정하다 보면, 단순히 물건을 사고파는 부분뿐만 아니라 그것이 가능한 상권과 시설, 운영전략까지 모든 부분을 고려하게 되기 때문이다. 이처럼 장사꾼이 쓴 숫자에는 많은 의미가 담겨 있다. 따라서 처음에는 양식을 채우는 것도 쉽지 않을 것이다.

용기를 내 일단 내 월순수익목표를 적자. 그리고 월순수익목표로부터 추산한 시간을 적어보자. 그러면 지금부터 나올 내용들을 토대로 내가 구상한 수치가 적절한지, 그렇지 않다면 어떻게 보완하면 좋을지 알 수 있을 것이다.

어떤 계획이든 처음부터 계획서로 척척 나오는 경우는 거의 없다. 잘 모르는 부분이 있다면 나중에 다시 확인하면서 수시로 수정하다 보면 각 항목이 유기적으로 연결된 탄탄한 사업계획서를 완성할 수 있을 것이다.

앞은 왕장사팀이 기획한 가상의 가게 '부기곰탕'의 사업계획서다. 항목별로 어떻게 이런 수치가 나왔는지 자세한 내용은 다음 장부터 차례차례 설명하겠다.

월매출 정하기

매출 2,000만원은 순수익 600만원 꼴!

월매출목표, 내가 벌고 싶은 돈에서 나온다!

사업계획서를 이해하기 위해 '부기곰탕'이라는 가상의 가게를 상상해 사업계획서를 만들어보자. 홍대앞에서 닭곰탕을 팔기 위해 창업할 가게다. 가상의 가게라고는 하지만 실제로 왕장사팀이 창업을 고려할 만큼 구체적으로 사업계획서를 작성했고, 이에 맞추어 상권도 분석했다.

부기곰탕의 사업계획서를 작성하기 전에, 이 가게를 통해 무엇을 팔고 얼마나 벌고 싶은지 생각나는 대로 적어보았다.

① 부기곰탕은 가게 이름처럼 닭곰탕을 파는 가게다.
② 홍대앞에서 15평 정도 크기로 개업했으면 좋겠다.

③ 1주일에 하루는 쉬었으면 좋겠다.
④ 1달에 순수익으로 적어도 600만원은 벌었으면 한다.

과연 15평 크기의 닭곰탕집으로 1달에 월급쟁이 봉급보다 많은 순수익을 거둘 수 있을까? 그것을 확인하기 위해 먼저 월순수익목표를 적었다. 첫 목표액은 사람마다 다르겠지만, 여기서는 600만원을 기준으로 잡았다. 현실적으로 봤을 때 이는 왕초보가 도전한다 해도 아주 불가능한 금액은 아니라고 판단했다.

내 월순수익목표는?
6,000,000원

순수익이 매출액의 30%는 나오도록 사업을 하자

월매출목표는 월순수익목표를 기반으로 매출이 얼마가 되어야 하는지를 계산하는 것이다. 이 순서는 바꿀 수도 있는데, 동종업계의 다른 가게 매출을 추정해보고 그에 따라 내가 얼마나 벌 수 있을지 순수익을 계산할 수도 있다. 순수익이 매출액의 30%는 나오도록 장사를 이끌어야 한다.
순수익을 높이는 방법은 다음 2가지가 있다.

① 같은 상품 가격에 **원가 비율을 낮춘다**. 단, 품질이 떨어지면 안된다.
② 원가 비율을 낮출 수 없을 때는 **상품 가격을 높인다**. 단, 고객의 만족도를

확실히 충족시켜야 한다.

순수익이 매출액의 30%가 되려면 원가와 상품 가격 간의 관계를 잘 알아서 확실한 대책을 세워야만 한다.

$$순수익 = 매출액 \times 30\%$$

막상 실전에서는 계산기 두드리며 다닐 수 없기에 필자는 다음과 같이 약식으로 계산한다. 다음 순수익과 매출액의 관계를 공식처럼 외워두자.

$$순수익 = 매출액 \times 0.3$$
$$매출액 = 순수익 \times 3.3$$

순수익과 매출목표를 정해놓고 나면, 이 업종이 정말 내가 뛰어들 만한지 아닌지를 판단할 수 있다. 이 공식에 따르면 부기곰탕이 순수익 600만원을 위해 1달에 올려야 하는 매출액은 2,000만원이다. 그러면 어떻게 이런 금액이 나오게 만드는지 다음 장부터 자세히 살펴보자.

매출목표 : 20,000,000원

월순수익 계산법

월매출에서 원가 + 고정비 빼기

골목부자
월1천만원 장사왕

19

수익률 계산의 변수 1 | 원가

앞에서 통상적으로 매출의 30%를 순수익으로 잡는다고 했다. 물론 가게마다 비용이 천차만별로 달라서 순수익률도 다 다르겠지만, 여기서는 부기곰탕 창업에 한정해서 설명한다.

순수익은 장사에 들어간 돈을 제하고 실질적으로 내 손에 들어오는 돈을 말한다. 재료비나 제품의 원가, 가게를 운영하는 데 들어가는 임대료나 인건비 등 고정비용을 모두 빼고 남은 돈이 순수익이다. 반대로 말하면, **물건 하나를 팔면 그 가격의 70%는 장사 자체에 들어가는 비용**이라고 이해하면 된다.

우선 원가를 보자. 부기곰탕은 닭곰탕을 파는 가게라 각종 재료비가 원가로 지출된다. 내역을 대략 적어보면 다음과 같다. 그릇당 원가가 1,481원이다.

◆ **부기곰탕의 원가** (단위 : 원) ◆

	가격	총 중량(g)	사용량(g)	단가
재료 1	11,000	2,000	50	275
재료 2	6,000	500	5	60
재료 3	2,000	2,000	10	10
재료 4	2,000	1,200	50	83
재료 5	2,000	2,000	70	70
재료 6	10,000	3,000	60	200
재료 7	10,000	3,000	100	333
재료 8	24,000	10,000	50	120
재료 9	22,000	20,000	300	330
합계				1,481

아직 내 상품의 원가를 모른다면?

내가 팔고자 하는 물건의 원가를 아는 것은 장사에서 가장 기초 중에 기초다. 하지만 생전 처음 장사를 하는 사람이라면 이런 원가를 제대로 파악하기 어렵다. 앞서 산정한 닭곰탕의 원가는 지금까지 장사를 해온 경험을 토대로 추산한 것이다. 예를 들어 닭고기를 대략 3근 넘게 (2,000g) 사면 40그릇을 만들 수 있으리라 예상된다.

요식업이라면 직접 재료를 사서 만들어보고 그 결과를 토대로 원가를 계산하면 된다. 판매업이라면 현재 내가 가진 정보에 따라 도매로 구입해왔을 때 가장 싼 가격이 원가가 될 것이다. 원가를 처음 책정했을 때는 남들보다 높을 수밖에 없다. 장사를 처음 시작하는 왕초보 장사꾼에게는 더욱 그렇다. 우선 사업계획서를 끝까지 작성해본 뒤, 높은 원가를 보완할 방법을 찾거나 원가를 낮출 방안을 생각해보자.

부기곰탕은 닭곰탕을 파는 음식점이다. 따라서 원가는 닭곰탕 1그릇을 만드는 데 들어가는 재료비다. 만약 완제품을 파는 장사꾼이라면 직접 상품을 떼어오는 가격, 즉 도매가가 바로 원가가 된다.

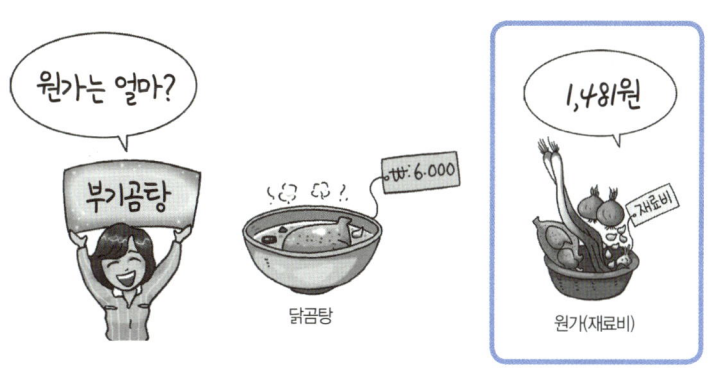

염두에 두고 있던 홍대앞 상권◆을 조사해보니, 경쟁업체의 닭곰탕 가격은 6,000원에서 8,000원 사이였다. 이 가격 내에서 내 장사에 알맞은 가격을 찾기 위해 가격당 재료비 비율과 판매목표량을 계산해보았다.

◆ 가격에 따른 판매목표량 ◆

	월매출목표 : 2,000만원		
판매가격	6,000원	7,000원	8,000원
재료비 비율	24.7%	21.2%	18.5%
월판매목표수	3,333그릇	2,857그릇	2,500그릇
하루 판매량	128그릇	110그릇	96그릇

◆ 상권분석에 대해서는 〈셋째마당 대박 명당을 찾아라! 상권분석법〉 참고.

즉 닭곰탕을 6,000원에 판다면 하루에 128그릇씩 월 3,333그릇을 팔아야 매출목표를 달성할 수 있다. 반면 8,000원에 판다면 하루에 96그릇씩 2,500그릇만 팔아도 월매출목표를 달성할 수 있다.

계획하고 있는 닭곰탕집은 15평 규모로, 인테리어를 아무리 좋게 해도 규모 면에서 한계가 있을 것이다. 따라서 홍대앞 상권 기준 8,000원이라는 고가를 매겼을 때는 경쟁이 어려울 거라는 판단이 들었다. 이에 처음에는 가격을 6,000원으로 매기되, 나중에 판매전략을 수립하면서 8,000원에도 팔 수 있다는 가능성을 열어두는 정도로 넘어갔다. 이것이 지금까지 계획한 객단가가 된다.

손님 1명이 지불하는 금액, 객단가

객단가는 손님 1명이 와서 지불하고 가리라고 예상되는 금액을 의미한다. 현재 계획한 바로 부기곰탕의 객단가는 6,000원이다. 손님 1명이 보통 1그릇을 먹을 것이기 때문이다. 만약 닭곰탕이 아니라 너무너무 매운 메뉴를 팔고 있어서 1,000원짜리 음료수를 함께 먹는 것이 필수처럼 여겨진다면? 객단가는 7,000원이 될 것이다. 결론을 미리 말하자면, 부기곰탕은 처음엔 6,000원짜리 객단가를 생각했지만 수익률이 낮아서 8,000원짜리 메뉴를 따로 구상해 객단가를 올리기로 했다. 구체적인 전략에 대해서는 25장 참고.

수익률 계산의 변수 2 | 고정비

한편 맨땅에서 닭곰탕을 팔 수 없으니 들어가는 고정비용들이 있다. 3명치 인건비와 임대료, 각종 고정비 내역은 다음과 같다.

월세	1,320,000원
관리비	150,000원
인건비	3,042,000원
자투리 경비	1,650,000원
합계	**6,162,000원**◆

 이제 매출목표 2,000만원에서 이들을 모두 빼보자. 재료비 약 500만원(그릇당 원가 1,481원×128그릇×26일), 고정비 약 620만원, 장사를 하며 내야 할 세금◆◆을 모두 빼면 약 30% 수준에서 순수익이 결정된다. 대략적으로 잡은 액수이기 때

◆ 이 수치는 어떻게 나왔을까? 월세, 관리비는 23장 참고, 투자비용 점검과 고정비용 점검, 자투리 경비 등은 〈일곱째 마당 알면 덜 뜯긴다! 15평 매장 자투리 경비들〉 참고.
◆◆ 〈여섯째마당 합법적으로 세금 아끼는 장사왕 비법〉 참고.

문에 실제로는 지출되는 비용이 더 많을 수 있고, 매출이 더 높아야 순수익을 달성할 수 있을 것이다. 하지만 지금 단계에서는 매출목표의 30% 수준을 순수익이라고 생각하면 된다는 것 정도로 정리해두자.

장사에 뛰어들기로 결심했다면 결국 매출목표를 달성하기 위해 어떻게 노력해야 하는지를 고민해야 한다. 즉 **매출목표는 "우리 가게가 얼마를 벌지 예상하자!"가 아니라 "우리 가게가 얼마를 벌기 위해 무엇을 해야 하는가?"를 고민하는 척도**인 것이다. ◆

내 매출목표를 무리 없이 채워줄 가게를 찾는 것은 기본 중에 기본이다. 여기에 더해 신규고객을 적극적으로 창출하고 고객의 재방문율을 올려야 목표를 달성할 수 있다.

좋은 입지의 가게라도 만족스런 서비스를 제공하지 못하면 재방문율이 낮아진다. 신규고객만으로 버티는 건 한계가 있어서 쉽게 무너질 수 있다. 물론 유동인구가 넘쳐나는 상권에서 별 특색 없이 신규고객만으로 버티는 가게도 있기는 하다.

이렇듯 장사는 예측이 어렵고 고객을 만족시키기도 어렵다. 때로는 가격이나 맛보다 홍보 마케팅이 중요한 역할을 할 수도 있다는 것을 명심하고 전략을 짜야 할 것이다. 하지만 경쟁력만 갖춘다면 후미진 골목에서도 줄을 세우는 가게를 만들 수 있고, 가격에 상관없이 고객을 만족시킬 수도 있다. 이를 위해 끊임없이 공부하고 연구하는 자세가 필요하다.

◆ 〈준비마당 왕초보 장사꾼, 장사왕이 되려면?〉 03장 참고

부가가치세 누락하고 가격 책정하면 순수익 하락!

가격을 책정할 때 빠뜨리지 말아야 할 것이 부가가치세다. 부가가치세는 물건을 팔면서 생기는 부가가치에 대해 지불하는 세금이다. 이에 대한 자세한 내용은 여섯째마당에서 살펴보겠지만, 우선 지금은 단가의 10%를 부가가치세로 내야 한다는 점을 짚어둔다.

닭곰탕 1그릇을 6,000원에 팔았다고 생각해보자. 이 닭곰탕이 6,000원인 이유는 장사꾼인 내가 인건비나 재료비, 임대료 등의 비용을 고려해서 그렇게 책정했기 때문이다. 그런데 이렇게 가격을 책정해놓고 여기에 10%나 차지하는 부가가치세를 고려하지 않는 경우가 많다. **부가가치세를 감안하지 않고 가격을 책정하면 예상 매출을 달성하더라도 순수익은 떨어질 수밖에 없다.**

한편 장사를 하고 카드로 매출을 올렸다면 여기에 카드수수료 약 2.8%◆도 포함되어 있다. 그러나 부가가치세는 여전히 6,000원 기준으로 정해진다. 마치 카드수수료에 대한 세금도 내는 모양새가 된다. 이런 부분은 지금도 논란의 여지가 있으므로 알아두면 좋을 것이다.

부가가치세에 익숙하지 않은 지금은 '부가세 계산기' 같은 서비스를 이용해 간단히 부가가치세를 계산해보는 것을 추천한다. 인터넷에서 다양한 부가세 계산기를 찾아볼 수 있다.

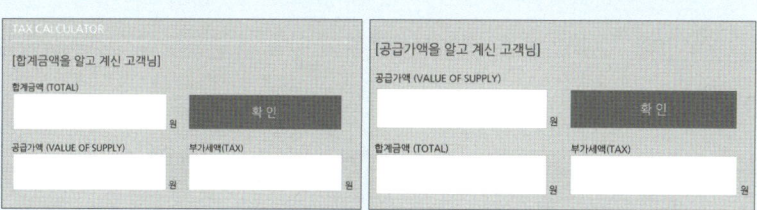

인터넷 부가가치세 계산기

◆ 카드수수료에 대한 내용은 〈일곱째마당 알면 덜 뜯긴다! 15평 매장 자투리 경비들〉 참고.

운영시간 결정

하루 몇 그릇 팔아야 월매출 2,000만원을 채울까?

가게 운영시간은 12시간으로 결정

월순수익 600만원(매출의 30%)을 벌려면 매출목표 2,000만원을 달성해야 한다고 말했다. 이를 위해서는 6,000원짜리 닭곰탕을 월 3,333그릇, 하루에 128그릇 팔아야 한다. 주 6일 문을 열어서 1달에 26일을 운영한다면 하루에 약 77만원의 매출을 올려야 한다.

> 하루 매출 = 매출목표 ÷ 26(일)

> 하루 판매목표수 = 하루 매출 ÷ 객단가

하루 매출 (매출목표 ÷ 26)	769,231원
객단가	6,000원
하루 판매목표수 (하루 매출 ÷ 객단가)	128그릇

하루에 128그릇을 팔려면 운영시간을 어떻게 정해야 좋을까? 우선 10시간 운영과 12시간 운영을 비교해보았는데, 서로 2.2그릇 정도 차이가 난다. 즉 1시간에 손님 2명은 더 받아야 한다.

운영시간	10시간	11시간	12시간
시간당 판매목표수	12.8그릇	11.6그릇	10.6그릇

운영시간을 판단하기 위해 부기곰탕 주 메뉴의 성격에 대해 생각해보았다. 닭곰탕이라는 메뉴 특성상 점심 장사와 저녁 장사가 주를 이룰 것이라 예상할 수 있다. 보통 점심시간은 **오후 11시에서 2시 사이, 저녁시간은 오후 6시에서 9시 사이다. 이 두 피크타임에 집중하는 것이 중요**하리라 판단할 수 있다.

따라서 오후 11시 영업을 위한 준비시간 1시간을 포함해 오전 10시에 오픈하기로 했고, 오후 9시 영업종료 후 정리시간 1시간을 포함해 오후 10시에 문을 닫기로 했다. **결국 하루 12시간 운영이 내가 공략하려는 시간을 충족시킬 방침**이 된다.

실제로 장사를 시작하면 이 계획대로 되리라는 보장은 없다. 의외로 점심시간 손님이 적어서 오후에 오픈할 수도 있고, 해장국을 도입해 밤 늦게까지 영업할 수도 있다. 여기서는 일단 하루 12시간 운영이라고 결정하고 넘어가자.

그러면 시간당 64,000원, 즉 11그릇을 팔아야 한다는 계산이 나온다. **닭곰탕 1그릇을 6,000원(객단가)에 팔 예정이니, 하루에 128그릇을 팔아야 매출목표를 달성**할 수 있다.

시간당 판매목표수 = 하루 판매목표수 ÷ 운영시간

시간당 매출 = 하루 매출 ÷ 운영시간

운영시간	12시간
시간당 판매목표수 (하루 판매목표수 ÷ 운영시간)	11그릇
시간당 매출 (하루 매출 ÷ 운영시간)	64,103원

점유율 예측! 25% 좌석점유율이면 양호

부기곰탕의 매출목표를 위한 점유율을 따져보자. 점유율이란 가게 좌석 전체에서 손님이 차지하고 있는 비율을 말한다. 가게가 늘 문전성시를 이루는 것은 아니니 현실적인 점유율을 파악하고 있어야겠다.

부기곰탕의 좌석수는 22개다. 이 정도가 15평 규모에 배치할 수 있는 최대 수량이다. 각 손님의 식사시간을 30분으로 예상한다면 시간당 최대 44명의 손님을 받을 수 있다. 하지만 매 시간 닭곰탕 44개를 팔 수 있을까? 그런 일은 일어나기 어렵다.

앞서 매출목표를 달성하기 위해 시간당 11그릇을 팔아야 한다고 계산했다. 이를 좌석수에 대입해보면 점유율을 알 수 있다. 점유율 식은 다음과 같다.

> 점유율(%) = 실제 판매량 ÷ 최대 판매량 × 100

예를 들어 1시간에 손님 20명을 받았다면, 실제 판매량 20을 최대 판매량 44로 나누고 100을 곱하면 된다. 그 결과 점유율은 45%다. 그러나 이 정도 점유율은 점심시간 같은 피크타임이 아니고서는 나오기 어렵다.

간혹 왕초보 장사꾼은 좌석수만큼 손님이 다 찰 거라고 생각해 매출목표를 높게 잡는다. 그러나 **실전에서는 점유율 25% 정도가 적당한 편이며, 30%가 넘으면 충분**하다고 보아야 한다.

다음 쪽 표는 그간 장사한 자료를 토대로 추산한 점유율 변동 추이다. 부기곰탕은 평균 25%의 점유율로 매출목표를 달성할 수 있다는 사실을 알 수 있다. 즉 평소 가게에 1/4만큼 손님이 차 있으면 목표를 향해 잘 나아가고 있다고 생각하면 된다.

평균 좌석점유율 25%면 무척 양호한 편이다

◆ 좌석점유율 변동 추이(총 좌석 22개, 15평 기준) ◆

시간	예상 점유율	매출	손님수
10~11시	5%	12,000원	2명
11~12시	25%	66,000원	11명
12~13시	45%	120,000원	20명
13~14시	45%	120,000원	20명
14~15시	20%	54,000원	9명
15~16시	5%	12,000원	2명
16~17시	10%	24,000원	4명
17~18시	30%	78,000원	13명
18~19시	45%	120,000원	20명
19~20시	45%	120,000원	20명
20~21시	25%	66,000원	11명
21~22시	5%	12,000원	2명
일매출		804,000원	134명
월매출(26일 기준)		20,904,000원	3,484명
연매출		250,848,000원	41,808명

하루 평균 점유율은 약 25%

투자비 점검 1

권리금, 보증금의 모든 것

골목부자 월1천만원 장사왕

21

보증금 제외한 나머지는 회수 보장 불가!

매출목표를 설정할 때 빼놓아서는 안되는 사항을 살펴보자. 먼저 투자 형식으로 들어가는 창업비용이다.

권리금, 보증금, 월세 등 장사할 터를 마련하는 비용은 가장 큰 부분을 차지한다. 이중에서 나중에 돌려받을 수 있는 금액은 보증금뿐이다. **권리금◆과 월세는 인테리어 비용처럼 한번 지출하면 끝이고, 감가상각이 일어나는 투자비용**이기 때문에 더욱 신중하게 지출 여부를 결정해야 한다.

◆ **권리금은 투자금인가?** : 권리금이 투자에 속하는지, 돌려받을 수 있는 돈에 속하는지는 장사의 고수들마다 의견이 다르다. 돌려받을 수 있다고 완전히 확신할 수 없는 돈에 목매는 것보다는 장사를 더 잘되게 하는 방법을 고민하는 편이 훨씬 효율적일 것이다.

사업계획서를 쓰면서 부기곰탕 초기 투자비를 다음과 같이 잡았다. 여기서 보증금과 월세는 상권별로 일정한 기준이 있을 것이다. 자신이 가진 돈에 맞춰 상권을 선택하면 된다. 하지만 권리금의 기준은 참 애매하다. 여기서는 권리금에 대해 중점적으로 살펴보자.

부기곰탕 초기 투자비	금액
권리금	2,000만원(상한선 3,000만원)
보증금	3,000만원◆
합계	5,000만원(권리금+보증금 상한선)

권리금 종류 3가지 — 바닥권리금, 영업권리금, 시설권리금

권리금은 이미 구축해놓은 장사 시스템에 대한 값이다. 임대하려는 매물이 계속 장사하던 점포였다면 권리금이 붙는다. 그것은 해당 점포에서 그동안 장사를 하며 쌓아온 유무형의 것을 돈을 주고 구매한다는 개념이다.

권리금은 3가지로 나눌 수 있다. ① **바닥권리금**은 입지가 좋은 점포에 가격을 매긴 것이다. ② **영업권리금**은 이미 확보했거나 확보할 거라고 예상되는 잠재고객에 대한 가격이다. ③ **시설권리금**은 시공되어 있는 인테리어를 물려받아 활용하기 위해 지불하는 가격이다. 이에 대해서는 넷째마당에서 더욱 자세히 살펴볼 것이다.

◆ 자세한 내용은 이번 장 마지막에 나오는 〈장사왕 Tip 왕초보는 권리금 3,000만원이 상한선!〉 참고.

눈치챘겠지만 이런 권리금의 가격은 경우마다 각각 다 다르다. 왜냐하면 자리 프리미엄이나 잠재고객은 객관적으로 평가할 수 없고, 시설도 감가상각의 기준이 저마다 다르기 때문이다.

그럼에도 권리금은 **이미 기반을 닦아놓은 점포에 가치가 있다면 이를 가격으로 매겨 활용할 수 있다**는 장점이 있다. 그래서 장사의 고수들은 권리금에 따라 자유자재로 전략을 바꿀 줄 안다.

권리금이 높다고 성공을 보장하지 않는다

간혹 마땅한 양수인이 없어서 버티다 못해 권리금을 포기하고 사업을 중단하는 경우가 있다. 실제로 신촌에서 50평 규모를 자랑하던 한 식당은 경영이 어려워지자 500만원이 넘는 월세를 감당할 수 없어 권리금까지 포기하고서야 가까스로 양수인을 찾을 수 있었다.

따라서 권리금에 대한 결정은 신중해야 한다. 상대적으로 고평가된 가게를 높은 권리금을 주고 넘겨받는 것은 시작부터 위태로운 일이다. 특히 내 업종과 취향에 맞게 새 단장이 필요한 경우라면 더더욱 그렇다. 새 출발이니 숟가락 젓가락 하나까지도 모두 새 것으로 사고 싶은 마음은 내려놓아야 할 때가 있다. 장사는 내 만족감과 기분을 위해 하는 것이 아니다.

간혹 권리금이 아예 없는 점포나 상가로 활용된 적이 없는 공간에서 장사를 하게 되는 경우가 있다. 이런 경우의 가장 큰 장점은 권리금에 얽매여 장사를 억지로 이어나갈 일은 없다는 것이다. 실제로 장사를 겪어보면 많은 장사꾼이 '쏟아부은 권리금을 회수'할 생각에 사로잡혀 장사를 정리할 타이밍을 놓치곤 한다. 권리금이 점포의 가치를 객관적으로 보장해주지 않는다는 점, 꼭 명심하자!

보증금, 권리금과 묶어 생각하라 – 5,000만원이 상한선!

흔히 집세가 그렇듯 점포 보증금 역시 높아질수록 월세가 저렴해진다. 목돈을 구해 보증금을 높일 것인지, 보증금을 낮춰 부담을 줄이고 월세를 높일 것인지, 둘 중 어떤 방법이 좋은지에 대해서는 의견이 분분하다.

따라서 적정 보증금을 생각할 때는 권리금과 함께 생각하길 권한다. 왜냐하면 보증금과 권리금 모두 창업을 하는 사람에게는 목돈이 나가는 일이기 때문이다. 권리금에도 큰 목돈을 지출했는데 보증금까지 높다면 장사를 시작하기도 전에 부담이 커진다.

실제로 보증금이 5,000만원이라면 사업할 때 활용해야 할 자금이 그만큼 묶여버린다는 생각을 해야 한다. 돌려받을 수 있는 돈이라 하더라도 지금 당장 활용할 수 없기 때문이다. 이것은 왕초보 장사꾼만의 문제가 아니다. 나중에 장사를 정리하고 적정한 권리금을 받아야 할 때, 다음 사업자 역시 보증금이 너무 높은 매장이라면 창업을 꺼리게 된다. 그렇다면 내 보증금은 물론 권리금까지 돌려받기가 요원해진다.

홍대앞에서 여러 장사를 해본 결과 **보증금 5,000만원이 심리적인 마지노선**인 것 같다. 이 금액을 넘어가면 너무 커진 투자비용 때문에 권리금을 돌려받기 어려워진다. 하지만 **소자본 왕초보 장사꾼에게 가장 적당한 보증금은 2,000만원에서 3,000만원 사이**인 것 같다. 부기곰탕은 권리금을 2,000만원으로 잡았기에, 보증금은 우선 3,000만원을 기준으로 책정했다. 참고로 부기곰탕이 들어갈 자리는 보증금 3,000만원에 월세 120만원이다.

이때 예비비◆로 월세 6개월치는 따로 빼놓기 바란다. 왜냐하면 장사가 잘 안될 경우 마음이 조급해지고, 월세조차 못 낼 정도가 되면 권리금까지 포기하고 도망치듯 가게를 내놓게 되기 때문이다.

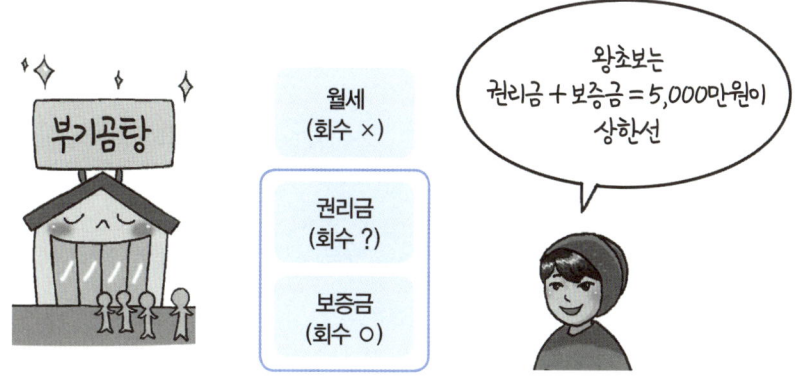

◆ 예비비에 대한 자세한 내용은 23장 참고.

왕초보는 권리금 3,000만원이 상한선!

왕초보, 무권리나 낮은 권리금을 공략하라!

왕초보 장사꾼은 권리금에 어떻게 접근해야 할까? 적극 추천하고 싶은 방법은 무권리, 또는 권리금이 아주 낮은 점포를 찾으라는 것이다.

권리금이 높은 유망 상권 중 하나인 홍대앞에서도 권리금이 3,000만원 이하인 점포를 찾을 수 있다. 지레 포기하지 말라는 말이다. 사실 권리금이 그 이상 되면 소자본 왕초보 장사꾼에게는 위험부담이 크다. 왜냐하면 나중에 장사를 그만둘 때 내가 투자한 권리금만큼 돌려받으리라는 보장이 없기 때문이다. 그래서 부기곰탕의 권리금은 최대치를 3,000만원으로 잡았다.

물론 부동산중개소를 돌아다녀보면 딱 잘라 그런 점포는 없다고 얘기한다. 하지만 3,000만원 이하 저렴한 권리금 점포가 분명히 있다. 장담할 수 있다. 2급지에 해당하는 괜찮은 입지에 권리금 500만원짜리 매장이 있을 정도다. 그러니 마음을 조급하게 먹지 말고 충분한 시간을 들여 꾸준히 찾아보길 권한다. 물론 저렴한 권리금 대신 철저한 상권분석과 차별화된 아이디어로 매출을 극대화할 방안을 모색해야 할 것이다.

홍대에도 3,000만원 이하 권리금 매장을 찾을 수 있다. 지레 포기하지 말자

투자비 점검 2

인테리어 비용 예측하기

인테리어 시공과 집기비품, 구체적으로 살펴보기

개인점포를 여는 과정에서 인테리어 시공과 집기비품은 왕초보 장사꾼의 기획력이 가장 빛을 발하는 부분이다. 특히 DIY가 대중화되고 다양한 재료와 도구를 구할 방법이 늘면서 직접 인테리어 시공에 뛰어드는 경우도 많다. 모든 것을 직접 만들지 않더라도 가성비 높은 제품이 시장에 많이 등장하고 있다.

프랜차이즈의 인테리어 비용이 부르는 게 값인 경우에 반해, **개인점포는 인테리어와 집기비품에서 비용을 줄일 구석이 많다.** 또한 자기가 원하는 동선과 레이아웃이 따로 있다면 구현하기도 쉽다. 하지만 선택지가 많아진 만큼 신경 쓸 부분이 많은 것도 사실이다. 먼저 인테리어 시공과 집기비품에 속하는 것이 무엇인지 살펴보자.

인테리어 시공	• 간판 • 목공공사, 벽공사, 골조공사, 수도공사 등 공사 • 철거
집기비품	• 에어컨, 냉장고, 냉동고, 그릇, 버너 등

왕초보도 노력하면 인테리어 비용 줄일 수 있다

앞서 말했듯 알고 연구하면 할수록 줄일 수 있는 것이 인테리어와 집기비품 비용이다. 부기곰탕의 예상 지출비용을 살펴보자. 15평 기준, 인테리어 비용과 가게에서 사용할 각종 집기비품 가격을 각각 2,000만원으로 잡았다. 산출 근거는 다음 표와 같다.

◆ **예상 공사비용** (단위 : 만원) ◆

	최대 지출 가능	최소 비용		최대 지출 가능	최소 비용
철거	150	50	도장	100	50
수도	300	0	도시가스	100	0
타일	100	0	간판, 사인	150	150
전기	100	0	바닥	200	0
조명	50	50	덕트, 후드	100	0
창문, 문	200	0	어닝	100	0
목공	350	0	합계	2,000	300

표에서 '최대 지출 가능' 항목은 예산 한도 내에서 적절하다 싶은 만큼 배정한 것이다. 이보다 비싸면 다른 업체나 제품을 알아보거나, 아니면 최대한 직접 해결해볼 생각이다.

그 옆의 '최소 비용' 항목과 간극이 몹시 커서 의아할 수 있다. 최소 비용은 그만큼만 투자하겠다는 뜻이 아니라 투자하지 않아도 괜찮은 상황을 대비한 것이다. 예를 들어 권리금을 비싸게 주고 들어간 가게라면 이미 각종 설비나 집기비품이

◆ **기타 집기비품 지출** (단위 : 만원) ◆

	최대 지출 가능	최소 비용
설비	600	0
의자, 탁자	200	0
소품	200	200
에어컨	500	0
집기	150	50
홍보물 제작	50	50
기타 1	100	
기타 2	100	
기타 3	100	
합계	2,000	300

구비되어 있을 수 있다. 실제로 보증금 2,500만원을 내고 들어간 점포에서 시설과 설비를 그대로 이용해 최소한의 비용으로 단 3일 만에 오픈 준비를 마친 가게도 있다. 이처럼 **이미 구비된 시설을 최대한 활용한다면 '최소 비용'만큼의 예산 감축이 가능**하다고 보면 된다.

집기비품 예산에서 15% 정도 기타로 잡아놓기

집기비품 표를 보면 '기타' 항목을 3개나 넣었다. 접착테이프나 펜처럼 너무 자잘한 것들을 모아두는 의미도 있고, 직접 장사를 시작해보지 않으면 필요한

줄 알기 힘든 물건들이 분명 있기 때문이다. 따라서 왕초보 장사꾼도 **집기비품 비용을 산출할 때는 예산의 10~15% 정도를 기타 비용으로 잡아두길 권장**한다.

이렇게 예산 계획을 짰지만, 실제로는 이보다 많은 금액이 지출되기 쉽다. 특히 집기비품의 경우 어떤 메이커의 제품을 사용하는지, 어디서 구매하는지에 따라 수십만원이 남거나 사라지거나 한다. 따라서 개인점포로 소자본 창업을 한다면 필요 이상으로 지출된 부분이 없는지 꼼꼼히 살펴야 할 것이다. 왕

집기비품, 중고를 활용해도 좋다

집기비품에 드는 비용을 줄이기 위해 중고장터를 활용하는 것도 좋은 방법이다. 믹서기나 커피머신처럼 꼭 신품을 사용해야 하는 집기도 있지만, 그릇이나 식기류처럼 중고를 사용해도 무방한 경우도 많다. 비싸기만 한 의자, 탁자나 인테리어용 소품처럼 한번 쓰면 값이 바닥으로 떨어지는 작은 집기를 갖추기 위해 지나치게 많이 지출하는 것은 현명하지 않다. 특히 창업한 지 얼마 되지 않은 가게가 폐업하면서 내놓는 신품급의 중고품이 많으니 적극적으로 활용하자.

중고장터를 이용하려면 황학동만물시장 같은 유명한 시장에 직접 찾아가거나 중고거래가 가능한 인터넷 카페를 활용하면 된다.

황학동 그릇가게

키친탑 www.kitchentopmall.com

초보 장사꾼의 첫 점포라면 이렇게 **인테리어 시공 2,000만원, 집기비품 2,000만원을 상한선으로 잡고 그 이하로 계획을 짜길 추천**한다. 인테리어 시공의 실전에 대해서는 넷째마당을 참고하자.

울산에서 DIY 인테리어로 오픈한 피아랑님의 자전거숍

내 가게 인테리어, 사진 자료를 수집해두면 좋다

이렇게 인테리어 예산을 짜고 계획하는 단계에서 꾸준히 해야 할 일이 있다. 인테리어 디자인을 직접 구상하기 위해 잘된 가게와 콘셉트 자료를 꾸준히 수집하는 것이다. 전문적으로 디자인을 배운 사람이 아닌 이상, 잘 완성된 점포를 참고하는 것이 유일하게 검증된 방법이다.

따라서 오늘부터라도 당장 인테리어 자료를 많이 수집해두자. 마음에 드는 가게에 들어가면 조명은 어떤 제품을 썼는지, 벽은 어떤 색으로 칠했는지 등의 자료를 수집한다. 막상 장사를 계획하는 단계에 들어가면 시간에 쫓기고 자료가 부족해 어설픈 인테리어로 결정되기 쉽다. 해결 방법은 간단하다. 오늘부터 당장 마음에 드는 가게를 모두 찍으면 된다. **스마트폰 사진 폴더에 쌓인 인테리어 자료가 바로 당신의 포트폴리오이자 갤러리**가 될 것이다. 이런 자료수집 과정에서 가장 필요한 것은 시간이니, 계약을 앞두고 몰아쳐서 하는 것보다는 미리미리 데이터를 쌓아두는 것이 좋다.

핀터레스트 등에서 참고할 만한 인테리어 사진 저장   현장에서 참고할 만한 사진 저장

발길멈추는가게

상암동 카페

셀프 인테리어? 꼭 싸기만 한 건 아니다

많은 사람들이 DIY 시공이 저렴하리라고 생각하지만 실제로 그렇지 않다는 말을 자주 듣는다. 각종 시공장비 비용과 시간 투자가 많아서 꼭 가성비가 높다고 볼 수 없는 것이다.
예를 들어 덕트 설치처럼 전문기술이 필요한 부분에 대해서는 전문가를 부르길 주저하지 말자. DIY를 한다면 스스로 할 수 있는 부분만 골라서 하기를 추천한다. 그리고 인테리어 전문 업체를 고용한다면 되도록 명확한 콘셉트를 가지고 자료를 풍부하게 조사해서 확실하게 의도한 바를 전달하길 바란다. 그다음엔 업체를 믿고 일임하는 것이 어쩌면 더 나을 수 있다.
인테리어와 시공에서 DIY에 대해 접근성이 높아지고 정보도 많아져서, 이로 인한 비용절감이 가능하다고들 말한다. 그럼에도 일꾼을 써서 빠르게 시공을 완료하고 하루빨리 가게를 오픈하는 것이 더 유리할 수도 있다. 왜냐하면 시공은 점포를 임대한 뒤 시작하는 일이라 이미 임대료가 나가고 있는 상황이기 때문이다. 가게를 빨리 열어서 수익을 얻어야 하는 구조라면 큰 틀은 업자를 통해 마무리하는 것이 유리할 것이다.

연기를 빼는 덕트는 전문가에게 설치를 맡기는 게 효율적이다

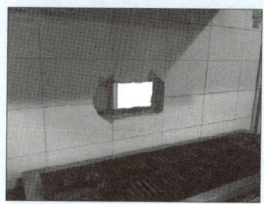 

주방 열기 때문에 에어컨이 무용지물이라 벽을 뚫고 환풍기를 설치한 사례

전기 작업은 전문가에게 맡기자

투자비 점검 3

월세 + 인건비
6개월치 확보하기

예비비 항목 2가지는 월세와 인건비

앞에서도 월세 6개월치는 예비비로 따로 빼놓는 게 좋다고 말했다. 여기서는 추가로 예비비에 인건비도 넣어야 한다는 얘기를 하려고 한다. 소위 오픈빨이라는 것이 있다지만, 문을 열자마자 손님이 꽉꽉 들어차는 가게는 없다고 봐야 한다. 장사는 새롭게 찾아오는 고객과 다시 찾아오는 단골로 유지되는 것이므로, 이를 위해서는 6개월 이상 운영하고 꾸준히 홍보하는 것이 필요하다.

반대로 말하면 6개월간은 장사가 잘되지 않아도 유지할 수 있는 버팀목이 필요하다. 이 중요한 시기를 전전긍긍하지 않고 버틸 수 있는 버팀목이 바로 예비비다. 6개월간 문제없이 장사를 유지할 수 있는 비용을 미리 빼놓는 것이다. 그러기 위해서는 애초에 예비비용을 투자비라고 생각하고 창업 단계에서

부터 계산해두는 것이 필요하다.

예비비 1 | 월세 6개월치를 미리 확보하라

월세는 매달 나가는 고정지출이다. 창업 초기 큰돈이 들어가기에 상대적으로 금액이 작아 보이고 오픈 당시에는 지출하지 않아도 되기 때문에 간과하기 쉽다. 그렇지만 의외로 많은 사람들이 장사 6개월간 월세 지출에 애를 먹는다. 그래서 월세를 구하느라 생산적인 장사 활동을 하지 못하고, 심한 경우 소액대출에 손을 뻗는 경우도 있다.

부기곰탕의 6개월치 월세 예비비는 다음과 같다.

> 월세 120만원 × 6 + 부가세 10% = 792만원
> 관리비 15만원 × 6 = 90만원
>
> **합계 882만원**

월세와 관리비 모두 아직 임대차계약을 진행하지 않았기 때문에 확실하지 않은 금액이다. 다만 월세는 주변 시세♦를 토대로 대략적인 금액을 예상할 수 있으며, 관리비♦♦는 계약 단계에서 건물주와 협의해 결정하게 될 것이다. 부

♦ 〈셋째마당 대박 명당을 찾아라! 상권분석법〉 참고.
♦♦ 〈넷째마당 눈뜨고 코 베이지 않는 정신 바짝 계약법〉 참고.

기곰탕은 대략적으로 882만원 정도 준비해놓는다면 6개월치 월세 걱정은 덜 수 있다는 점만 짚어둔다.

예비비 2 | 인건비 6개월치 확보! 나쁜 사장님 되지 말자

6개월치 월세를 미리 투자비용으로 생각해두는 것과 마찬가지로, 인건비 역시 6개월치를 투자비용으로 책정해두자. 자세한 인력배치 방안은 다섯째마당에서 살펴보겠지만, 지금은 간략하게 3명의 파트타이머 아르바이트를 하루 5시간씩 고용한다고 가정하고 계산해보았다.

참고로 2018년 최저시급은 7,530원이다. 여기에 조금 덧붙여 7,800원을 시급으로 생각하고 계산하겠다.

홀 관리 1명, 주방 관리 2명

3명 × 5시간 × 26일 × 6개월 × 7,800원 = 18,252,000원

합계 18,252,000원

보다시피 파트타이머 고용을 생각함에도 불구하고 비용지출이 크다. 게다가 여기서는 노무와 관련한 추가비용은 계산하지도 않았다.

초기 투자비용으로 이 정도의 예비비를 빼놓을 수 없다면 보완할 방법을 강구해야 할 것이다. 정말 필요하다고 생각되는 만큼 인원을 줄이거나, 장사가 자리잡을 때까지 주위에 도움을 받으며 최대한 혼자 유지하는 식으로 말이다.

결론

15평 부기곰탕 초기 투자금은 6,700만원!

골목부자
월1천만원 장사왕
24

1년 안에 투자금 회수, 손익분기점 넘기가 목표!

이렇게 부기곰탕을 오픈할 때 들어가야 할 투자금을 알아보았다. 지금까지 살펴본 예상비용을 총정리하면 다음과 같다.

투자금 총액은?
부기곰탕

인테리어	20,000,000원
집기비품	20,000,000원
월세와 관리비(6개월치)	8,820,000원
인건비(6개월치)	18,252,000원
합계	**67,072,000원**

약 6,700만원의 투자비용을 순수익으로 회수하려면 얼마나 걸릴까? 앞에서 잡은 월순수익목표가 600만원이므로 단순계산으로 11개월이 걸린다고 볼 수 있다. 이 내용을 사업계획서에 적었다. 이것으로 약 1년이면 투자금을 회수하고 손익분기점을 넘을 수 있는 사업계획서가 완성되었다.

내 월순수익목표는?
6,000,000원!

월매출목표 : 20,000,000원
(순수익 = 매출목표 × 30%)

운영목표	하루 매출 (매출목표 ÷ 26)	769,231원
	객단가	6,000원
	하루 판매목표수 (하루 매출 ÷ 객단가)	128그릇
	운영시간	12시간
	시간당 판매목표수 (하루 판매목표수 ÷ 운영시간)	11그릇
	시간당 매출 (하루 매출 ÷ 운영시간)	64,103원
투자비용	6,707만 원	투자금 회수 11개월 후

매출목표 달성을 위한 전략
☐ DIY 인테리어로 투자비 절감
☐ 수수부꾸미, 도라지약주 등 사이드 메뉴와 도라지닭곰탕, 약곰탕 등 프리미엄 메뉴 추가
☐ 2인 테이블 위주로 세팅해 손님 인원수에 유연하게 대처

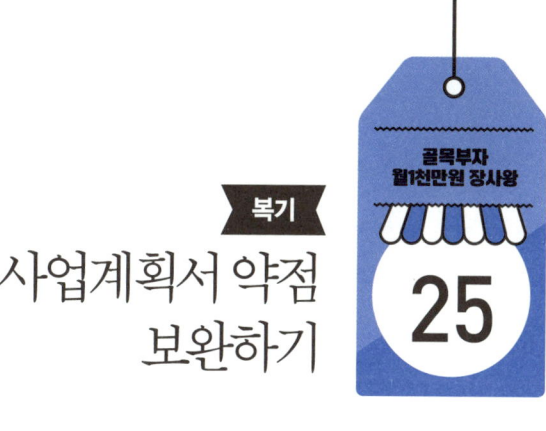

복기

사업계획서 약점 보완하기

사업계획서 목표 실현 가능성 검증하기

지금까지 단순계산으로 사업계획서를 작성했다. 단순계산이라고 말했지만 각 수치마다 여러 의미와 현실적인 요건이 반영되어 있으므로 부기곰탕을 운영할 때 길잡이가 될 것임이 분명하다.

사업계획서를 작성하다 보면 막연했던 계획에 어떤 약점이 있는지 발견할 수 있다. 대개 다음과 같은 약점이 발견된다.

1 | 가격이 너무 낮아서 목표달성이 어렵지 않은가?

이것은 가격에 대한 균형의 문제다. 상품의 가격을 높이거나 재료비를 낮추고 객단가를 높이는 등의 전략 수정으로 보완할 수 있다.

2 | 공간이 좁은 건 아닌가?

부기곰탕은 15평 매장의 22석으로 매출을 낼 수 있으리라 예상한다. 그러나 이보다 작은 매장이었다면 매출목표 수정이 불가피했을 것이다.

요식업에서 점심시간이나 저녁시간처럼 피크타임이 있는 경우, 이 시간에 1.5회전 정도로 매출목표의 60%는 되어야 안정적인 운영이 가능하다. 이렇게 집중적으로 매출을 내기 위해서는 어느 정도의 공간이 꼭 필요하다. 공간이 부족하다면 내가 활용할 수 있는 예산으로 더 큰 공간을 구할 수는 없는지, 아니면 다른 장소로 옮겨야 하는지를 고민해야 한다.

3 | 임대료가 높은 건 아닌가?

원가마진이 적절하다 해도 그 밖에 지출되는 고정비가 높다면 장사를 유지하기 어렵다. 고정비 중 가장 큰 부분이 임대료다. 많은 사람들이 좋은 상권에 진출하느라 형편에 비해 임대료가 높아지는 경우가 많다. 매출이 항상 목표 이상을 상회한다면 버틸 수 있겠지만, 대부분의 장사는 초창기에 자리를 잡는 시간이 필요하다. 그 시간 동안 본인이 그 정도 임대료를 내며 버틸 수 있는지 고민해야 한다.

4 | 인건비가 높은 건 아닌가?

자주 하는 착각 중 하나가 어떻게 장사하든 인건비는 나올 거라는 생각이다. 임대료는 눈에 잘 들어오지만 인건비는 체계적으로 관리해본 경험이 없어서 대충 생각하기 쉽다. 손님이 없는 가게라도 임대료가 꼬박꼬박 나가듯, 필요 이상의 인원을 배치하면 인건비도 꼬박꼬박 나간다.

단순계산으로 하루 12시간 상주인원 2명을 고용한다고 생각해보자. 하루 인건비가 180,720원이며 1달이면 4,698,720원이다. 심지어 노무비용은 계산하지도 않았는데 이렇다. 다시 생각해보자. 내가 생각한 인건비가 제대로 적용된 것인지.

5 | 경쟁이 너무 치열하지 않은가?

사업계획서를 작성하면서 입지와 상권조사를 진행하다 보면 내가 하려는 장사가 누구와 경쟁하게 될지를 알 수 있다. 그런데 경쟁업체가 너무 막강하다면 다시 한 번 고민해보자. 그것을 이길 수 있는 나만의 전략이 있는지, 이기지 못하더라도 함께 상생하고 성장할 수 있는지 말이다. 단순히 경쟁업체와 파이 싸움으로 진행된다면 성장 가능성이 현저히 떨어질 것이다.

약점 보완과 매출 향상을 위한 전략 수정

부기곰탕은 사업계획서대로 운영시간과 객단가, 점유율 등을 계산해보니 매출목표를 달성하는 데 무리가 없으리라 생각되었다. 하지만 실제로는 여러 변수가 발생할 것이다. 이에 다음과 같은 보완 전략을 염두에 두기로 했다.

① **객단가 상승** : 닭곰탕 가격을 올린다
② **운영시간 확대** : 영업시간, 근무일을 늘린다
③ **객수 확장** : 좌석수를 늘린다
④ **마케팅** : 추가적인 홍보를 한다

이중에서 지금과 같은 계획 단계에 바로 접근하기 좋은 방법은 무엇일까? 장사에 들어가기 전에 보완할 수 있는 부분이 무엇인지 살펴보자.

1 | 사이드 메뉴 개발로 객단가 높이기

부기곰탕의 입지를 살펴보니 주위의 경쟁업체 가격이 6,000원 안팎으로 형성되어 있었다. 가격을 올리면 경쟁력이 떨어질 것이다. 대신 사이드 메뉴와 프리미엄 메뉴를 추가로 연구하기로 했다.

- **사이드 메뉴** : 수수부꾸미, 도라지약주
- **프리미엄 메뉴** : 도라지닭곰탕, 약곰탕

이렇게 **추가 메뉴를 구상할 때 유의할 점은 인력이 추가되지 않는 선에서 해결할 수 있는 메뉴여야 한다**는 것이다. 지속적으로 매출을 만들어낼 메뉴는 어디까지나 내 장사의 메인인 시그니처 메뉴다. 이것 외에 사이드 메뉴를 추가할

돼지국밥집이면서 왕만두 같은 사이드 메뉴를 도입해 객단가를 높였다

다양한 사이드 메뉴로 객단가를 높이는 것은 주식 하나로 식사가 되지 않는 레스토랑 등에서 많이 활용하는 방법이다

때는 매출에 기여할 수 있도록 해야지 오히려 더 지출이 많아지면 개선이 잘되었다고 볼 수 없다. 처음에는 노동력이 추가되지 않는 선에서 부수적인 수입을 얻을 방법을 꾀하는 정도로 생각하자.

2 | 운영시간 확대 고려하기

부기곰탕은 주 1일 휴무, 하루 12시간을 운영하기로 정해놓은 상태다. 여기서 운영시간을 더 늘려 연중무휴나 24시간 운영으로 전환할 수 있다. 하지만 이 경우 인건비나 유지비가 훨씬 늘어나며, 늘어난 만큼 수익이 돌아오리란 근거가 불명확하기 때문에 이것은 나중에 고려하기로 했다.

3 | 좌석수 늘리기

좌석수는 15평 가게에 넣을 수 있는 최대치로 22개, 즉 11개 테이블을 넣기로 했다. 더 이상 좌석을 확충하기는 어려울 것이므로 개선하기 어렵다. 단, 4인 테이블을 넣지 않고 2인 테이블 위주로만 세팅해서 손님의 인원수에 유연하게 대처할 방안을 마련하기로 했다.

4 | 추가적인 홍보하기

추가적인 홍보를 해서 손님을 늘릴 수 있지만, 계획 단계에서 그 효과를 보장할 수는 없다.

참고로 부기곰탕의 첫 순수익목표는 1,000만원이었다. 그러나 이 1,000만원을 닭곰탕으로만 달성하기는 어려워 보였다. 시간당 18~19그릇을 팔아야 하는 양인데, 그렇다면 점유율이 40%까지 껑충 뛰어오르기 때문이다. 장사하는 사람으로서 점유율 40%는 유지하기 어렵다는 것을 알고 있었고, 따라서 순수익 목표를 낮추는 것으로 계획을 조정해서 월순수익목표를 600만원으로 잡았다. 이처럼 **목표가 과도하게 높다면 언제든지 조정할 수 있다**는 점도 기억해두자.

비수기 극복법 — 은행원 출신 사장님의 골목냉면

장사는 계절에 따라 성수기와 비수기로 나뉜다. 예를 들어 부기곰탕은 시간당 15그릇을 팔기로 했지만, 따뜻한 국물이 생각나는 겨울에는 더 많이 팔릴 것이고 무더운 여름에는 더 적게 팔릴 것이다. 사업을 시작하기 전에 비수기 대비책도 고민해야 한다. 그래서 장사는 적어도 1년 사계절을 겪어봐야 안다고 말하는 것이다.

한편 냉면은 여름이 성수기이고 겨울이 비수기다. 왕장사 팟캐스트 133~136회에 나온 '골목냉면' 사장님은 비수기 공략 상품으로 돈가스와 비빔밥을 신설했다. 원래 돈가스는 따로 대주는 곳이 있었지만, 비수기 극복책으로 고객이 주문하면 직접 만드는 모습을 보여줘 선풍적인 인기를 끌었다. 직접 매장에서 만들기 때문에 자투리 돈가스가 생기면 서비스로 제공하는 등 비수기에 침체되기 쉬운 매장 분위기를 오히려 반전시키기도 했다.

저렴한 가격과 훌륭한 맛 덕분에 직영 매장을 비롯해 총 10곳의 매장을 갖게 된 골목냉면. 비수기를 어떻게 대처하는지에 따라 매출을 꾸준히 유지할 수 있다는 사실을 보여준 사례다.

수유시장에 자리잡은 골목냉면 수유점

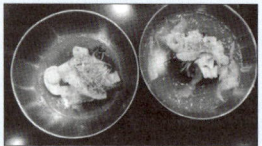

골목냉면의 성수기 대표 메뉴

비수기를 대비한 돈가스

성수기, 비수기를 대비한 가성비 높은 구성

특명

투자비 6,700만원, 11개월 안에 회수하기

최종 확정! 부기곰탕 사업계획서

지금까지 부기곰탕의 사업계획서를 작성하는 과정을 하나씩 살펴보면서 사업계획을 짜보았다. 사업계획서는 크게 거창하지도 않고 간단한 종이 1장이지만, 장사에 필요한 핵심이 쏙쏙 담겨 있는 문서다. 완성된 부기곰탕의 사업계획서는 다음 쪽과 같다.

15평 닭곰탕집을 창업하기 위한 투자비용은 약 6,700만원이다. 인테리어, 월세, 인건비, 집기 등이 포함된 금액이다. 창업 후 월순수익목표는 600만원으로 잡았고, 이를 위해 월매출목표는 2,000만원을 달성해야 한다. 시간당 11그릇의 곰탕을 판다면 11개월 후에는 창업 초 쏟아부은 투자금 6,700만원을 완전히 회수하게 될 것이다.

부기곰탕 최종 사업계획서

내 월순수익목표는?
6,000,000원!

월매출목표 : 20,000,000원
(순수익 = 매출목표 × 30%)

운영목표	하루 매출 (매출목표 ÷ 26)	769,231원
	객단가	6,000원
	하루 판매목표수 (하루 매출 ÷ 객단가)	128그릇
	운영시간	12시간
	시간당 판매목표수 (하루 판매목표수 ÷ 운영시간)	11그릇
	시간당 매출 (하루 매출 ÷ 운영시간)	64,103원
투자비용	6,707만원	투자금 회수	11개월 후

매출목표 달성을 위한 전략
☐ DIY 인테리어로 투자비 절감
☐ 수수부꾸미, 도라지약주 등 사이드 메뉴와 도라지닭곰탕, 약곰탕 등 프리미엄 메뉴 추가
☐ 2인 테이블 위주로 세팅해 손님 인원수에 유연하게 대처

개인점포 vs 프랜차이즈, 4,000만원 차이!

사업계획서를 작성하는 일련의 과정을 살펴보면서, 이렇게 번거롭고 머리 쓸 일이 많은 창업 과정을 꼭 거쳐야 하는지 의문이 들 수도 있다. 그래서 프랜차이즈라는 대안을 찾고는 한다. 비슷한 업종인 B설렁탕 프랜차이즈의 창업비용과 비교해보자.

◆ **부기곰탕 vs B설렁탕 창업비용** (단위 : 원) ◆

	부기곰탕	B설렁탕
인테리어	20,000,000	42,400,000
집기비품	20,000,000	18,500,000
포스 설비		1,700,000
월세(6개월)	8,820,000	8,820,000
인건비(6개월)	18,252,000	18,252,000
가맹비	—	5,000,000
교육비, 개점지원비	—	8,000,000
로열티	—	매출의 3%
계약이행보증금	—	3,000,000
합계	67,072,000	105,672,000

같은 점포에서 장사할 때 개인점포와 프랜차이즈 점포 사이의 창업비용을 비교하기 위한 것이므로 월세와 인건비는 똑같이 책정했다.

대부분의 항목에서 프랜차이즈 점포를 창업할 때 들어가는 비용이 훨씬 크다는 것을 알 수 있다. 또한 사업계획 단계에서는 드러나지 않지만 프랜차이즈 점포를 운영할 때는 일정량의 로열티를 지불해야 한다. B설렁탕의 경우 매출의 3%를 로열티로 내고 있다.

결국 개인점포와 프랜차이즈 점포 사이의 창업비용은 4,000만원 가까이 차이가 난다는 것을 확인할 수 있다. 똑같이 월순수익 600만원을 목표로 한다면 **투자비용을 회수하기 위해 프랜차이즈 점포는 반년은 더 투자**해야 한다.

한편 프랜차이즈 점포를 열 때는 장사 교육이나 마케팅 컨설팅 등의 혜택을 받을 수 있다. 그것이 반년의 시간과 4,000만원이라는 투자비용만큼의 가치가 있는지는 스스로 판단할 일이다.

감가상각으로 줄어드는 투자비용은 3년 내에 뽑아라!

점포를 창업할 때는 투자비용이 있기 때문에 장사 초기에는 순수익이 오롯이 순수익이 아니다. **내 투자비용을 모두 회수한 이후에야 비로소 월급쟁이보다 높은 순수익이 만들어진다.**

투자비용의 대부분인 권리금, 시공비, 집기비품은 지속적으로 감가상각◆되는 부분이다. 권리금의 경우 장사의 성공 여부에 따라 더 올라갈 수도 있고 못 받을 수도 있으니 투자비용이라고 간주하는 것이 좋다. 시공비는 가게의 연식에 따라 노후화되기 때문에 최종적으로 그 가치가 0에 수렴한다. 집기비품

◆ **감가상각** : 자산에 생기는 가치의 소모를 계산해 자산 가격의 감소를 염두에 두는 회계 개념이다.

역시 소모품에 속하므로 그 가치가 계속해서 떨어진다. 부기곰탕의 경우 6,700만원이라는 초기 투자비용이 최종적으로 0원의 가치가 될 것이다.

따라서 이 투자비용을 언제 회수할지에 따라 순수한 의미의 순수익을 거둘 타이밍을 가늠할 수 있다. 부기곰탕의 경우 11개월을 그 기간으로 계산했다. **이 기간은 업종과 장사꾼의 계획에 따라 달라질 수 있지만, 적어도 3년을 마지노선으로 잡고 무슨 일이 있어도 뽑아내길 권한다.**

3년은 장사를 하는 사람에게 과도기와 같은 시기다. 임대계약은 길면 2년, 짧으면 1년 단위로 첫 계약을 하고, 계약 갱신은 최대 5년까지 법적으로 보장된다. 다행히 5년을 채운다 하더라도 중간지점을 지날 무렵에는 투자비용을 모두 회수해야 하지 않겠는가. 따라서 투자비용 회수 목표는 최대 3년으로 잡는 것이 가장 알맞다.

감가상각비, 3년간 나눠서 차감하자

3년은 36개월이다. 6,700만원의 투자비용을 36개월로 나누면 월 186만원이다. 즉, 장사 시작 3년 이내에는 아무리 순수익목표가 600만원이라 하더라도 186만원의 원가가 추가로 책정된다고 보고 차감해야 할 것이다.

그래도 첫 장사, 이익은 보고 가자!

만약 다른 장사를 하고 싶어서 지금 장사를 정리하려고 마음먹는다면 되도록 순수익을 볼 때까지는 견디길 권한다.

부기곰탕의 투자금 6,700만원이 모두 대출금인 경우를 생각해보자. 그렇다면 순수익 600만원으로 대출을 갚아 11개월이 지나야 처음으로 순수익이 생기는 것과 같다고 볼 수 있다♦. 내 주머니에 돈이 꽂히는 것은 무려 11개월이 지나고 나서라는 말이다. 이것은 극단적인 예지만, 실제로 대부분의 장사는 조금이라도 대출을 끼고 시작하는 경우가 많다.

따라서 **손익분기 최저기간을 견디지 못하고 장사를 너무 빨리 접는 것은 아무것도 안 한 것만 못하다**. 최소한 투자금을 회수하고 온전한 의미의 순수익을 볼 때까지는 사업계획서를 길잡이 삼아 계획을 추진하고 계속해서 전략을 보완해야 할 것이다.

내 가게 차리기, 최고의 동력은 열정!

첫째마당에서 살펴본 프랜차이즈 창업과 이번 마당에서 살펴본 개인점포 창업의 가장 큰 차이점은 이것이다.

"나만의 가게를 열고 싶은가?"

장사는 어떻게 돈을 벌 것인지의 문제이므로, 내 장사를 하려면 내 점포를 열어야 한다. 프랜차이즈라고 내 장사가 아닌 것은 아니지만, 그 한계가 명확하다.

하지만 내 가게를 열 때의 가장 큰 단점은 역시 수익이다. 아무리 기발한 아

♦ 여기서는 초기 투자금 중 권리금, 시공비, 집기비품 등 지속적으로 감가상각되는 부분은 제외했다.

이템으로 장사를 시작한다 하더라도 단번에 대박이 나는 것은 복권에 당첨되는 것만큼이나 어려운 일이다. 그보다 우선적인 과제는 가게를 유지할 수 있도록 자리를 잡는 것이다. 따라서 자리를 잡기까지는 눈앞의 수익을 보기보다 먼 미래를 봐야 한다. 그것을 버틸 수 있는 원동력이 열정이다.

지금의 가게는 다음 가게를 위한 발판

공정거래위원회에 따르면, 외식업계만 봐도 2015년에 문을 닫은 식당수가 13,000개에 달한다. 폐점률은 매년 오르지만 개점률은 조금씩 떨어지고 있다. 프랜차이즈 창업으로 돈을 버는 사람은 점점 줄어드는 것이다.

결국 점포 하나를 내고 평생 먹고살 가게로 키워내는 것은 어려워진 시대다. 경기는 갈수록 어려워지고 트렌드는 빠르게 변화하고 있다. 직장인이 평생 직장을 찾기 어려워진 것과 비슷하다.

하지만 다양한 이유로 지금의 점포를 닫게 되더라도 마무리를 잘하면 다음 장사를 위한 발판이 된다. 첫술에 배부를 수 있는 사람은 극히 드물다. 기왕 정리를 한다면 끝까지 장사꾼으로서 손님들과 신의를 지키고 매장의 가치를 지켜내야 할 것이다. 그렇게 하면 다음 점포로 손님을 유입할 수 있고, 권리금이라는 보상으로 돌아올 것이기 때문이다.

27 　내가 가진 돈에 맞춰 상권과 입지를 선택하라

28 　[상권분석 1] 서울 상권 Top 20 중 잘 아는 지역부터 철저 분석!

29 　[상권분석 2] 유동인구, 배후인구 파악하기 — 한양대 사례

30 　[상권분석 3] 빅데이터로 살펴보기 — 연남동 사례

31 　[상권분석 4] 경쟁업체 파악하기 — 카페 창업 사례

32 　[상권분석 5] 건물 가격만 알면 월세 예측 척척!

33 　[총정리] 상권 결정을 위한 최종 체크리스트

셋째 마당

대박 명당을 찾아라!
상권분석법

골목부자
월 1천만원 장사왕

내가 가진 돈에 맞춰 상권과 입지를 선택하라

소자본 왕초보 장사꾼에게 딱! 가성비 높은 상권 찾기

앞에서 사업계획서를 작성하며 월매출목표, 월순수익목표를 잡아보았다. 투자비와 운영비를 산출하면서 어디서 비용을 절감하면 순수익을 높일 수 있을지도 고민했다.

뭐니뭐니해도 투자비에서 가장 큰 비중을 차지하는 것은 보증금, 권리금, 월세다. 상권이 좋은 곳은 이런 비용이 높고, 그래서 순수익이 확 낮아진다. 물론 상권이 좋은 곳은 장사가 잘돼 매출을 올릴 가능성이 높겠지만, 소자본으로 창업하려는 왕초보 장사꾼에게는 부담스러운 일이다.

그렇다면 자신의 **장사 형태에 알맞은 상권을 찾아 창업에서 가성비를 높이는 작업이 필요**하다. 셋째마당에서는 내 장사에 딱 맞는 상권을 탐색하는 방법에 대해 집중적으로 살펴보겠다.

과장을 좀 보태면 장사는 상권을 잘 잡는 것이 거의 전부다. 상권을 잘 잡는다는 것은 내 고객이 많은 곳을 잘 찾는다는 말이다. 그래서 장사를 하는 사람이라면 누구나 상권을 알아보고 입지를 조사한다.

다만 상권과 입지가 장사의 전부니까 좋은 자리를 잡으면 무조건 대박이 난다고 오해하면 곤란하다. 장사의 업종에 따라, 그리고 성격에 따라 잘 맞는 입지가 다 다르다. 사람이 많다고 무조건 장사가 잘되는 것도 아니며, 그런 곳은 무엇보다도 비싸다. 따라서 내가 가진 돈으로 진입할 수 있는 상권 가운데 내 장사에 알맞은 입지를 찾는 것이 중요하다고 말할 수 있다.

상권과 입지, 구분해서 알아보자

상권은 상거래가 이루어지는 공간적 범위로, 쉽게 말해 왕초보 장사꾼이 들어가려는 동네다. 여기서 설명하는 **입지**는 하나의 상권 안에서 특별히 장사꾼이 공략하려는 건물, 또는 그 건물의 구체적인 장소다. 즉 상권이 지역(Area)이라면 입지는 장소(Location)인 것이다. 상권이 숲이라면 입지는 그 숲에 있는 나무 한 그루로 이해하면 된다.

상권과 입지를 구분하는 이유는 간단하다. A상권과 B상권의 특징이 서로 다른 것은 당연하지만, A상권 안의 A-1입지와 A-2입지도 서로 다르다는 것을 흔히들 간과하기 때문이다. 숲 전체가 상권이라면 오른쪽에서 세 번째 사과나무가 있는 곳이 바로 입지다. 결국 **같은 상권이라도 입지에 따라 장사 전략이 다르고 결과가 다르다.**

상권만 좋아도, 입지만 좋아도 No!

상권이 물이라면 손님은 물을 마시러 찾아오는 여행자다. 오아시스 같은 상권은 사람들에게 단비 같은 물을 제공하지만, 흔히 그렇듯 홍수가 난 지역에는 오히려 마실 물이 없을 수도 있다.

상권조사는 물의 질과 양을 보고 그 흐름을 탈 수 있는지 파악하는 것이다. 입지가 아무리 좋아도 상권이라는 흐름이 약하면 흐름이 강한 상권만큼 성공하기 어렵다. 반대로 상권의 흐름이 아무리 강해도 입지를 잘못 잡으면 그 흐름을 타기 어렵다. 상권에는 답이 없다. 말 그대로 경우마다 다르다. 하지만 상권을 잘 관찰하면 나만의 흐름을 찾을 수 있다. 이것이 상권과 입지를 선택할 때 발품을 팔아야 하는 이유다.

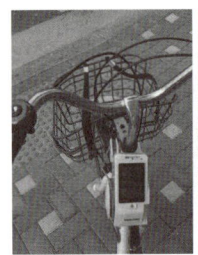  

시간이 날 때마다 자전거로 상권 투어를 하는 왕초보님

상권분석 1

서울 상권 Top 20 중 잘 아는 지역부터 철저 분석!

권리금으로 살펴보는 서울 상권 Top 20

상권을 조사하는 것은 내 물건을 살 사람이 어디에 많이 있는지 찾는 것이다. 이런 잠재고객의 규모에 따라 상권을 분류할 수 있으며, 유망한 상권은 어느 정도 윤곽이 잡혀 있다.

잠재고객이 많은 곳에 점포를 내려면 권리금을 내야 한다. 권리금은 가게를 인수할 때 고객과 노하우, 자재를 인계받는 대가로 지불하는 돈이다. 즉 구매하려는 가게의 권리금이 비쌀수록 그 가게의 고객이 많고 노하우가 축적되어 있다는 증거이기도 하다.

이렇게 말하면 권리금이 가게의 가치를 평가하는 좋은 기준인 것 같지만, 사실 그 평가 기준이 명확하지는 않다. 잘나가는 가게는 부르는 게 값일 수도 있다. 대신 이렇게 활용해보자. 아직 장사를 준비하는 단계인 왕초보 장사꾼은 권리금 현황을 보고 어떤 상권에 사람이 많이 몰리는지 가늠해보는 근거로 삼자. 거기서부터 시작하면 된다.

서울을 기준으로 권리금이 비싼 순서대로 살펴보면 다음과 같다.

◆ **서울의 권리금 Top 20** (단위 : 만원) ◆

지역	권리금	지역	권리금	지역	권리금	지역	권리금
❶ 강남대로	17,727	❻ 사당	10,143	⓫ 영등포	8,100	⓰ 청량리	5,310
❷ 혜화동	17,250	❼ 건대입구	9,717	⓬ 홍대합정	6,680	⓱ 종로	5,310
❸ 잠실	16,290	❽ 신림	9,042	⓭ 천호	5,970	⓲ 용산	4,065
❹ 경희대	10,903	❾ 목동	8,906	⓮ 서초	5,800	⓳ 장안동	3,700
❺ 화곡	10,667	❿ 신사	8,174	⓯ 신촌	5,765	⓴ 수유	3,480

상권조사는 내가 아는 지역부터!

소위 유망하다고 불리는 상권은 비싸다. 장사를 처음 시작하는 사람들은 무작정 상권이 큰 곳으로 들어가려고 하는 경향이 큰데, 이는 되도록 지양해야 한다. 그 이유는 다음과 같다.

첫째, 소자본 왕초보 장사꾼에게 이런 상권은 너무 비싸다. 투자금이 높기 때문에 자칫 무리한 대출을 받는 등 가게를 유지하기 어려운 상태로 장사를 시작할 수 있다. 중요한 것은 값비싼 상권에 들어가더라도 내 주머니 사정에 맞게 2급지 가운데 내 아이템과 전략이 통할 만한 곳을 찾는 것이다.

둘째, 해당 상권의 역사를 알기 어렵다. 상권의 역사는 언제부터 사람이 많이 모였고 무슨 아이템이 잘나가는지보다 훨씬 광범위한 개념이다. 같은 상권에서도 어떤 사람들이 이 지역에 있고, 어떤 연유로 저 가게가 이 자리에 있는지 등등의 역사가 큰 영향을 끼친다. 그리고 이런 역사는 검색으로 나오는 것이 아니라 해당 지역에서 오래 지내본 경험을 바탕으로 만들어진다. 따라서 **첫 상권조사는 전혀 모르는 곳이 아니라 내가 어느 정도 알고 있고 가본 적이 있는 가까운 곳부터 시작**하는 것이 좋다. 그것이 인터넷의 수많은 정보와 뉴스에 휘둘리지 않고 상권을 정확하게 파악할 수 있는 방법이다.

권리금 실거래가, 부동산중개소에 물어보자

권리금은 명확한 기준보다는 주위 시세에 따라 움직이는 경우가 많다. 그래서 온라인 부동산 사이트나 중개 앱에서는 권리금을 알려주지 않거나 '협의 가능'이라고만 표기해놓는 경우가 많다. 따라서 앞에서 살펴본 권리금 표를 토대로 실마리만 잡고, 실제 시세는 직접 발품을 팔아 알아보는 수밖에 없다.

보다 정확한 권리금 시세를 알고 싶다면 질문을 바꾸는 것도 한 방법이다. 내가 들어가고 싶은 가게의 권리금을 묻는 것이 아니라, 최근에 거래된 가게들의 권리금을 묻는 편이 시세 확인에 더 도움이 된다.

상권분석 2
유동인구, 배후인구 파악하기
— 한양대 사례

유동인구 목적 파악하기 — 그들은 왜 여기에 왔을까?

상권과 입지 조사에서 빼놓을 수 없는 것이 유동인구 조사다. 유동인구는 그 지역에 돌아다니는 사람수를 말하는데, 돌아다니는 사람이 많으니 당연히 잠재고객도 많다.

그렇지만 유동인구만으로 그 지역의 인구를 모두 설명할 수는 없다. 왜냐하면 **특정 상권의 유동인구는 특별한 목적을 가지고 돌아다니기 때문**이다.

예를 들어 노량진 학원가는 유동인구의 숫자가 상당히 높다. 하지만 그들에게는 공부하기 위해 학원에 다닌다는 분명한 목적이 있다. 놀러 오는 것이 아니다. 그렇기에 노량진 학원가에는 바삐 움직이는 학생을 사로잡을 간편한 노점 음식이 발달해 있다. 노량진 학원가에 스테이크를 먹으러 오는 사람은 없다는 말이다.

또한 홍대앞은 대학가이면서도 각양각색의 계층이 찾아오는 번화가다. 그래서 홍대앞 내에서도 연령과 취향에 따라 다양하게 상권이 갈린다. 이 수많은 사람들이 저마다의 목적지를 가지고 움직이기 때문에 유동인구의 양만이 아니라 그들의 목적도 파악해야 온전히 상권조사를 했다고 말할 수 있다.

노량진 학원가 앞 노점 풍경

홍대앞 쇼핑거리 풍경

배후인구, 숨어 있는 잠재고객의 정체는?

또한 눈으로 보는 인구조사로는 확인할 수 없는 것이 배후인구다. **배후인구는 유동인구만큼 돌아다니지는 않지만, 그 지역에서 물건을 사는 사람들**을 말한다.

예를 들어 유동인구가 적은 주택가나 아파트단지를 보자. 사람들이 돌아다니지 않는다고 해도 집 안에 사람들이 있다. 이것이 배후인구다. 이 경우 배후인구의 목적은 집에서 쉬는 것이므로, 집에서 쉬는 사람을 대상으로 팔 만한 아이템이라면 공략할 수 있을 것이다. 간단하게 답이 나온다. 배달음식이다. 집 근처에서 밥을 먹지 않더라도 집으로 치킨을 시켜 먹을 수 있다.

한적한 아파트 근처, 배후인구라는 잠재고객이 감춰져 있다

인구조사의 2가지 방법

인구조사의 두 축이 유동인구와 배후인구로 나뉜다는 것을 알아보았으니, 구체적으로 어떻게 조사해야 할지 살펴보자. 인구에 대한 정보는 많을수록 좋지만 개인점포를 내기 위해 지나치게 정보를 수집할 필요는 없다. 다음과 같은 방식으로 유동인구와 배후인구를 조사해보자.

1 | 유동인구

유동인구는 기본적으로 1주일 이상, 다양한 시간대를 대상으로 조사해야 한다. 24시간을 모두 조사하지 않더라도 유동인구가 주로 경제활동을 하는 시간대에는 조사를 실시해야 한다. 또한 1주일 정도 조사해야 하는데, 그 이유는 **요일별로 유동인구가 어떻게 변하는지에 따라 입지의 성격이 달라지기 때문이다. 그것을 파악할 수 있는 최소 단위가 1주일이다.**◆

◆ 이상적으로는 여기에 계절별 분류까지 가능해야 성수기와 비수기를 예측할 수 있다. 준비에 할애할 시간이 많다면 시도해보자!

다음 표에 조사하려는 입지의 유동인구를 2시간 단위로 적어보자.

◆ 1주일 유동인구 조사표 ◆

시간대별 \ 요일별	월	화	수	목	금	토	일
7~9시 (통학/출퇴근시간)	( )명	( )명	( )명	( )명	( )명	( )명	( )명
12~14시 (점심시간)	( )명	( )명	( )명	( )명	( )명	( )명	( )명
18~20시 (저녁시간)	( )명	( )명	( )명	( )명	( )명	( )명	( )명
20~23시 (여가시간)	( )명	( )명	( )명	( )명	( )명	( )명	( )명
24~26시 (심야)	( )명	( )명	( )명	( )명	( )명	( )명	( )명

2 | 배후인구

배후인구는 일반적으로 경험에 기댈 수밖에 없다. 조사하는 입지에 실제로 주둔하는 사람들이 어떤 유형인지 겉으로는 보이지 않기 때문이다. 추천할 만한 방법으로는 그 지역에 관심을 가지고 오랫동안 지낸 사람한테서 정보를 얻는 것인데, 대표적인 예가 부동산 공인중개사다.

수소문으로 현황을 파악하기 어렵다면 차선책으로 다음과 같이 조사해볼 수 있다.

◆ 배후인구 조사표 ◆

거리 유형 \ 주요 거주 유형	실거주자 없음	1인 가정	3인 이하 소가족	4인 이상 대가족
번화가	O / X	O / X	O / X	O / X
주택가	O / X	O / X	O / X	O / X
대학가	O / X	O / X	O / X	O / X
고시촌	O / X	O / X	O / X	O / X
학원가	O / X	O / X	O / X	O / X

조사하려는 장소를 둘러보고, 인터넷 검색을 통해 대략적인 유형을 나누어 보자. 참고로 각 시군구청의 홈페이지에서 '인구'를 검색하면 배후인구를 짐작하는 데 유용한 정보가 공개되어 있다.

표처럼 20개의 유형 중 하나에만 속하는 경우는 별로 없을 것이다. 많은 입지가 복합적인 성격을 띠기 때문이다. 그러나 일단 체크를 하면 이 기준을 통해 대략적인 공략 포인트를 잡을 수 있다.

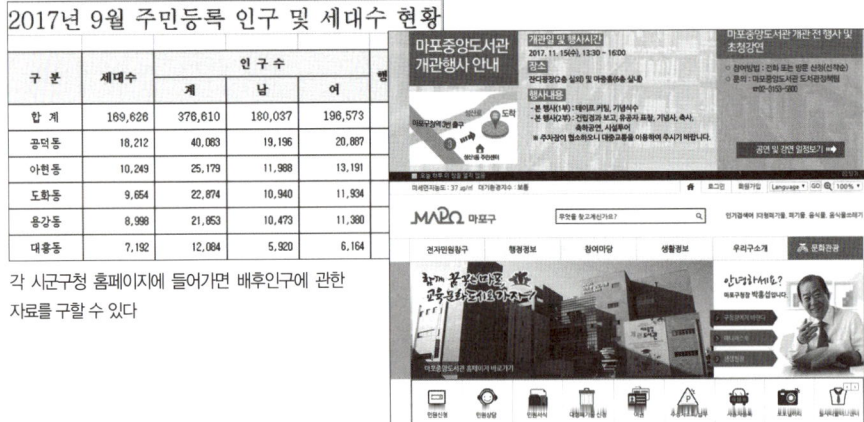

각 시군구청 홈페이지에 들어가면 배후인구에 관한 자료를 구할 수 있다

◆ 한양대 먹자골목 배후인구 조사표 ◆

거리 유형 \ 주요 거주 유형	실거주자 없음	1인 가정	3인 이하 소가족	4인 이상 대가족
번화가	○			
주택가			○	
대학가		○		
고시촌				
학원가				

한양대 배후인구는?

한양대는 원룸과 하숙집이 많은 입지!
학생이 혼자 거주하는 원룸과 하숙집이 많다. 그리고 번화가가 있으며 근처에 일반 가정집이 모여 있다. 따라서 20대 전후 학생을 대상으로 한 요식업이나 디저트 업종으로 공략할 수 있겠다. 배달업도 가능하지만, 번화가가 붙어 있기 때문에 임대료가 비쌀 것을 감수해야 한다.

상권분석 3

빅데이터로 살펴보기
— 연남동 사례

'상권정보시스템'으로 상권 전망 파악하기

앞서 살펴본 방식이 직접 발로 뛰는 것이라면, 인터넷을 통해 알아보는 방법도 있다. 상권이나 입지를 확인하는 가장 좋은 방법은 역시 직접 눈으로 확인하고 느껴보는 것이다. 그렇지만 때로는 데이터를 활용하는 것도 훌륭한 보충이 된다.

상권정보시스템(sg.sbiz.

상권정보시스템 sg.sbiz.or.kr

or.kr)은 전국 각 지역의 상권을 분석해주고, 그 상권에 들어선 가게들의 업종과 수익성을 평가해주는 사이트로, '소상공인마당'에 속해 있다. 2006년 처음 서비스를 시작해 현재는 다양한 점포의 데이터를 토대로 분석 정확도를 많이 높였다.

상권, 입지 평가 — 연남동 분석 사례

부기곰탕은 홍대앞 연남동에 입주할 예정이다. 따라서 연남동의 입지를 평가하고 수익성을 알아보기 위해 '점포평가' 메뉴에서 연남동을 검색해보았다.

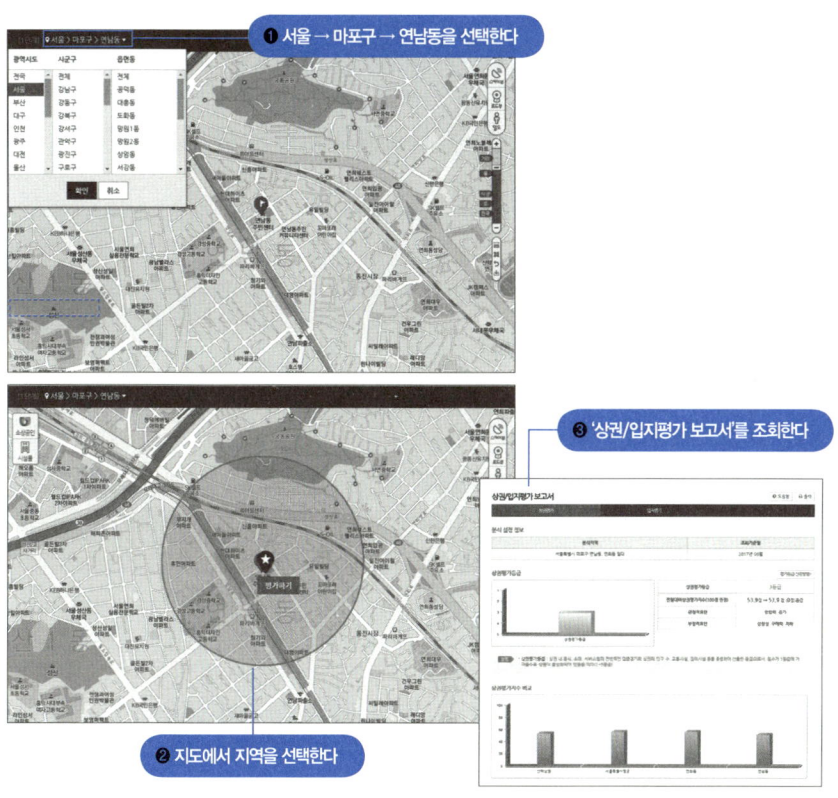

그 결과 다음과 같이 '상권/입지평가 보고서'를 조회할 수 있었다. 상권/입지평가 보고서에서 중요하게 살펴볼 점은 무엇일까?

상권/입지평가 보고서에서 눈여겨볼 항목들

1 | 상권평가 등급

여러 요인을 토대로 상권의 등급을 매기고, 그 등급이 전월 대비 올랐는지 내렸는지를 확인할 수 있다. 특히 최근 상권평가 등급이 변화할 때 긍정적인 요인은 무엇이었는지, 또 부정적인 요인은 무엇이었는지 쉽게 확인할 수 있다.

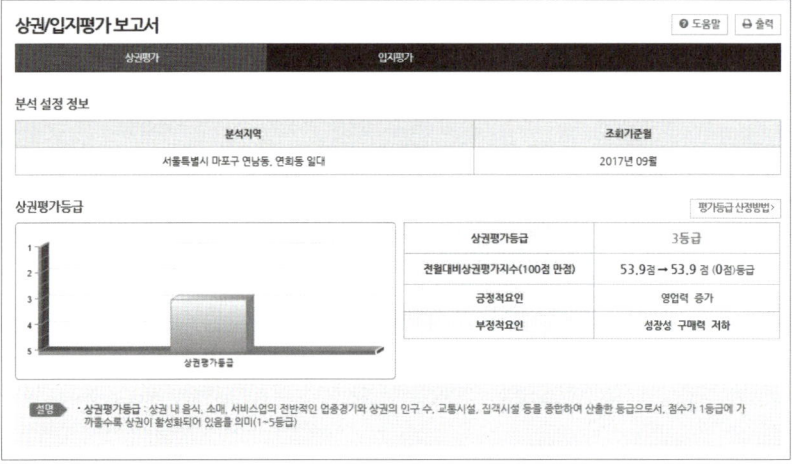

2 | 세부항목 평가 요약

상권에 대한 정보를 성장성, 안정성, 영업력, 구매력, 집객력으로 나누어 그 내용을 요약한 부분이다. 이 자료에 따르면 연남동은 집객력이 높지만 구매력이 낮은 것으로 분석된다. 따라서 저렴하지만 손님을 끌어모을 수 있는 상품을 준비하는 전략이 알맞을 것이다.

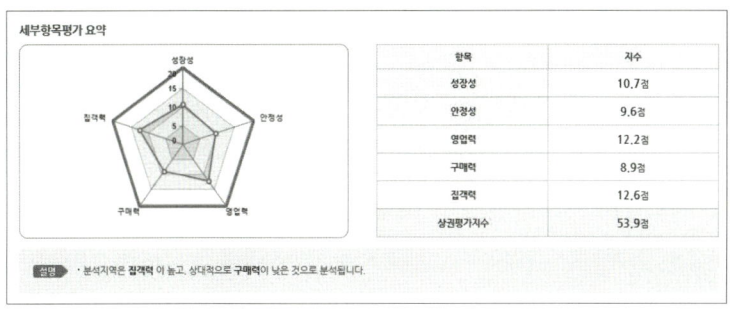

매출 특성 확인해서 내 사업계획서 검증하기

대략적인 상권분석뿐 아니라 장사하려는 업종의 현황에 대해서도 세세한 분석과 평가가 가능하다. 상권정보시스템을 토대로 앞에서 계획한 부기곰탕의 사업계획서를 검토해보자.

'상권분석'에서 연남동을 검색해보았다. 지역은 동일하게 입력하고, 업종은 '설렁탕집', '한식/백반/한정식', '해장국/감자탕'을 선택했다.

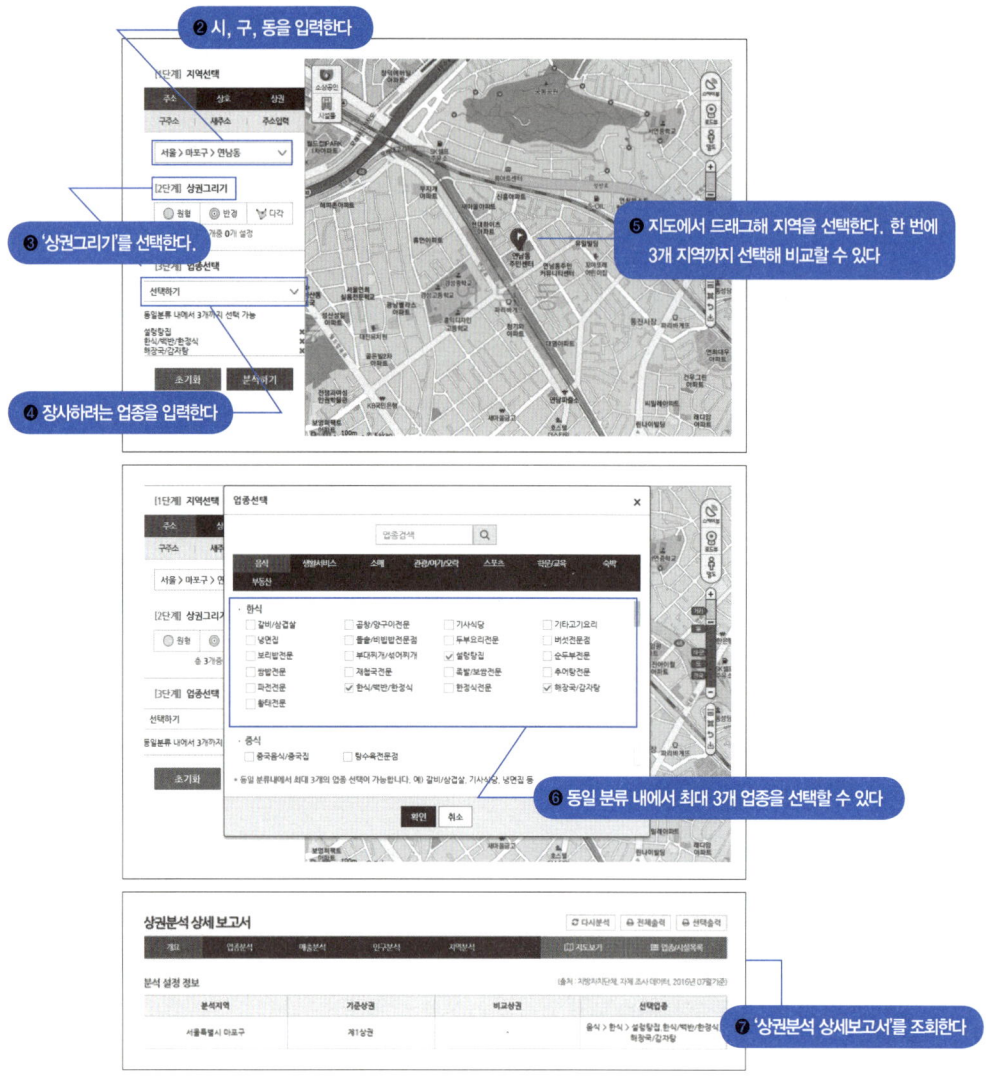

'상권분석 상세보고서'에서는 상권의 유형부터 경쟁업체수, 인구수와 유형까지 다양한 상세 정보를 조회할 수 있다. 그 내용이 많아서 여기서 모두 다룰

수는 없다. 부기곰탕의 사업계획서 중 운영시간과 점유율을 점검하기 위해 '매출분석'을 살펴보자.

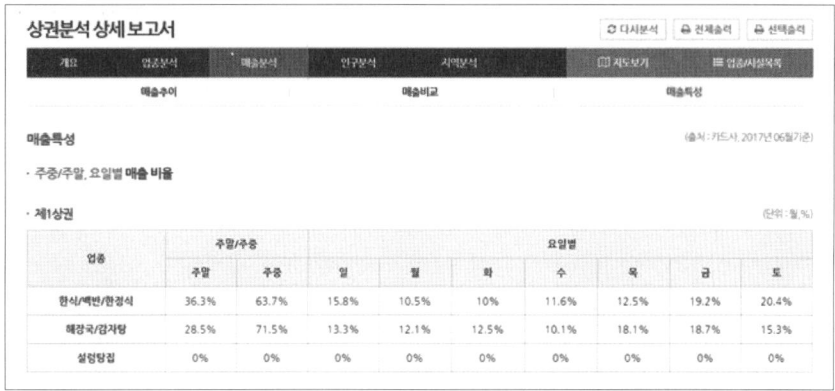

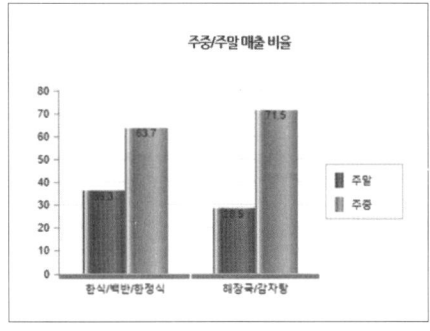
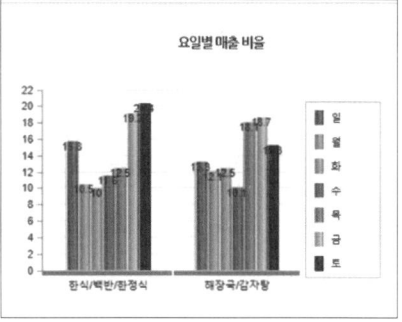

'주중/주말 매출 비율'과 '요일별 매출 비율'을 보자. 닭곰탕과 비슷한 업종은 주중(평일) 매출이 주말의 2배가 넘는다. 이것은 평일 장사를 주력으로 해야 한다는 뜻일까? 그러나 요일별 매출 비율을 살펴보면 주말의 매출은 다른 날보다 비슷하거나 더 많고, 오히려 장사가 덜 되는 요일은 월요일부터 수요일까지임을 알 수 있다. **주중(평일)이 주말보다 3일이 더 많기 때문에 매출 비중을 놓고**

봤을 때 큰 차이가 나는 것처럼 보이는 것뿐이다.

이 자료를 토대로 부기곰탕에 적용할 수 있는 내용은 이렇다.

> **연남동 부기곰탕의 빅데이터 상권분석 결과**
> ① 주말 이틀 장사로 매출의 1/3에서 절반까지도 달성할 수 있다. 따라서 휴무일은 평일로 정해야 한다.
> ② 휴무일은 월요일~수요일 중 하루가 적당할 것이다.

이것은 자료를 토대로 한 단순분석이며, 실제로는 직장인이나 학생을 대상으로 한 평일 장사에 집중할지, 외식하러 나온 사람들을 대상으로 한 주말 장사에 집중할지에 따라 전략이 달라질 것이다. 부기곰탕은 홍대앞이라는 상권 특성상 평일 장사보다 주말 장사에 주력하자고 생각했고, 이에 휴무일을 월요일로 결정하게 되었다.

다음은 시간대별 매출이다. 예상대로 점심시간(11~14시)과 저녁시간(17~24시)의 매출 비율이 가장 높다는 것을 알 수 있다.

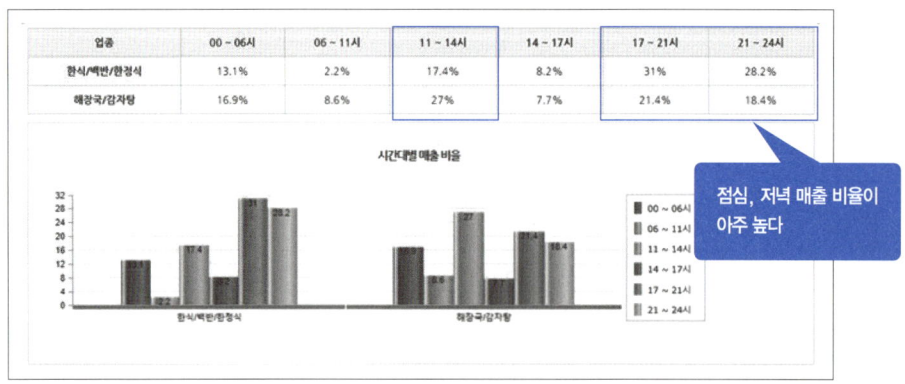

한편 한식이나 백반은 야간(밤 12시까지)의 매출이 높고, 해장국과 감자탕은 아침(오전 11시까지)의 매출이 쏠쏠하다는 것도 확인했다. 만약 영업시간을 확장한다면 2가지 방식이 가능하겠다. 닭곰탕 정식을 만들어 야간까지 영업하거나, 해장용의 얼큰한 메뉴를 추가해 아침부터 영업하는 것이다.

이처럼 실제 데이터는 내 장사를 어떻게 보완할지에 대한 힌트를 제공한다. 데이터를 통해 힌트를 얻었다면 **실제로 직접 답사를 가는 것을 잊지 말자**. 데이터가 말해주지 않는 실제 모습을 봐야만 제대로 상권을 조사한 것이다.

상권분석 4
경쟁업체 파악하기
— 카페 창업 사례

지피지기면 백전불태! 경쟁자를 파악하라

어느 상권과 입지든 모든 업종에는 경쟁업체가 있다. 완전히 새롭고 독창적인 아이템으로 승부하지 않는 이상, 나와 똑같거나 비슷한 업종에 종사하고 있는 장사꾼이 이미 존재한다. 왕초보 장사꾼이 카페를 창업한다고 가정하면 다음과 같이 크게 3가지 경쟁에 처할 수 있다.

1 | 내 점포 vs 동종업체

가장 흔한 경쟁이다. 유망한 상권일수록 그 정도가 더욱 심하다. 카페

옷가게가 모여 있는 홍대앞 상권

를 창업하려고 하고 보니 알맞은 입지에는 이미 카페가 들어서 있다. 나아가 아예 카페거리라고 불리기도 한다. 이런 곳에서는 경쟁에서 승리할 전략이 없으면 버티기 쉽지 않다.

2 | 내 점포 vs 프랜차이즈

프랜차이즈가 장사의 큰 축이자 대표적인 창업 방식이 된 이후로 다양한 업종에 수많은 프랜차이즈가 출범했다. 그 공략 방식도 다양하다. 스타벅스처럼 우월한 고객충성도를 바탕으로 없는 상권도 만들어내는 경우가 있는가 하면, 빽다방처럼 저렴한 가격으로 고객을 유혹하는 경우도 있다. 왕초보 장사꾼이 개인점포로 이들의 공략에서 버텨내려면 프랜차이즈가 대체하지 못하는 자기만의 특수성이 필요할 것이다.

대형 노래방 프랜차이즈가 자리잡은 상권

3 | 내 점포 vs 복합쇼핑몰

대도시와 역세권에 가까울수록 쇼핑몰 역시 경쟁상대가 될 수 있다. 쇼핑몰은 쇼핑만 하러 가는 곳이 아니라 그 안에서 식사와 여가까지 모두 즐길 수 있는 복합공간으로 자리매김한 지 오래다. 이미

홍대앞 아이즈파크 전경. 안에서 모든 것을 해결할 수 있지만 기존 상권의 경쟁력 역시 강력하다

쇼핑몰 안으로 들어간 고객이 커피를 마시기 위해 왕초보 장사꾼의 카페로 나오도록 만들기는 쉽지 않다.

경쟁에서 이길 방법은 무엇인가?

경쟁을 피하기 어렵다면 그 경쟁에 맞서야 한다. 경쟁에서 승리할 수 있는 대표적인 전략은 무엇이 있을까?

1 | 가격을 낮춘다

가장 근본적인 방법이다. 규모와 분위기가 비슷한 카페 2곳이 있다면 당연히 저렴한 카페를 이용하게 된다. 그런데 여기에는 가격 이상의 효과가 있다. **똑같은 커피가 200원이라도 가격이 더 저렴하다면 고객은 그것을 얻기 위해 얼마간 걸어가는 수고쯤은 감수**할 수 있다. 그러나 가격을 낮추는 것이 최고의 해결책이 될 수는 없다. 점포 내적으로는 가격 인하가 곧 원가 상승이고, 이는 매출 하락과 이익 저하로 이어지기 때문이다.

가격을 낮춘 대형 프랜차이즈 증가세, 내 가게는 이에 어떻게 대응할 것인가?

또한 고객의 가격저항선도 고려해야 한다. 가격저항선은 대체로 비싼 가격에 대한 심리적 저항을 말한다. 김치찌개가 5,000원이 넘으면 '비싸다'고 생각하게 되는 심리다. 그것은 반대로도 작용하는데, 커피가 1,000원이면 '싼 건 싼 이유가 있어!' 하고 역으로 의심을 불러일으키게 된다.

2 | 차별화로 다가간다

기본적으로 차별화는 여타의 가게와 다른 내 가게만의 특징으로 고객을 사로잡는 것이다. 세상에는 무수히 많은 아이템이 있고, 그로 인한 차별화 방법도 많다. 단지 실현하기가 어려울 뿐이다. 만두에 갈비고기를 넣어볼까 하는 단순한 아이디어로 차별화에 성공한 마포만두의 성공이 그 예다.

갈비만두로 차별화에 성공한 마포만두

여기서는 가장 일반적으로 적용할 수 있는 가격의 차별화에 대해 이야기해보자. 앞서 가격을 낮추는 것이 효과가 좋다는 것을 알았다. 그런데 너무 낮은 가격은 가격저항선을 자극한다. 그렇다면? 가격은 낮추면서 가격저항선은 자극하지 않는 가격의 차별화를 꾀해야 한다.

첫째는 세트메뉴다. 카페라면 케이크를 살 경우 커피를 할인해주거나, 테이크아웃에 한해 가격을 할인해주는 정책을 쓸 수 있다. 그렇다면 원래의 가격 자체는 그대로이니 싼 것에는 이유가 있다는 식의 의심을 하지 않게 된다. 그래서 많은 장사꾼이 세트메뉴를 활용한다.

둘째는 쿠폰이다. 커피 10잔을 마시면 1잔을 무료로 주는 것이다. 그렇다면 전체적인 가격은 10%가 줄어들지만, 가격을 할인받았다는 것보다 쿠폰을 채웠다는 즐거움과 뿌듯함이 더 크게 남는다. 쿠폰은 장기적인 단골손님을 확보하는 데도 도움이 된다.

3 | 보다 저렴한 입지를 찾는다

때로는 경쟁할 때 예상되는 타격 자체를 줄이는 방안도 고려해볼 수 있다. 지금 고려하는 입지가 1급지라면 2급지로, 2급지라면 3급지로 눈을 낮춰서 보다 저렴한 권리비와 임대료로 장사를 시작하는 것이다. 유지비 자체가 적게 들기 때문에 로우 리스크, 로우 리턴이 된다.

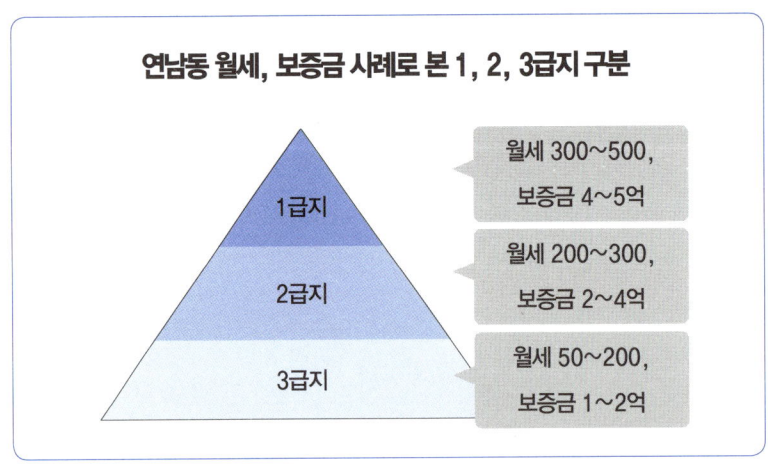

각양각색 경쟁업체 대응법

PC방 경쟁, 피할 수 있다면 피하는 게 정답

경쟁에 대처하는 방법은 절대다수의 점포가 이미 활용하고 있을 정도로 정석화되어 있다. 그 가운데서 살아남으려면 정석 이상의 무언가가 있어야 한다. 그렇지 않다면 차라리 경쟁을 피하는 것이 낫다. 장사로 살아남는 가장 좋은 방법은 살아남아야 할 정도로 치열한 환경으로 들어가지 않는 것이다. 바로 경쟁회피 원칙이다.

자영업자들이 많이 찾는 레드오션 중 하나가 PC방이다. 웬만한 대학가에는 이미 PC방이 자리잡고 있다. 여기에 새로운 점포를 세워 들어간다면 다른 업체들의 가격정책에 밀릴 수밖에 없다. 기존 PC방이 새로운 경쟁자를 도태시키기 위해 PC방비를 500원까지 낮추는 출혈경쟁이 벌어지고 치킨게임의 악순환이 벌어질 뿐이다.

대박 맛집 길목에 자리, 포기한 고객을 타깃으로

내 점포와 같은 손님을 공유하는 업체더라도 경쟁이 아니라 활용이 가능한 경우가 있다. 한두 해 전까지만 해도 이디야의 입점 전략은 스타벅스 옆을 사수하는 것이었다. 스타벅스는 모든 지점을 직영점으로 운영하면서 철저히 전략적으로 입점한다. 필요하다면 같은 지역에 여러 개 매장을 운영하기도 하고, 유망하다고 판단되는 곳을 미리 선점하기도 한다.

이때 스타벅스 옆을 사수한 이디야는 단순히 스타벅스를 따라간 것이 아니다. 글로벌 커피 전문점의 상권분석 시스템을 활용한 것이고, 결과적으로 커피 소비자가 많은 장소를 쉽게 파악한 셈이다. 개인점포에서도 이 같은 전략이 가능하다. 홍대앞에는 종종 사람들이 줄을 서서 먹는 숨은 맛집들이 있다. 홍대앞의 한 일식집은 3급지에 속해 있었지만 사람들이 줄을 서서 먹는 가게였다. 이런 가게에 접근하는 길은 제한적이다. 그래서 이 가게에 접근하려면 지나쳐야 하는 부분에 가게를 입점하는 전략이 유효했다. 맛집에서 기다리다가 포기한 고객, 맛집을 이용하고 나온 고객을 타깃으로 삼은 것이다. 덕분에 권리금 없이 입주할 수 있었으며 많은 잠재고객을 확보할 수 있었다.

상권분석 5

건물 가격만 알면 월세 예측 척척!

건물주, 존중하되 이용당하지 말자

한국 사회에서 건물주는 갑 오브 갑이다. 그래서 "하느님 위에 건물주님"이라는 우스갯소리가 나올 정도다. 하지만 건물주도 그냥 된 것이 아니다. 대출을 꼈기 때문에 이자 갚는 데 허리가 휠 수도 있고, 임차인과 갈등으로 고통을 받기도 한다. 결국 건물주도 같은 사람이라는 말이다.

계약서상 갑이기 때문에 굽히고 들어가야 할 부분도 많지만, 그렇다고 건물주의 말을 전부 다 곧이곧대로 믿을 필요는 없다. 존중할 땐 존중하더라도 일방적으로 이용당하고 손해보는 임차인이 되어서는 안된다. 그러기 위해서는 장사꾼 스스로 상권의 시세를 파악하고 제대로 가치를 매길 수 있는 기준을 가지고 있어야 한다.

고수들의 월세 환산법

일반적으로 임대료는 건물 가격의 5%다. 즉 임대료만 알아도 건물 가격을 대략적으로 역산할 수 있다. 만약 월세가 500만원인 건물이라면, 대략 12억짜리 건물이라고 추정할 수 있다. 반대로, 건물 가격을 알면 적정 임대료도 추정할 수 있다. 건물 가격을 조회해볼 수 있는 부동산 사이트를 활용해 대략적인 시세를 측정해보자.

장사황Tip

'네이버부동산'에서 건물 가격 조회하기

네이버부동산(land.naver.com)은 가장 접근하기 쉬운 부동산 정보 사이트다. 여기서 간단히 건물 가격을 조회해볼 수 있다. 이 사이트에 접속하면 바로 보이는 화면에서 조회할 지역을 선택하면 된다. 실제 거래가보다 저렴하거나 미끼상품인 경우가 더 있지만 어쨌든 대략적인 조사는 가능하다.

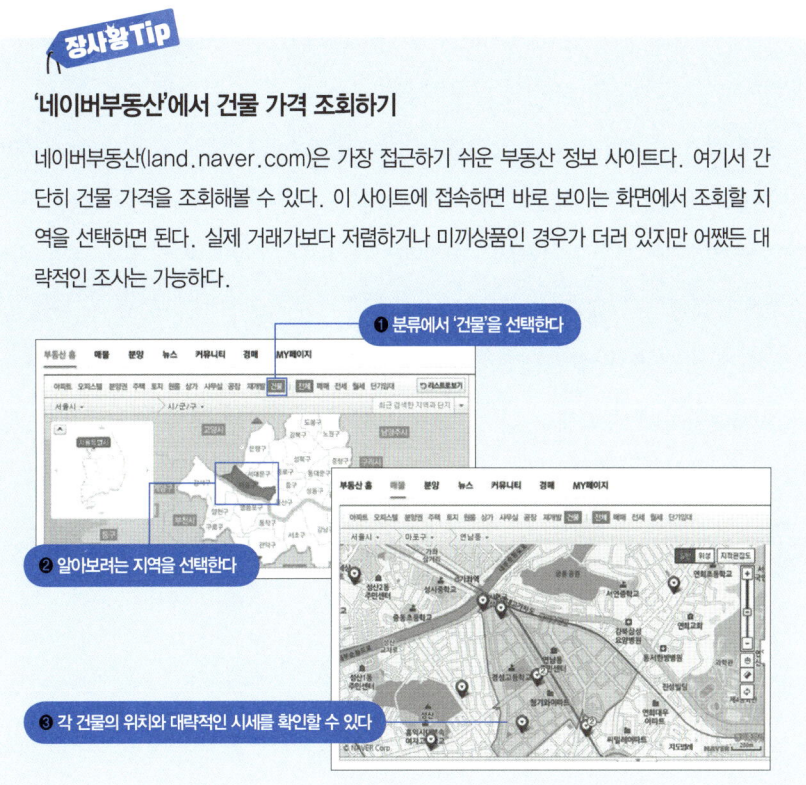

❶ 분류에서 '건물'을 선택한다
❷ 알아보려는 지역을 선택한다
❸ 각 건물의 위치와 대략적인 시세를 확인할 수 있다

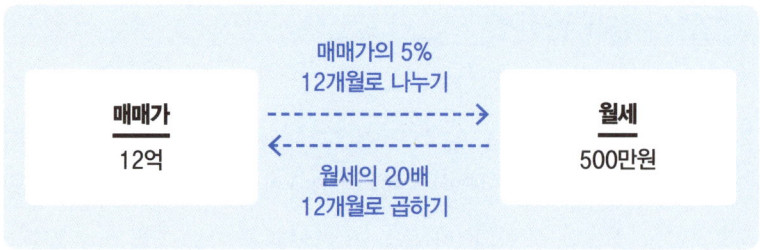

임차, 시세대로 되지 않는 이유는?

단순계산으로 추정한 임대료는 모든 현실을 반영하지 않는다. 임대료를 추정했으니 그 금액을 기준으로 실제 상권의 시세와 비교해보자.

먼저 실제 임대료가 추산 임대료보다 비싼 경우다. 건물주와 부동산 중개업자가 판단한 가치가 실제보다 높다는 뜻이다. 그들이 파악하기에 그만큼 목이 좋고 장사가 잘되는(또는 그렇다고 주장하는) 곳이다. 그렇다면 실제로 주변 다른 가게의 매출을 참고해서 그 평가가 너무 후한지 박한지를 판단해볼 수 있다.

이와는 반대로 실제 임대료가 추산 임대료보다 쌀 수도 있다. 그렇다면 그 이유가 무엇인지 파악해야 한다. 겉으로 드러나지 않는 하자가 있을 수도 있고, 밤만 되면 취객들로 인해 불편이 생기는 약점이 있을 수도 있다. 그 약점이 감당할 만하다면 긍정적으로 계약을 추진해볼 만한 가치가 있다.

부동산중개소 가기를 두려워 마라!

한 초보 장사꾼, 너무나 긴장한 나머지 우황청심환을 먹고 있다. 벌써 가게 오픈을 앞둔 것일까? 아니다. 그보다 훨씬 이전, 점포를 알아보기 위해 부동산중개소를 찾아가려는 것이다.

부동산중개소는 양복을 쫙 빼입고 동네에 대해 빠삭하게 알고 있다는 여유가 얼굴에 드러나는 중개업자가 여러분에게 점포를 추천하는 곳이다. 나이 지긋한 중개업자 앞에서 동네의 상권에 대해 아는 척하다간 큰코다칠 것 같다. 요즘은 훨씬 세련되고 합리적으로 보이는 공인중개사도 많은데, 현란한 언변에 휘둘리다 보면 웃돈 주고 마음에 들지도 않는 점포를 계약하기 십상이다.

그럼에도 부동산중개소 들어가기를 두려워해서는 안된다. 두려운 마음을 이길 수 있는 원칙 2가지가 있다.

원칙 1 | 아는 척하지 말고 솔직히 얘기하라

모르는 것을 아는 것처럼 얘기하면 스스로 말려들 수밖에 없다. 부동산중개소에서 당신을 기다리는 사람은 틀림없이 그 동네에 대해 당신보다 몇 년, 몇십 년은 더 많이 겪고 파악하고 있는 사람일 것이다. 그렇다면 차라리 솔직해져라. 카페를 차리려 한다는 것, 2층의 풍광 좋은 30평 이상 매장을 찾는다는 것, 신축건물이었으면 좋겠다는 것을 상세히 밝혀라. 미리 밝혀두고 들어갔으니 그 조건에 맞게 찾아보기 시작할 것이다.

여기서 특히 주목할 부분은 중개업자가 찾아보기 시작한다, 즉 '행동'에 돌입한다는 것이다. 대개 많은 중개업자가 미리 준비해둔 매물을 제시한다. 하지만 미리 준비된 매물에 자신의 조건을 맞추기보다는 **장사꾼이 먼저 조건을 제시해 감춰진 매물을 찾아보도록 유도**하는 것이 좋다.

원칙 2 | 들어가려는 상권에 있는 모든 부동산중개소를 다녀라

혹자는 '내가 A부동산에 다녀갔다는 사실을 B부동산에서도 알지 않을까? 이 동네 부동산은 모두 커넥션이 있는 것 아닐까?' 하고 두려워하기도 한다. 하긴 부동산에서도 "저 부동산 가봐도 똑같아요, 그런 매물은 없어요" 하고 말들을 하니 어느 정도 사실일지도 모른다. 실제로 유명한 매물은 서로 공유하고 수수료를 분담하는 구조다.

그럼에도 들어가려는 상권의 모든 부동산중개소를 돌면서 발품을 팔아야 한다. 왜냐하면 진짜 알짜배기 매물은 혼자만 가지고 있기 때문이다. 가장 좋은 상품을 자신이 노력해 확보했으니 가장 좋은 고객에게 팔기 위해 감춰두는 것이다.

또한 의외로 많은 집주인이 집 근처 부동산중개소에만 매물을 내놓는다. 어차피 공유될 것이라는 생각도 있고, 여기저기 다니기 귀찮기 때문이다. 동네 모든 부동산에 매물을 내놓지 않는 집주인이라면 매물이 무척 좋거나 가격에 크게 구애받지 않을 것이다. 그런 매물을 노리기 위해서라도 부지런히 발품을 팔아야 한다.

상권만큼 중요한 내 가게 간판 지키기

가로수 잎이 무성해지자 내 간판이 사라졌다?

개인점포가 놓치지 말아야 할 것이 바로 가시성이다. 점포 계약을 할 때 1층이 가장 비싼 이유는? 바로 가시성 때문이다. 눈에 잘 띄어야 가게를 알릴 수 있고, 가게를 알려야 손님이 온다. 그래서 가게들은 가시성을 높이기 위해 갖은 노력을 한다.

2층에 위치한 점포도 가시성이 좋다. 간판과 가게가 바로 붙어 있고, 모든 유리창을 개방할 수 있기 때문에 눈에 잘 띄게 만들 수 있다. 실제로 2층의 가게를 계약했고, 따뜻해 보이는 조명을 설치한 다음 문을 활짝 열었다. 그러자 바깥에서 봤을 때 들어가고 싶은 따스한 분위기의 가게가 만들어졌다. 바로 맞은편에 통유리로 된 점포가 있지만, 그곳은 문을 활짝 열어놓을 수 없기 때문에 매출에서 차이가 났다.

내 가게를 감추는 온갖 위협들

문제는 계절이 지나고 드러났다. 겨우내 앙상하던 가게 앞 가로수에 풍성하게 잎이 달린 것이다. 겨울에만 해도 따뜻한 분위기를 풍겨 손님을 유도할 수 있었다. 그런데 가로수로 인해 가게 자체가 보이지 않으니 손님 유입이 거짓말처럼 뚝 끊겼다.

아무리 좋은 아이템이라도 눈에 띄지 않으면 안된다. 가로수의 가지치기 시기는 구청에서 계획한다. 계획과 별도로 가지치기를 신청하기 위해 꾸준히 민원을 넣고 찾아가 설득해야 했다. 만일 이 입지의 여름 모습을 미리 조사했더라면 해결책을 강구할 수 있었을 것이다. 조사가 적어서 생긴 문제를 추후에 해결하기는 무척 힘들다.

총정리
상권 결정을 위한 최종 체크리스트

상권을 평가하는 기준 4가지

상권이 무엇인지 살펴보고 어떻게 조사해야 할지 알아보았으니 가장 중요한 일이 남았다. 그렇게 조사한 상권 가운데 왕초보 장사꾼은 어디에 들어가면 좋을까?

상권을 평가하고 분류하는 기준에 대해서는 다양한 방법이 있다. 하지만 코앞의 창업을 준비하기에는 공부할 것이 너무 많다. 여기서는 지금까지의 내용을 바탕으로 개인점포 창업을 위해 상권을 평가하는 실전에 가까운 기준을 소개한다. 다음 4가지 분류를 통해 점수를 매기고 마지막에 평가해보자. 참고하기 위해 부기곰탕의 상권평가 내용을 함께 실었다.

1 | 내 고객이 많은가?

인구조사를 바탕으로 내가 열고자 하는 점포와 아이템의 시장성을 파악해보자. 단 하나의 질문을 던지고 고민하면 된다.

"내가 팔 물건을 살 사람이 많이 보이는가?"

왼쪽에 내가 팔려는 것이 무엇인지 쓰자. 오른쪽에는 회사원, 대학생 등 잠재고객 유형이 있다. 내 상품의 잠정적인 타깃◆이다. 내 상품의 손님이 될 만한 타깃을 연결해보자.

중심 메뉴	타깃
내가 팔 것 : _____ (예 : 런치 메뉴, 호프, 패스트푸드, 1인식당, 옷, 편의용품, 액세서리 등)	● 회사원 ● 데이트하는 커플 ● 가족 ● 중고등학생 ● 대학생 ● 노인 ● 어린아이 ● 남자 ● 여자
타깃의 수는?	5개 이상 (2점) 3개 이상 (1점) 1개 또는 없음 (0점)

예상하는 잠재고객을 찾았으면 그 고객이 얼마나 많은지 체크해보자. 선이 5개 이상이면 2점, 3개 이상이면 1점, 1개 또는 없다면 0점이다.

◆ 타깃은 구체적일수록 좋다. 최대한 구체적으로 적어보고, 내 가게의 타깃이 얼마나 되는지 확인해보자.

[부기곰탕의 예]

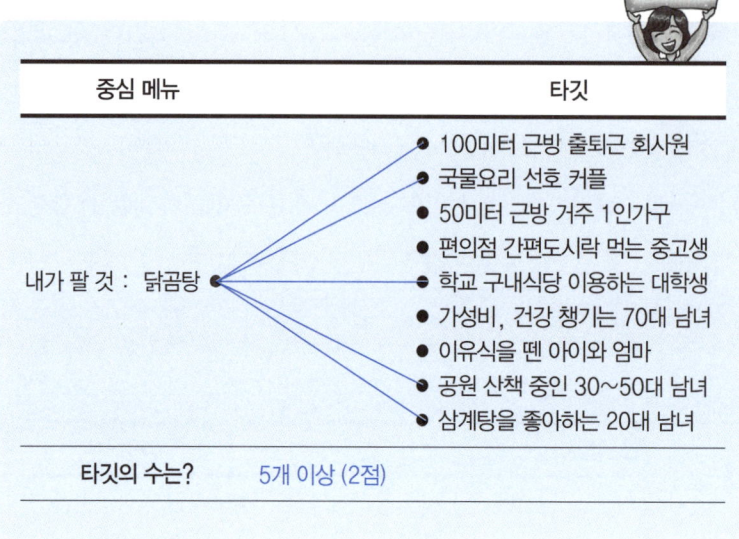

2 | 환경 요건은 좋은가?

왕초보 장사꾼이 주목해야 할 환경적 요인은 점포를 내려는 곳 근처를 말한다. 직접적으로 점포에 어떤 영향을 미칠지 파악하는 것이다. 염두에 둔 입지가 어떻게 변화하는지 다음 표와 같이 확인해보자.

질문	답변
입지의 장점과 단점은?	
출퇴근시간에 잘 보이는가?	
점심시간에 잘 보이는가?	
저녁시간에 잘 보이는가?	
야간에 잘 보이는가?	

질문	답변
잘 보이지 않는다면 왜 그런가? 그 문제는 해결 가능한가?	
잘 보인다면 어떻게 활용할 것인가?	
그 밖에 장사에 악영향을 끼칠 요인은 무엇인가?	

환경 요건에 대한 답변을 했다면 점수를 매겨보자. 환경이 더할 나위 없이 좋다면 2점, 단점이 있지만 개선할 수 있다면 1점, 개선할 수 없는 단점이 있다면 0점이다.

◆ 부기곰탕의 예 ◆

질문	답변
입지의 장점과 단점은?	• 장점 : 배후인구 대비 가격이 저렴해 가성비 좋은 창업이 가능하다 • 단점 : 피크타임 외에 매출이 급락할 수 있다
출퇴근시간에 잘 보이는가?	그렇다
점심시간에 잘 보이는가?	그렇다
저녁시간에 잘 보이는가?	그렇다
야간에 잘 보이는가?	애매하다
잘 보이지 않는다면 왜 그런가? 그 문제는 해결 가능한가?	• 화려한 골목 배후에 있어서 야간에는 약할 수 있다. • 해결할 수 없지만 홍보로 보완할 수 있다
잘 보인다면 어떻게 활용할 것인가?	해당 없음
그 밖에 장사에 악영향을 끼칠 요인은 무엇인가?	해당 없음

3 | 유리한 위치에 있는가?

같은 가게라면 사람들이 접근하기 쉬운 곳에 있는 가게가 확실히 유리하다. 그래서 역세권에 해당하는 점포는 가격이 높다. 역세권이란 지하철역으로부터 5분 이내 거리에 있는 점포를 말한다.

위치별 특징과 전략은 다음과 같다.

장소	전략
역세권 5분 이내	유리하지만 투자금액이 아주 높다 (2점)
역세권 10분 전후	아이템과 전략으로 2등 점포를 노릴 수 있다 (1점)
기타	위치적 약점을 보완할 수 있는 홍보 전략 수립 (0점)

왕초보 장사꾼이라면 고려하고 있는 입지가 위에서 어디에 해당하는지 살펴보자. 위치도 좋고 전략도 있다면 2점, 위치와 전략 둘 중 하나만 준비되어 있다면 1점, 위치도 좋지 않고 그것을 상쇄할 전략도 없다면 0점이다.

◆ 부기곰탕의 예 ◆

장소	전략
역세권 10분 전후	아이템과 전략으로 2등 점포를 노릴 수 있다 (1점)

4 | 경쟁이 치열한가?

붕어빵집 옆에 붕어빵집 낼 수 없고, PC방 옆에 PC방을 내서 유리할 게 없다. 피할 수 있는 경쟁이라면 피하는 것이 최우선이다. 그와는 별개로, 경합하는 것이 좋은 업종이라면 경합을 노려야 할 것이다. 이에 대해서는 30장에서 살펴보았다. 왕초보 장사꾼이 염두에 둔 상권은 이중 어디에 속하는가?

	경쟁업체와 어떤 관계를 맺을까?	
경쟁 회피	가능하다 (1점)	불가능하다 (0점)
경쟁 활용	유리하다 (1점)	불리하다 (0점)

위의 표에서 어디에 속하는지 확인해보고, 해당하는 점수를 합해보자.

◆ 부기곰탕의 예 ◆

	경쟁업체와 어떤 관계를 맺을까?	
경쟁 회피	가능하다 (1점)	불가능하다 (0점)
경쟁 활용	유리하다 (1점)	불리하다 (0점)

이 상권과 입지는 몇 점일까?

여기까지 4가지 기준으로 상권과 입지를 평가해보았다. 부기곰탕의 점수 총합은 6점이다. 조사한 상권과 입지의 점수는 8점 중 몇 점을 기록했는가? 그 점수에 따라 다음과 같이 평가해보자.

분류	2점	1점	0점
예상 고객	많다	적다	없다
환경 요건	좋다	개선 가능	개선 불가
위치 요건	역세권 5분 이내	역세권 10분 전후	기타
경쟁 여부	경쟁 회피/활용 가능	일부 가능	경쟁 불가피
합계			_____ 점

7점 이상 : 바로 계약에 들어가도 좋다
4~6점 : 약점만 보완한다면 계약할 가치가 있다
3점 이하 : 다른 상권이나 입지를 알아보자.

◆ 부기곰탕의 예 ◆

분류	2점	1점	0점
예상 고객	많다	적다	없다
환경 요건	좋다	개선 가능	개선 불가
위치 요건	역세권 5분 이내	역세권 10분 전후	기타
경쟁 여부	경쟁 회피/활용 가능	일부 가능	경쟁 불가피
합계			___6___ 점

부기곰탕의 경우 6점으로, 장사를 하기에 나쁘지 않지만 약점 보완이 꼭 필요한 상황이다.

상권이 필요 없는 쇼핑몰 창업 — 팝콘자동차 사례

온라인 상권은 판매채널과 상위노출!

팝콘자동차는 자동차 인테리어 제품을 온라인에서 판매하는 쇼핑몰로, 왕장사팀의 파이와 허피디가 동업해 창업했다. 초기에는 완성품을 가져다가 팔았지만, 현재는 완성품과 자체 생산품 모두 판매한다.

많은 사람들이 온라인쇼핑몰은 상권 걱정이 없어서 좋겠다고 하지만 온라인에도 상권과 유사한 개념이 있다. '판매채널'과 '상위노출'이 그것이다. 판매채널은 상권과 유사한 개념이며, 상위노출은 입지와 유사한 개념이다. 앞에서 말한 인구조사와 유사한 온라인 용어로는 '타깃'이 많이 쓰인다.

팝콘자동차를 런칭할 때 내 제품을 사줄 가능성이 많은 판매채널을 되도록 많이 선택했다. 그리고 오픈마켓 검색 1페이지에 나오기, 메인화면에 노출하기, SNS 타깃에 노출하기 등 상위노출을 위해 많은 노력을 기울였다.

온라인쇼핑몰을 운영한다는 것은 오프라인만큼이나 어렵고 치열한 일이다. 하지만 상대적 장점이라면 여러 상권(판매채널)에 무료 입성이 가능하다는 것이다. 그리고 상위노출만 되면 내 제품을 사주는 고객이 전국에 퍼져 있다는 것이 큰 장점이다.

온라인이든 오프라인이든 수익률은 20~30%

물론 이 2가지는 어렵다. 따라서 창업자의 진정성과 꾸준함으로 단골고객을 만드는 마케팅을 개발해야 한다. 신기하게도 온라인이든 오프라인이든 수익률은 20~30%로 비슷하다. 월세가 나가는 매장이 없다고 온라인 장사가 더 남는 게 아니다. 노출을 위한 온라인의 마케팅비가 오프라인의 월세 못지않기 때문이다.

팝콘자동차는 차별화를 위해 자체 제작을 선택했다. 독특하고 새로운 디자인으로 승부수를 던진 것이다. 제작에 경험이 없었던 만큼 성장이 더뎠지만 궤도에 오르자 탄탄히 자리잡게 해준 원동력이 되었다.

34 왕초보와 고수는 계약에서 판가름난다
35 [계약 1] 권리금 협상과 계약
36 이렇게 협상해야 공인중개사가 움직인다
37 권리금계약서 정복하기
38 3억 챙긴 장사꾼 vs 한 푼도 못 건진 장사꾼
39 [계약 2] 임대차계약 하루 전, 꼭 체크 체크!
40 임대차계약서 정복하기
41 장사의 자격, 영업허가증 준비하기
42 [계약 3] 호구가 되지 않는 인테리어 업체 선정법
43 인테리어계약, 새는 돈을 막아라!

넷째 마당

눈뜨고 코 베이지 않는 정신 바짝 계약법

골목부자
월1천만원 장사왕

왕초보와 고수는 계약에서 판가름난다

계약은 장사의 시작이자 끝

장사를 시작하려면 해야 할 계약이 많다. 장사의 업종과 방식에 따라 많은 변수가 있지만, 여기서는 대표적인 계약 3가지에 대해 집중탐구한다. 바로 권리금계약, 임대차계약, 인테리어계약이다.

① **권리금계약**은 임대차계약 전에 먼저 진행하게 된다. 왕초보 장사꾼(매수인)이 이미 장사를 하고 있던 장사꾼(매도인)과 권리금계약을 한다고 생각해보자. 이 단계에서 건물주는 개입하지 않는다. 그리고 임대하려는 점포가 신축건물이거나 기존에 장사를 하지 않던 건물이었다면 권리금계약은 건너뛰는 것이 일반적이지만, 건물주의 성향에 따라 바닥권리금을 요구할 수도 있다. 권리금계약이 끝나면 ② **임대차계약**이 진행된다. 이때는 신규 장사꾼(신규 임차인)이

기존 장사꾼(기존 임차인)을 대동하고 건물주(임대인)와 계약을 진행하게 된다. 마지막으로 ③ **인테리어계약**을 통해 점포 인테리어 시공을 진행한다. 왕초보 장사꾼(의뢰인)이 적절한 인테리어 업자(의뢰업체)를 선정해 계약하고 시공까지 완료하면 내 점포가 완성된다.

이처럼 장사를 준비하다 보면 계약 종류에 따라 낯선 명칭들이 등장하는데, 그 용어들을 정리하면 다음과 같다.

◆ 계약 종류에 따른 호칭 정리 ◆

	신규 장사꾼	기존 장사꾼	건물주	인테리어 업자
① 권리금계약	매수인 (권리를 산다)	매도인 (권리를 판다)	—	—
② 임대차계약	신규 임차인	기존 임차인 (권리금계약을 한 경우)	임대인	—
③ 인테리어계약	의뢰인	—	—	의뢰업체

계약할 때 분쟁이 일어나는 원인

계약은 철저히 돈에 포커스를 맞춰 진행되는 절차다. 100가지 경우를 대비해 계약을 진행한다고 해도 어떤 변수가 발생할지 모른다. 그래도 기본적으로 **금전적인 입장에 따른 사실관계를 명확하게 하면 분쟁의 소지를 많이 줄일 수 있다.** 여기서 말하는 계약당사자 간 금전적 동상이몽은 다음과 같다.

왕초보 장사꾼 : "임대료 인상 없이 전에 장사하던 사람과 똑같이 계약할 수 있지 않을까?"

기존 장사꾼 : "권리금을 어떻게 하면 더 받을 수 있을까?"

건물주 : "점포에 장사가 잘되는데, 이참에 임대료 확 올려서 내가 장사를 해 버려?"

부동산 중개인 : "일단 계약만 따면 되는데, 거짓말 안 하는 선에서 건물의 장점을 조금 과장해볼까?"

누구나 자신의 입장에 따라 이익을 추구한다. 계약은 서로 이익을 추구하려는 욕구가 충돌하는 것을 방지하기 위한 마지노선이라고 보면 된다. 만약 어느 한쪽이 법적으로 보장된 부분 이상으로 금전적인 욕심을 부리면 계약을 그르치게 된다. 각자 입장에 따른 금전적 이익을 인정하고, 계약의 조항과 사실관계를 명확하게 한다면 상당수 갈등을 해소할 수 있을 것이다.

내 가게 계약의 순서와 절차

다시 정리해보자. 내 가게를 열기 전 해야 하는 계약은 다음의 순서로 진행된다.

계약 1. 점포 선택과 권리금계약 : 알맞은 점포 선택, 권리금 시세 확인, 권리금 협상과 계약

계약 2. 점포 임대차계약 : 건물의 등기부등본, 건축물대장 등 문서 확인, 임

대료 협상과 계약

계약 3. 인테리어계약 : 계약한 점포에 알맞은 인테리어 시공

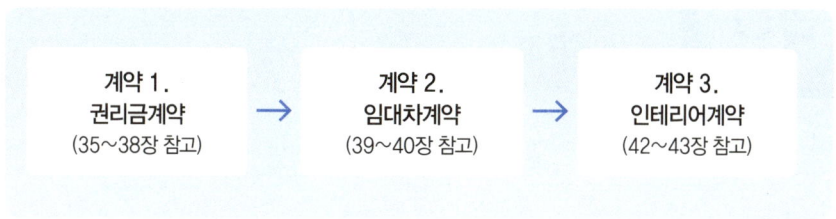

신축건물이 아닌 이상 이미 다른 장사꾼이 장사를 하고 있던 상가와 계약하게 되므로 위의 순서를 밟는 것이 일반적이라고 생각하면 된다. 이제부터 이 과정에서 알아야 할 것과 살펴야 할 것들을 차례대로 알아보겠다.

계약 1
권리금 협상과 계약

권리금 유형 3가지 ─시설·영업·바닥권리금

권리금은 돈과 시간을 투자해 기존 장사꾼이 구축해놓은 유무형의 장사 시스템에 대해 지불하는 값이다. 권리금은 사례별로 천차만별이고 객관적으로 평가하기 어려운 부분이 많다. 권리금은 크게 3가지로 나뉜다.

시설권리금	영업권리금	바닥권리금
시설, 비품, 장비 등 점포의 유형자산	거래처, 단골손님, 영업노하우, 상권과 입지 등 점포의 무형자산	점포의 입지와 상권 등 부동산적 가치

1 | 시설권리금

장사꾼이 가게에 투자한 시설에 대해서 비용을 인정하는 권리금이다. 의자, 탁자 같은 비품부터 커피머신, 에어컨 같은 장비까지 포함한다.

기존 장사꾼이 여러 시설을 구비해놓았으나 장사를 마치고는 모두 원상복구해서 다음 장사꾼에게 넘겨줘야 한다면? 다음 장사꾼도 다시 시설에 투자해야 할 것이다. 이러한 과정에서 시간, 비용, 자원 낭비가 일어난다.

물론 이것은 **다음 장사꾼이 인정하는 시설에 한정**된다. 왕초보 장사꾼이 점포를 넘겨받는다면, 기존에 설치된 시설 중 왕초보 장사꾼이 염두에 둔 업종과 콘셉트에 맞게 활용할 수 있는 시설에 대해서만 감가상각을 적용해 권리금을 책정하면 된다.

2 | 영업권리금

기존 가게의 영향력, 영업력, 단골손님, 이미지 등 무형의 자산에 대해서 가치를 인정하는 권리금이다.

예를 들어 기존 가게가 유명하고 또 찾아올 의향이 있는 단골손님이 많다면 높게 책정해야 할 것이다. 하지만 권리금에 거품이 끼기 쉬운 것도 이 부분이다. 객관적으로 증명하기 힘든 부분이기 때문에 조목조목 따져봐야 한다.

상세하게 따지기 어렵다면 **1년간 발생한 순수익을 영업권리금의 기준**으로 삼아도 좋다. 예를 들어 1달에 순수익 300만원을 버는 가게라면 3,600만원 정도의 영업권리금을 예측할 수 있다. 이 가게를 사서 장사를 잘해 순수익이 600만원으로 오른다면 가게를 팔 때 영업권리금을 7,200만원까지 주장할 수도 있다. 실제로 순수익이 높은 가게는 그대로 양도할 경우 1억에서 3억까지 영업권리금을 지불하는 경우도 있다.

3 | 바닥권리금

가게의 입지에 대한 권리금이다. 가게를 운영하던 곳도 아니고, 따라서 장사에 필요한 시설도 없는데 권리금이 있는 경우가 있다. 이런 것은 십중팔구 바닥권리금이다. **가게를 찾을 때 가장 고려되는 부분인 입지를 내세워 최초로 권리금을 받는 것이다.** 이런 경우 건물주가 바닥권리금을 받게 된다. 그래서 첫 권리금은 더더욱 부르기 나름인 경우가 많다.

장사꾼들은 왜 권리금을 지불하는 것일까? 소상공인시장진흥공단의 조사에 따르면 이유는 다음과 같다.

- 점포의 위치에 따른 장소적 이익의 대가로(바닥권리금) : 51.4%
- 점포의 시설이나 설비의 대가로(시설권리금) : 40.5%
- 거래처, 단골손님, 영업노하우 등에 대한 대가로(영업권리금) : 7.3%

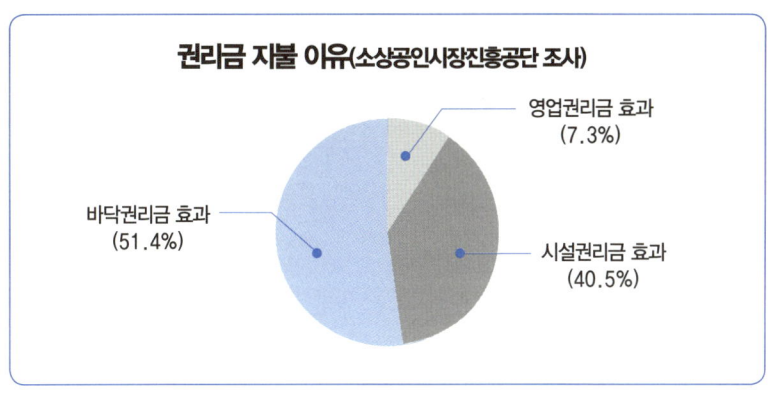

즉 통상적으로 **장사꾼들은 권리금을 지불할 만한 것으로 여기며, 특히 바닥권리금이나 시설권리금에 대한 가치를 인정**한다는 것을 알 수 있다. 그런데 위 조사에서 영업권리금을 인정하는 비율은 8%가 채 되지 않는다. 장사가 잘된다는 명목으로 권리금이 부풀려진 것은 아닌지 꼭 생각해봐야 하는 부분이다.

일반적으로 권리금은 투자금으로 보기를 추천하지만, 왕초보 장사꾼도 장사를 잘해서 좋은 점포를 만들어낸다면 그만큼 다음에 들어올 장사꾼한테서 높은 권리금을 받을 수 있을 것이다.

권리금계약에서 주의점

권리금계약은 임대차계약이 진행되기 전에 먼저 계약금과 중도금을 주고받는 계약이다. 그러나 정작 본론인 **임대차계약이 진행되지 않으면 이미 지급한 계약금이나 중도금은 무효**가 된다. 임대차계약이 성립해야만 임차인으로서 효력이 발생하고 권리금의 가치를 누릴 수 있기 때문이다.

따라서 **권리금계약서에 특약사항을 적어 임대차계약이 진행되지 않을 때를 대비**해야 한다. 권리금계약서 세부사항은 36장을 참고하면 된다.

권리금 협상은 정보전이다

권리금은 명확한 기준이 없는 가치다. 마치 풍선처럼 부풀었다 줄어들었다 하는 것이 권리금이다. 따라서 권리금 협상이나 계약을 할 때는 꼭 근거를 찾아야 한다. 권리금이 너무 비쌀 경우를 대비하거나 권리금 인하를 요구하기 위해서는 주위 시세와 권리금 책정 근거를 세밀하게 확인해야 한다. 이 부분은 정보의 문제이며 누가 먼저 와서 알려주는 것이 아니기 때문에 직접 자료를 모아야 할 것이다. 확인해야 하는 부분은 다음과 같다.

CHECKLIST

권리금 협상 전 시세 조사하기

☐ 주위 점포의 권리금 시세 조사하기
　(예 : 부동산중개소 방문, 인터넷 조사 등)

☐ 매수 점포의 실제 면적과 임대보증금 확인하기

☐ 권리금의 대가로 인수하는 품목의 내역 조사하기
　(예 : 전화기, 냉온풍기, 정수기 등)

☐ 권리금의 대가로 양도받는 환경과 자격의 내역 조사하기
　(예 : 매수 점포의 매출 수준과 손님수, 점포 영업허가증◆ 등의 허가증)

권리금 책정의 시작은 이익당사자 의중 파악하기!

권리금에 대해 시세조사를 마쳤더라도 다양한 변수에 맞닥뜨리게 된다. 결국 권리금 책정은 사람이 하는 일이기 때문이다.

먼저 기존 장사꾼(기존 임차인)이 어느 정도 자신의 기대치를 적용해 높인 가격으로 제시하는 경우가 많다. 자신이 들인 시간과 공, 자금을 권리금으로 보상받기 위해서다. 이럴 때는 그 책정 근거를 확인하고, 권리금의 대가로 무엇을 받게 되는지 계약서상에 기재한다면 도움이 될 것이다.

또 하나는 건물주의 의지다. 계약을 진행하다 보면 건물주의 성향에 따라, 취향에 따라 정말 다양하게 개입을 받게 된다. 권리금에 대해서는 장사꾼끼리 알아서 하도록 방임하는 건물주도 있지만, 가게가 안 나가는 것을 대비해 일정액 이상 권리금을 받을 수 없도록 제한하는 건물주도 있다. 그래서 장사의 고수 중에는 가게 계약을 진행할 때 건물주의 평판과 거래 방식을 중요하게 생각하는 사람도 많다.

결국 사람에 대한 문제로 귀결된다. 왕초보 장사꾼은 앞으로 너무나 다양한 상황들을 맞게 될 것이고, 그 작은 경험들이 모여 고수 장사꾼으로 거듭날 수 있을 것이다. 이 모든 경우의 수를 다 담을 수는 없지만, 최근 조사한 권리금 사례를 모았으니 다음 쪽의 〈장사왕 Tip〉 사례를 참고하자.

◆ **영업허가증** : 요식업의 경우 영업허가증이 나오려면 보건증과 위생교육수료증이 필요하다. 이전 장사꾼으로부터 요식업 영업허가증을 승계받고 싶다면 위생 증서가 필요하다. 자세한 내용은 41장 참고.

권리금 사례 — 맥줏집, 학원, 디저트가게, 테이크아웃점

권리금은 명확한 기준이 없고 사람에 따라 책정 방식이 다르기 때문에 같은 상권이라도 각양각색이다. 서울 연남동을 기준으로 가게 4곳의 권리금을 조사해보았더니 다음과 같았다.

사례 1 | 25평 맥주 전문점

- **상황** : 맥주 전문점. 25평. 계약 만료 2주를 앞두고 장사를 하지 않은 채 비어 있다.
- **시세** : 보증금 1,000만원, 월세 90만원, 관리비 5만원, 권리금 없다.
- **상권** : 1층에는 24시간 편의점. 인근에 TV에 나온 유명한 기사식당과 60명 수용 가능한 고깃집이 있다. 2차선 도로 건너편에는 총 6개 동 466세대의 아파트가 있고, 50미터 배후에 문화공연장이 지어지고 있다.
- **해설** : 점점 상권이 확대되는 곳에 권리금이 없는 가게가 나왔다. 기존 장사꾼이 권리금을 포기하고 가게를 내놓은 이유가 뭔지, 예상치 못한 어떤 문제점이 있는 것은 아닌지 살펴봐야 한다. 이런 상황이라면 건물주가 바닥권리금(204쪽 참고)을 요구할 수도 있다. 같은 라인의 1층 가게가 권리금 수천만원대에 거래되고 있는데도 불구하고 이 가게에 권리금이 없는 이유가 무엇인지 면밀히 따져봐야 할 것이다. 상가를 얻을 때마다 경험하는 것이지만, 그냥 싸게 나온 경우는 없다. 싸다는 이유로 성급하게 계약하지 말고 돌다리를 두드리는 마음으로 살펴보자.

사례 2 | 15평 학원

- **상황** : 학원. 15평. 계약 만료 1달 전
- **시세** : 보증금 1,000만원, 월세 65만원, 관리비 5만원, 권리금 3,000만원
- **상권** : 연남동에서 가장 유명한 파스타집이 바로 옆 블록에 있다. 평일 점심시간에는 업종을 불문하고 6,000~8,000원대의 작은 식당들이 모두 꽉 차지만, 점심시간이 정해져 있는 회사들이 많은 탓인지 2회전 이상은 어렵다. 작은 식당이 많은 상권이고 직장인보다 가족 단위의 배후인구가 많은 편이다.
- **해설** : 주위 가게의 월세가 130만원대에 거래되고 있다는 사실을 알았다. 그런데 월세 65만원이라면 정말 놀라운 가격이다. 이유를 알아보니 건물주가 자손들에게 임대료를 올리지 말라는 유언을 남겨 고인의 뜻을 이어가는 중이라고 한다. 앞으로 건물주가 바뀌지 않는 한 특별히 월세가 올라갈 일은 없어 보인다. 이렇게 월세만 놓고 보면 굉장히 매력적인 조건이지만, 그만큼 권리금이 높다. 월세 130만원대 가게의 권리금은 2,000만원대인데 이 가게는 3,000만원이다. 학원이던 자리여서 높은 권리금이 형성되었다. 하지만 이 권리금은 부담스럽다. 단순계산으로 보면 15개월 넘게 장사를 해야 이 권리금 차익을 충당할 수 있다.

사례 3 | 7평 디저트가게

- **상황** : 디저트가게. 7평. 계약 만료를 앞두고 비어 있다.
- **시세** : 보증금 2,000만원, 월세 135만원, 권리금 4,000만원
- **상권** : 점점 젊은 골목 사장님들이 속속 둥지를 트는 동네 상권이다. 정육점이라는 아이템만 봐도 짐작이 간다. 생활밀착형 빨래방, 세탁소, 오래된 미용실과 세련되고 영업시간이 그리 길지 않은 가게, 공방들이 공존하는 상권이다.

○ **해설** : 테이크아웃 음식점을 염두에 두고 알아본 가게다. 권리금은 기존 장사꾼의 희망 금액으로 비싼 편이다. 정육점이라고 하지만, 좋은 자재로 잘 꾸며놓은 가게이기 때문에 희망금액이 높았다. 건물주는 이 동네에 건물을 7개나 가지고 있다고 하며, 향후 월세를 올리지 않을 계획이라고 밝혔다. 또한 테이크아웃 음식점 중에서도 토스트 가게를 한다면 주위에 많은 회사원들의 니즈를 충족할 수 있을 거라며 조언까지 했다. 조언이 어떻든 평수에 비해 너무 비싸다. 평수가 작기 때문에 매출의 한계도 확실하다. 기존 장사꾼이 크게 공을 들였기에 권리금으로 충당하고 싶은 마음은 알겠으나, 적당한 권리금을 책정하지 않는다면 그 충격은 고스란히 기존 장사꾼에게 돌아갈 것이다.

사례 4 | 10평 테이크아웃 음식점

○ **상황** : 테이크아웃 음식점. 10평. 아직 영업 중
○ **시세** : 보증금 2,000만원, 월세 90만원, 권리금 1,000만원
○ **상권** : 기존의 오래된 가게들이 권리금 3,000만원 선에서 가게를 넘긴 뒤 세대교체가 조금씩 진행되고 있다. 오래된 건물들이 재건축이 아닌 리모델링으로 빠르게 탈바꿈을 하고 있다. 합정에서도 유명한 커피숍이 바로 옆 건물 2층에 들어왔다.
○ **해설** : 이번에는 권리금이 주위 시세보다 싼 경우다. 이유를 살펴보니 건물주가 개입해 권리금을 1,000만원 이상 받지 않도록 못박았다고 한다. 이런 경우 시세보다 저렴하게 들어가서 개업할 수 있다. 하지만 그 이후에 가게를 정리하고 나갈 경우 본인 역시도 마찬가지로 권리금 협상을 하기 어렵다. 왜냐하면 이 가게 거래의 관계자들(건물주와 공인중개사)이 이미 이 가게는 시세보다 저렴한 가게라고 인식하고 있기 때문이다. 가게에 들어올 때와 나갈 때 마음이 다를 수밖에 없다. 시세는 조금씩 오르게 마련이므로 향후 발전 가능성도 염두에 두길 권한다. 상권이 활발해지면 월세가 대폭 인상될 가능성이 있다.

이렇게 협상해야
공인중개사가 움직인다

조급함을 버리고, 장사의 비전을 전하자

왕초보 장사꾼이 공인중개사를 찾으면 어떤 상황이 펼쳐질까? 대개 다음과 같은 대화가 오간다.

"가게를 보러 왔는데요."
"네. 예산은 얼마나 되는데요?"
"음, 2,000만원요."
"그걸로는 힘든데…. 초기자금을 얼마나 생각하셨어요?"
"1,000만원 정도는 더 필요하지 않을까 해요."
"아, 네. 연락드릴게요. 그런데 사장님, 여기 시세로는 그 가격에 못 드려요."

물론 모든 공인중개사가 이렇지는 않다. 하지만 가뜩이나 긴장하며 처음 점포를 알아보러 나선 왕초보 장사꾼을 가장 먼저 주눅들게 하는 것도 공인중개사다. 따라서 왕초보 장사꾼은 마음의 준비를 하고 다음과 같이 대화를 풀어나가야 할 것이다.

"안녕하세요, 가게를 찾고 있는데요."
"네. 예산은 얼마나 되는데요?"
"2,000만원으로 저렴하게 창업할 거예요. 15평짜리 무권리점포였으면 좋겠는데, 이미 시설이 구비되어 있다면 시설권리금 지출은 감안할게요. 하지만 조용한 식당을 만들 생각이니 시끄러운 가게가 붙어 있으면 곤란할 것 같아요."
"사장님, 여기 시세로는 그런 가게 그 가격에 못 드려요."
"뭐, 준비하는 기간이 기니까, 한번 찾아봐주세요."
"그런 가게 없는데…. 알겠습니다, 한번 알아볼게요."

분위기가 사뭇 다르지 않은가? 예산을 넘치게 준비하고 창업에 임하는 장사꾼은 없다. 내가 가진 예산이 부족해 저비용 창업을 하더라도 당당히 내가 생각하는 콘셉트를 먼저 전달해야 한다. 어떤 방법으로든 계약이 이루어지리라는 확신이 들면 공인중개사는 움직이기 시작한다.

창업에는 데드라인이 없다. 빨리 창업한다고 꼭 성공하는 것도 아니다. 공인중개사가 내놓은 **일반적인 물건에 내 조건을 맞추지 말고, 내 조건에 맞춰 공인중개사가 움직이게 만들어야 한다.**

공인중개사를 내 편으로 만들자

상가와 주택을 거래할 때는 공인중개사를 통해 정보와 계약 체결을 진행하는 것이 일반적이다. 직거래는 아무래도 정보가 한정되고 계약의 안전성을 보장받지 못할 수 있다. 따라서 공인중개사와 첫 대면을 피하기 어렵다.

한편 중개의 특성상 가게를 팔 사람과 살 사람이 서로 만나는 것을 원치 않는 경우가 있기에, 직접적으로 만나는 사람은 공인중개사가 전부인 경우가 있다. 나아가 모두 대면하는 상황이더라도 공인중개사가 절차나 관련 법규에 대해 가장 밝아서 거래를 주도하게 된다. 결국 권리금 협상에 있어서 공인중개사의 역할이 크다. 그래서 권리금 책정이나 임대료 협상을 할 때 **공인중개사가 내 편에 유리한 계약을 하게끔, 즉 나를 도와주도록 만들어야 한다.**

모든 공인중개사가 상가 거래를 하는 것은 아니다. 상가 거래는 건물 시세, 권리금, 건물주의 의지 등 다양한 요소가 복잡하게 얽혀 있다. 그래서 거래에 변수가 많고 불발될 가능성도 높아서 상가 거래를 지양하는 공인중개사도 있다.

반대로 말하면, **확실한 고객에게 중개인들은 적극적으로 대한다.** 내게 맞는 가게를 찾아줄 뿐 아니라 건물의 용도 확인, 등기부등본 확인 등 법적인 문제가 없는 건물인지 확인해주고, 계약이 성립된 이후에 영업허가증 승계(양도양수)를 위한 절차도 도와준다. 그 확신은 어디서 오는 것일까? 바로 장사꾼이 이번 거래로 장사를 하려는 의지가 충만하다는 것을 보여주는 데 있다.

따라서 단순히 가격이 싼 점포, 권리금이 낮거나 없는 점포를 찾아다니는 장사꾼으로 보이지 않도록 해야 한다. 소위 호구 잡히지 않는 것만큼이나 내가 '의지 있는 장사꾼'이라는 것을 보여주는 것도 중요하다.

권리금 중개수수료, 통상적으로 5~10%

공인중개사를 통해 계약을 하면 권리금계약 수수료와 임대차계약 수수료가 동시에 발생한다. 공인중개사의 권리금 중개수수료는 정확히 법적으로 지정된 바가 없기 때문에 대략적으로 5~10%를 요구한다고 생각하면 마음이 편하다. 정해진 요율이 없기에 고도의 협상을 요구하는 부분이다. 수수료가 넉넉할 경우 임대차계약 수수료를 면제해주기도 한다. 공인중개사는 수수료를 통해 수익을 벌어들이므로 수수료가 발생하지 않는 거래는 하지 않는다. 따라서 수수료를 깎을 일이 아니라 수수료가 합리적인지 살피는 것이 맞다.

한 장사꾼은 권리금 1억을 제시하고 수수료는 따로 지급하지 않을 테니 능력껏 가게를 골라달라고 했다. 이 경우 장사꾼은 수수료를 아꼈으니 좋은 일일까? 오히려 권리금 왜곡이 시작되는 첫걸음일 수 있다. 권리금 5,000만원짜리 점포를 찾아주고 남는 5,000만원은 공인중개사가 자신의 몫으로 챙길 수 있기 때문이다. 이미 1억을 제시했으니 잘못된 일은 아니지 않은가. 상가 거래 중개는 공인중개사의 중개 품목 중에서도 고난이도에 속한다. 따라서 불신으로 똘똘 뭉쳐 공인중개사를 대한다면 피차 서로 손해를 보게 될 것이다. 현명한 판단으로 조금이나마 본인에게 도움이 될 거래를 하려고 노력해야 한다.

권리금계약서 정복하기

상가건물 임대차 권리금계약서 살펴보기

2015년 상가건물임대차보호법◆이 개정되면서 표준계약서가 제공되고 있다. '상가건물 임대차 권리금계약서'가 그것이다.

대개 많은 계약이 공인중개사나 매도인이 직접 만든 계약서를 토대로 진행된다. 따라서 이런 표준계약서가 꼭 사용되리라는 보장은 없다. 하지만 미리 표준계약서를 살펴보면서 비교하면 훨씬 유리하다. 만약 왕초보 장사꾼이 권리금계약을 하려고 하는데 매도인이 직접 만든 계약서를 가지고 나왔다면 표준계약서와 어떻게 다른지 비교해보자. 누락된 부분이나 지나치게 자세히 기

◆ **상가건물임대차보호법** : 장사를 그만두고 점포를 정리할 때 장사꾼이 받을 권리금을 못 받는 상황으로부터 보호하는 법률이다.

재된 내용을 보면 매도인의 의도를 파악할 수 있을 것이다.

그러면 표준 권리금계약서라고 할 수 있는 '상가건물 임대차 권리금계약서'를 살펴보자. 계약서 양식은 법무부 홈페이지(www.moj.go.kr) → 법무정책 → 정책서비스 → 법무실 → 상가건물임대차법령정보 → 자료실에서 받으면 된다.

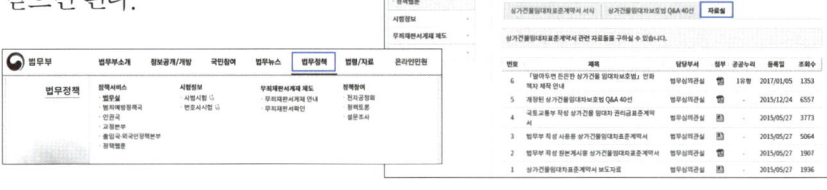

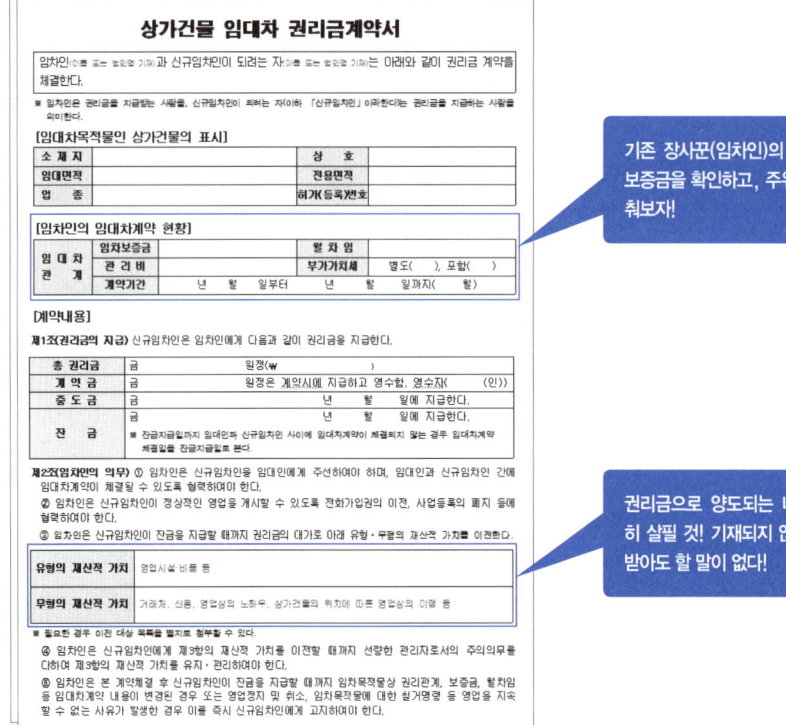

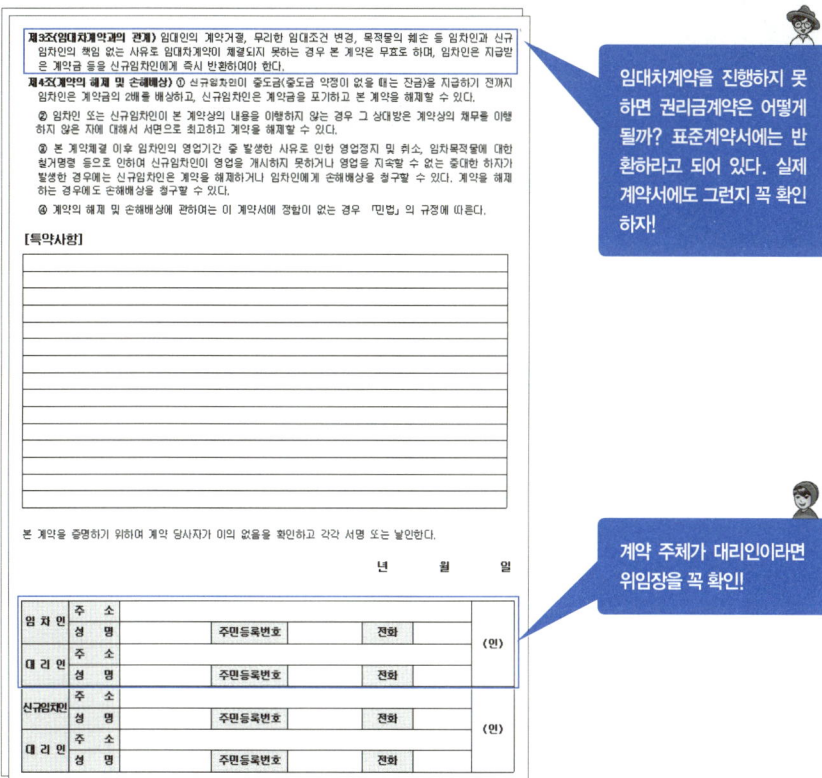

3억 챙긴 장사꾼 vs 한 푼도 못 건진 장사꾼

사례 1 | 3억 권리금 챙긴 장사꾼! 하이에나인가, 기획자인가?

　1층 30평 규모의 족발집이 있었다. 몇 번 같은 업종의 가게가 들어왔지만 연거푸 망해 나간 자리였다. 번화가와 가까웠지만 좁은 골목 안쪽에 위치해 눈에 잘 띄지 않는 한계 때문이었다. 설상가상으로 건물주는 오직 주변 시세만 고집해 월세를 높이기에 바빴다. 권리금이 없어도 터무니없이 높은 월세 때문에 새로 들어온 장사꾼들이 연이어 망해서 나가는 자리였다.

　그때 새로 들어온 장사꾼이 가게를 성공시켰다. 오랫동안 족발을 팔았다는 아버지와 젊고 매력적인 아들이 새 족발집을 성공적으로 안착시킨 것이다.

　1년이 지난 어느 날, 이 부자는 주위 가게를 돌며 작별인사를 했다. 상인들은 이렇게 잘된 가게를 왜 파는지 이해하지 못했다. 여기에는 숨겨진 비밀이 있었는데, 1년간 만들어낸 가게의 가치로 3억원의 권리금을 받기로 하고 가게를 넘겼다는 것이다. 애초에 권리금을 염두에 두고 장사를 했기 때문에 공격적인 마케팅이 가능했고 수익은 아랑곳없었다. 안타깝게도 다른 장사꾼이 가게를 인수하자마자 다시 예전 상황으로 돌아갔다.

이 부자 같은 권리금 사냥꾼을 다들 싫어한다. 이들 때문에 권리금이 없는 매장이 줄어드는 셈이다. 그런데 반대로 생각해보자. 모든 장사꾼이 장사에 능숙하지 않다. 그래서 장사 시스템을 잘 만들어놓은 곳을 골라 권리금을 주고 들어가려는 것이다. 이때 권리금이 합당한지 주의 깊게 살펴보자. 권리금 폭탄을 돌리는 곳은 피해야 할 것이다.

사례 2 | 갑의 횡포로 억울하게 권리금 못 받은 장사꾼

자신의 노력만으로는 어쩔 수 없는 경우가 종종 있다. 그래서 장사를 시작할 때 심하다 싶을 정도로 꼼꼼히 조사해야 한다. 권리금을 지불하고 장사를 시작했는데 정리할 때는 권리금을 받을 수 없게 된다면 정말로 마음이 상할 것이다. 물론 그런 최악의 경우를 대비해 권리금을 투자비용으로 생각하길 권장하지만, 첫 장사부터 투자비용을 회수할 만큼 빠르게 자리잡기란 쉽지 않다.

그렇다면 권리금을 못 받는 경우는 왜 발생할까? 먼저 대기업이나 거대자본이 개입하는 경우다. 장사꾼 A는 빵집을 운영하고 있었는데, 프랜차이즈 베이커리가 더 높은 임대료를 지불하겠다고 건물주를 설득했다. 결국 동급의 임대료를 지불할 능력이 없는 A는 다른 곳으로 이사를 가야만 했다. 빵집이 완전히 자리잡기 전에 계약이 끝나 권리금도 제대로 챙길 수 없었다고 한다.

한편 건물주의 개입으로 권리금을 못 받는 경우도 있다. 장사꾼 B는 음식점을 운영했는데 장사가 꽤 잘됐다. 그러자 건물주가 이 가게를 탐내기 시작했다. B는 계약기간이 끝나기 전에 권리금을 지불할 새 임차인을 구해왔지만, 건물주는 새 임차인의 업종을 허락하지 않겠다며 거절해버렸다.

이런 경우는 의외로 자주 발생하는데, 건물주가 언급도 없이 건물을 팔아버려서 새 건물주가 재건축을 계획하고 몇 달 안에 가게를 정리해달라고 통보하는 일도 있다. 내가 장사를 잘하고 못하고와 관계없이 계획대로 할 수 없는 이런 뜻밖의 상황과 부딪친다면 정말 억울해서 눈물이 나올 것이다.

사례 3 | 손절매! 스스로 권리금을 포기한 장사꾼

한편 권리금을 스스로 포기해야 하는 경우도 있다. 이미 하고 있던 장사의 사업성이 심하게 떨어져서 점포를 유지하는 것이 힘들다면 권리금을 포기해서라도 장사를 접는 편이 더 낫다.

장사꾼 C는 대학가에서 40평 고깃집을 운영했다. 이 고깃집은 매출이 떨어진 지 한참 됐다. 하필이면 계약을 연장한 지 얼마 지나지 않아서 고기와 관련된 사회적인 이슈가 터졌고 단골손님들의 발길이 뚝 끊긴 것이다. 설상가상으로 크고 번듯한 가게에 손님이 없으니 무언가 문제가 있는 가게처럼 느껴졌는지 새로운 고객의 유입도 확 줄었다.

매출이 서서히 줄어드는 시기에 새로운 메뉴를 추가하든지 새롭게 홍보하는 등의 대책을 세웠어야 했지만 이 타이밍도 놓쳤다. 결국 이 커다란 가게의 월세와 가게를 돌아가게 만드는 인건비를 감당할 수 없었다. C는 계약 만료까지 1년 반이나 남았지만 4년 전 창업할 때의 권리금을 포기하기로 하고 무권리에 가게를 내놓았다. 덧붙이자면 이 가게의 월세는 500만원에 육박했다. 무권리가 아니라면 이 월세를 감당할 장사꾼은 많지 않다. C에게는 큰 비극이나 무권리로 들어오려는 장사꾼에게는 좋은 기회였다.

결국 장사를 하려면 매출 하락을 대비해 예비비를 마련해두는 것이 중요하다. 현금유동성 차원에서 보면 그렇다. 또한 장사의 규모와 유지비의 상관관계를 잘 파악해야 한다. 그래서 사업계획서를 쓰고 노무와 세무를 배우는 것이다.◆

권리금이 항상 장사의 성패를 좌우하지는 않는다

위와 같은 다양한 사례를 통해 우리는 교훈을 하나 얻을 수 있다. 권리금을 높게 준다고 그 가게가 성공하리라는 보장이 없고, 권리금이 없다고 그 가게가 안 좋은 것도 아니라는 점이다.

권리금은 장사하는 사람들에게는 어느 정도 합리적인 창업을 할 수 있도록 도와주는 개념이지만, 그만큼 조작하거나 부풀리기도 쉽다. **가장 중요한 것은 사업계획서에 따른 내 목표가 얼마인지, 그 목표를 어떻게 달성할지를 명확하게 정해놓는 것**이다. 목표가 명확할수록 권리금으로 인해 휘둘리는 일이 줄어들기 때문이다.

◆ 사업계획서 작성법은 〈둘째마당 돈 되는 소설을 써보자! 부기곰탕 사업계획서〉, 노무는 〈다섯째마당 나쁜 사장님 안 되고도 인건비 줄이기〉, 세무는 〈여섯째마당 합법적으로 세금 아끼는 장사왕 비법〉 참고.

계약 2

임대차계약 하루 전, 꼭 체크 체크!

임대차계약의 절차

권리금계약이 끝나면 며칠 뒤 임대차계약을 진행하게 된다. 왕초보 장사꾼은 대부분 이 단계에서 처음으로 집주인을 만나게 된다. 부동산중개소를 통해 계약이 진행된다면 담당 공인중개사도 만날 것이다. 점포의 주인과 처음 만났으니 물어보고 싶은 것도 많을 것이다. 하지만 처음 계약하는 왕초보 장사꾼이라면 정신없이 떠밀려 계약을 하게 되는 경우가 많다.

계약 전날은 돌다리를 두드리며 건너야 할 때다. 다음 상황을 꼭 확인하자. 무언가 이상하다 싶으면 계약을 미루거나 취소할 수 있는 마지막 순간이기 때문이다. 여기서는 임대차계약을 진행하기 전에 알아둬야 할 필수적인 정보와, 임대차계약을 진행할 때 확인해야 하는 사항이 무엇인지 알아본다.

계약 하루 전 1 | 등기부등본으로 건물 정보 확인!

등기부등본은 시군구청에 비치된 무인자동발급기를 통해 발급받을 수 있다. 등기부등본에는 건물에 대한 여러 가지 정보가 기록되어 있다. 따라서 계약 전에 반드시 확인해야 한다. 그중에서도 특히 다음 사항을 확인하자.

① **건물주의 이름** : 계약하려는 건물주와 동일한가?
② **점포의 소재지** : 실제 가게와 일치하는가?
③ **면적** : 계약서의 내용과 일치하는가?
④ **소유권 변동 과정** : 건물주가 너무 자주 바뀌지는 않았는가? 자주 바뀌었다면 그 이유는 무엇인지 물어본다.
⑤ **근저당 설정 여부, 채권 최고액, 근저당권자** : 건물에 근저당◆이 있을 수도 있다. 통례적으로 판단하되 개인적인 결정이 필요한 부분이다.
⑥ **작성일** : 일반적으로 부동산중개소에서 건물을 보여줄 때 등기부등본을 떼어서 보고, 계약 1~2시간 전에 한 번 더 떼어서 본다. 가장 좋은 건 **은행 마감시간 이후에 등기부등본을 떼어서 확인하는 것이다. 떼는 시점을 기준으로 은행대출을 받지 않았다는 것을 확인할 수 있기 때문**이다. 등기부등본 확인시 전체 페이지(예 : 1/2, 2/2)가 다 있는지도 잊지 말고 확인하자.

◆ **근저당** : 주로 채무자의 부동산을 담보로 채무를 이행하지 못할 때를 대비해 채권자(근저당권자)가 저당 잡는 것을 말한다. 해당 부동산의 등기부등본에 근저당 관련 사항이 기입되어 있다.

계약 전 공급면적과 전용면적 확인 필수!

등기부등본과 임대차계약서의 내용대로 인테리어를 진행한다면 기재된 점포의 면적을 토대로 하게 된다. 그런데 계약할 때 언급하는 면적은 공급면적이다. 실면적, 즉 전용면적이 아니다. 공급면적에는 점포 안에서 활용할 수 있는 면적과 함께 복도와 계단 등 공용공간도 포함되어 있다. 따라서 예상치 못한 손실이 일어나기 쉽다. 공급면적에 맞게 인테리어와 점포를 구상하면 필요 이상의 비용을 지출하게 되는 것이다. 미리 계약 과정에서 전용면적이 얼마나 되는지 확인해둔다면 더욱 알뜰하게 점포 구상을 할 수 있을 것이다.

계약 하루 전 2 | 월세와 관리비 10% 이상 올리면 고려!

기존 장사꾼(기존 임차인)이 이미 건물주와 계약한 내용이 있을 것이다. 임대차기간은 어느 정도이며 임대보증금과 월임대료는 얼마인지 등이다. 이 내용을 권리금계약을 할 때 이미 전해들었을 것이다. 그러나 왕초보 장사꾼(새로 점포를 인수하는 매수인)과 새로운 협상을 할 때 건물주는 전 임차인과 맺은 계약 내용을 변경할 수 있다. 보증금과 임대료를 올릴 수 있다는 말이다.

보증금·임대료 인상 없이 그대로 계약을 이어받는 경우가 없는 것은 아니지만, 그것은 정말이지 미담 중의 미담이다. 대부분 건물주는 기존 가격보다 10%는 인상하리라 마음먹고 있을 것이다.

하지만 이전 계약보다 인상폭이 50%, 100%, 이렇게 과도하게 올라가는 경우라면 문제가 있다. 이렇게 많이 올리는 것은 다른 임차인을 구하거나 건물주가 직접 점포를 운영하려는 계획을 세웠기 때문일 수도 있다.

그러므로 미리 월세의 예상치와 한계치를 생각해두자. **예상치는 기존 월세에서 10% 상승한 가격**이다. 한계치는 왕초보 장사꾼이 생각하기에 이 정도는 부담할 수 있겠다고 느끼는 한도액이다. **대략 20~25% 정도를 한계치**로 여기면 될 것이다. **이보다 더 높다면 계약 자체를 진행하지 않는 것도 방법**이라는 것을 꼭 기억해두자.

또한 이 단계에서 **관리비가 얼마인지, 관리비를 지불함으로써 어떤 관리를 받게 되는지 확인**해두자. 막상 점포를 운영해보면 얘기한 것과는 다르게 기본적인 청소조차 되지 않아 직접 청소해야 하는 경우도 많다. 특히 관리비는 건물주 측에서 크게 중요하지 않은 부분까지 포함해 터무니없이 비싼 가격을 책정하는 경우가 많으니, 미리 확인하고 조율하는 작업이 필요하다.

계약 하루 전 3 | 건물주에게 확인할 사항

임대차계약을 진행하기 전에 월세 말고도 확인해둬야 할 사항이 있다. 다음 사항은 기본적으로 확인하자.

CHECKLIST

임대차계약 직전 확인사항

☐ 계약자는 본인인가?

☐ 계약서 양식은 올바른가?
　(표준계약서를 기준으로 비교해볼 것. 40장 참고)

☐ 계약 문구는 명확하고 오해의 소지가 없는가?

아주 기본적인 부분이지만 계약하는 사람이 건물주 본인이 맞는지 확인해야 한다. 간혹 계약시 건물주가 바빠서 직접 오지 못하고 관리인이나 가족이 대신 계약하러 오는 경우가 있다. 이때 위임장을 꼭 확인하자. 실제로 계약을 다 마친 뒤에 진짜 건물주가 등장해 계약 무효를 주장하는 경우도 있다.

또 하나, 계약서의 내용이 올바른지 확인해야 한다. 많은 건물주가 자신이 직접 만든 계약서로 계약을 진행하려고 한다. 필수적인 부분이 누락되어 있지는 않은지, 건물주의 숨겨진 의도는 무엇인지 파악해야 한다. 바로 다음 장에서 다룰 '상가건물 임대차 표준계약서'를 알아두면 건물주의 계약서가 정당한지 파악할 수 있을 것이다.

마지막으로 계약서의 문구가 명확한지 확인해야 한다. "협의에 따라", "합리적으로" 등 긍정적이지만 모호한 단어가 많은 계약서는 그 내용을 구체적으로 따져보아야 한다. 한자를 남발해 읽기 어려운 계약서가 등장하기도 하는데, 왕초보 장사꾼 본인이 그 내용을 잘 읽고 이해할 수 있는지 짚어보도록 하자.

이처럼 하루 전날 확인할 부분이 많은데, 당일 곧바로 계약한다면 건물주의 의도에 말려 불명확한 계약을 하게 될 수도 있다.

계약 도중 건물주와 협의할 사항

임대차계약을 진행할 때는 협의할 것이 많다. **임대차계약이 종료되면 점포가 들어오기 전의 모습으로 원상복구하는 것이 기본**이며, 대부분의 건물주도 이를 전제로 계약을 진행한다. 그러므로 건물의 시설을 변경해야 하거나 특정 공간을 사용할 경우 미리 이야기해두어야 한다. 특히 추가로 비용이 드는 부분은 건물주와 어떻게 비용분담을 할 것인지 이 단계에서 짚어두어야 계약서에 특약사항으로 반영할 수 있다.

CHECKLIST

임대차계약 도중 건물주와 협의할 부분

☐ 외벽에 간판을 부착할 수 있나? 돌출간판은 어디에 몇 개까지 달 수 있나?

☐ 외벽에 실외기 등 추가 시설물을 설치할 수 있나? 몇 개까지 가능한가?

☐ 덕트(환풍통로)를 설치한다면 외벽을 따라 옥상까지 올려도 되나?

☐ 건물의 전기용량은 내 점포가 사용하기에 충분한가? 부족하다면 증설할 수 있나?

☐ 도시가스관이 연결되어 있지 않은 경우 연결 시공이 가능한가? 한다면 비용은 누가 부담할 것인가?

☐ 엘리베이터나 주차비처럼 공동으로 사용하는 부분을 부당하게 더 부담하지는 않나? 내가 엘리베이터나 주차장을 사용하지 않으면 이에 대한 비용절감이 가능한가?

☐ 건물의 관리비는 얼마인가? 관리비는 어떤 부분에 사용되나? 관리비 외에 추가로 지불해야 하는 것은 없나? 세금계산서 발행은 가능한가?

☐ 계약은 몇 년인가? 2년 이상으로 하는 것이 가능한가?

이처럼 세세한 부분을 미리 검토해두지 않으면 예상치 못한 추가지출이 발생하게 된다. 추가지출은 곧 내 사업계획서대로 진행할 수 없다는 뜻이다. 특히 **관리비는 세금계산서를 발행해주지 않는 경우가 많다.** 관리비는 다른 운영

비용에 비하면 소액이지만 매달 나가는 것인 만큼, 필요 이상으로 지출한다면 그것이 쌓여 큰 손실로 돌아올 수 있다. 그러므로 관리비로 해결되는 부분은 어디까지인지, 그 외에 지출해야 하는 부분은 무엇인지 확인해야 한다.

다음은 위와 더불어 계약 전 알아두면 좋은 것들을 모아보았다. 계약 진행과 장사에 치명적인 영향을 끼치지는 않지만, 건물주의 계획과 성향을 알고 향후 장사꾼이 계획을 짤 때 참고할 만한 부분이다. 여유가 된다면 물어보자.

CHECKLIST

임대차계약 도중 건물주에게 물어보면 좋은 내용

- ☐ 누수◆에 대한 책임은 건물주가 지는가?
- ☐ 공과금 미납 여부는?
- ☐ 환경부담금은 누가 부담하는가?
- ☐ 정화조 청소 비용은 누가 부담하는가?
- ☐ 기존보다 월세가 인상되었다면 그 근거는 무엇인가?
- ☐ 건물을 팔 계획은?
- ☐ 현재 시설 중 계약 종료 후 꼭 원상복구해야 하는 부분은?
- ☐ 계약 종료 후 꼭 원상복구해야 하는가?
- ☐ 불법 증축은 없는가?
- ☐ 불법 증축으로 인한 벌금이나 과태료는 건물주가 직접 책임질 것인가?

◆ **누수 특약** : 지하 1층 영업장이라면 누수 특약은 필수다. 자세한 내용은 232쪽 〈장사왕 Tip 지하 1층 임대차계약시 누수 특약은 필수!〉 참고.

내 가게 보증금, 얼마까지 보호될까? 환산보증금!

환산보증금 계산으로 임대차보호법 적용 범위 확인!

상가건물임대차보호법은 ① **최대 5년간의 임대차계약 연장**(현재 10년 연장 추진 중), ② **권리금 회수시 건물주의 개입 방지**, 그리고 ③ **임대보증금을 보장**한다. 여기서 주목할 점은 ③번으로, 보호에 한계가 있으니 참고하자. 마치 은행에서 예금 보장금액에 한도가 정해져 있는 것과 비슷하다.

상가건물임대차보호법에서는 어떤 매장까지 보호해줄지를 결정하기 위해 환산보증금이라는 것을 계산하고, 이것을 기준으로 삼는다. 그렇다면 환산보증금은 어떻게 계산할까?

환산보증금 = 보증금 + (월세 × 100)

지역의 경제 여건과 상권의 규모에 따라 보호 범위가 다르다. 다음의 기준을 살펴보자.

- 서울시에서 환산보증금이 4억원 이하인 매장
- 인천, 고양 등 과밀억제권역에서 환산보증금이 3억원 이하인 매장
- 광역시에서 환산보증금이 2.4억원 이하인 매장
- 안산시, 용인시, 김포시, 광주시에서 환산보증금이 2.4억원 이하인 매장
- 그 밖에 나머지 지역에서 환산보증금이 1.8억원 이하인 매장

예를 들어 보증금이 5,000만원이고 월세가 200만원이라면 환산보증금은 2.5억원이 된다. 이 점포가 서울에 위치한다면 상가건물임대차보호법이 적용된다. 그러나 광역시나 기타에 해당하는 지역이라면 적용되지 않으니 참고하자.

임대차계약서 정복하기

상가건물 임대차 표준계약서 살펴보기

상가건물임대차보호법에서는 '상가건물 임대차 표준계약서'도 제공하고 있다. 많은 계약이 공인중개사나 매도인이 직접 만든 계약서를 토대로 진행된다. 특히 임대차계약은 권리금계약보다도 훨씬 높은 확률로 집주인이 작성한 계약서로 진행하게 될 것이다. 따라서 표준계약서가 꼭 사용되리라는 보장은 없다. 하지만 미리 표준계약서를 살펴보면 계약서에 어떤 내용이 기재될지 확인할 수 있으며 어떤 부분에 유의해야 하는지도 알 수 있다.

만약 왕초보 장사꾼이 임대차계약을 하는데 집주인이 직접 만든 계약서를 가지고 나왔다면 표준계약서와 비교해보자. 누락된 부분이나 지나치게 자세히 기재된 내용이 있다면 매도인의 의도를 파악할 수 있을 것이다.

그러면 표준적인 임대차계약서라고 할 수 있는 '상가건물 임대차 표준계약서'를 살펴보자. 양식은 법무부 홈페이지(www.moj.go.kr) → 법무정책 → 정책서비스 → 법무실 → 상가건물임대차법령정보 → 자료실에서 받으면 된다.

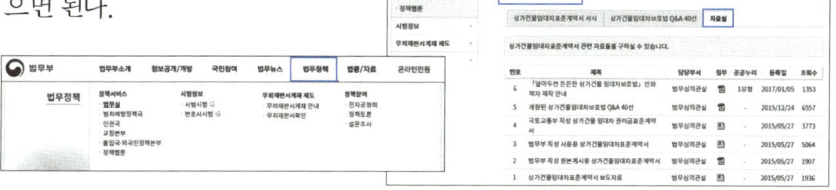

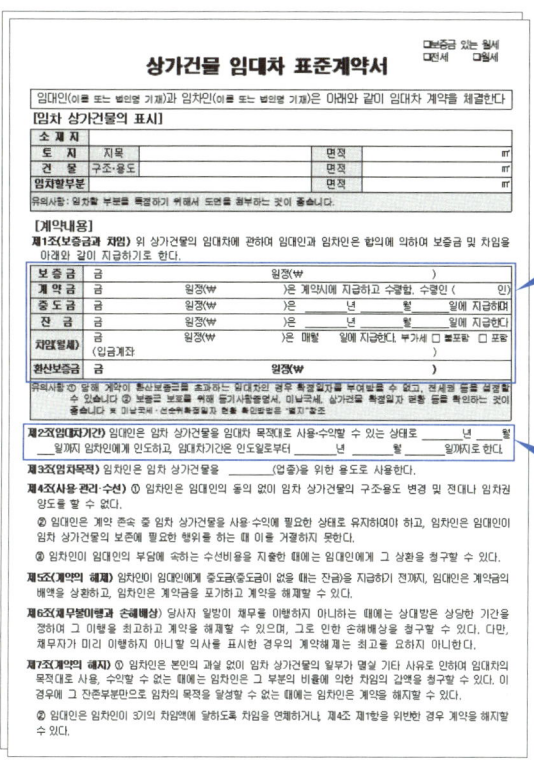

계약금과 지급일 확인은 기본 중에 기본! 계약금은 숫자와 함께 한글로도 표기하면 오해를 막을 수 있다! (예 : 1,000만원 = 일천만원)

계약기간은 1~2년씩 계약하는 것이 일반적이며, 최대 5년까지 연장할 수 있다!(현재 10년 연장 추진 중)

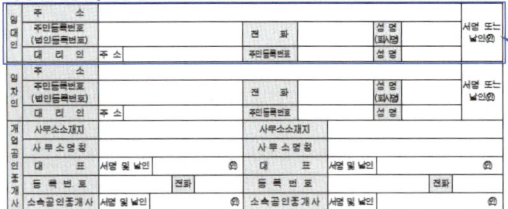

계약 종료시 점포 원상복구는 기본 사항! 그러나 원상복구를 위해 과도한 시공이나 금액을 요구한다면 주의하자!

그 건물에만 적용되는 특약은 특별히 신경써서 체크! 특히 표준계약서에는 관리비 금액과 소요내역이 없으니, 관리비가 어디에 얼마 쓰이는지 꼭 물어보자!

계약 주체가 대리인이라면 위임장을 꼭 확인!

지하 1층 임대차계약시 누수 특약은 필수!

왕장사팀이 공동운영 중인 팟캐스트 녹음실 단팟은 지하 1층에 있다. 오랜 기간 비워져 있던 곳이라 계약 당시엔 누수의 흔적이 보이지 않았지만, 임대차 계약서를 작성하면서 누수가 있으면 집주인이 책임진다는 특약사항을 걸어놓았다. 이후 안타깝게도 누수가 발생했지만 계약서 특약사항대로 집주인이

공사비를 냈다. 이처럼 지하 1층에 영업장이 있는 경우 누수 특약은 필수라는 점, 잊지 말자!

장사의 자격, 영업허가증 준비하기

영업허가증 승계시 보건증과 위생교육수료증 필요

권리금계약과 임대차계약이 모두 끝나서 점포를 양도받기로 확정되면 기존 장사꾼으로부터 영업허가증(영업신고증)을 승계받는다. 장사를 시작할 때 영업허가증을 승계받은 것이 있으면 따로 영업허가증을 발급받지 않아도 되기 때문에 편리하다.

승계를 위해서는 양도인과 양수인이 함께 관할구청의 담당부서로 가면 된다. 예를 들어 부기곰탕은 기존 장사꾼의 영업허가증 지위 승계를 위해 환경위생과로 가면 되는 식이다. 대개 임대차계약까지 모두 끝난 뒤 이 절차가 진행된다. 이때 부동산 중개인이 동행하는 경우도 있다.

영업허가증을 승계받을 경우 승계받는 사람도 영업허가증을 발급받을 때 필요한 서류를 갖춰야 한다. 예를 들어 요식업을 하는 경우 보건증과 위생교육 수료증이 필요하다. 요식업의 영업허가증을 승계받을 때 준비할 서류는 다음과 같다.

- 기존 장사꾼(승계할 사람) : 영업신고증, 신분증, 도장
- 새 장사꾼(승계받을 사람) : 임대차계약서, 보건증, 위생교육수료증, 신분증, 도장

왕초보 장사꾼이라면 보건증과 위생교육수료증 준비를 잊지 말자. 보건증은 발급받는 데 시간이 걸리고, 위생교육수료증은 온라인 또는 오프라인을 통해 과정을 수료해야만 받을 수 있으므로 **미리 2주 정도의 여유를 갖고 준비해야 한다.**

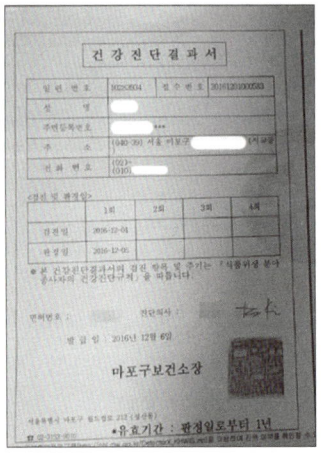

보건증 예시

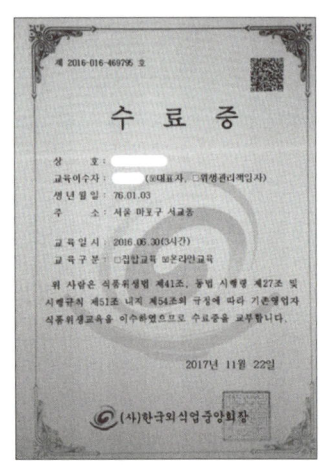

위생교육수료증 예시

신규 창업시 영업허가증 신청은 필수!

한편 가게를 무권리로 얻어서 신규 창업을 하게 되었다면 영업허가증을 직접 신청해야 한다. 영업허가증 역시 관할구청 환경위생과에 가서 신청하게 되며, 업종에 따라 필요한 서류가 다르니 미리 확인해보길 권한다.

무엇보다도 신청 전에 확인해둘 사항이 있다. **건축물대장에는 건축물의 용도가 나타나 있는데 이 용도에 따라 장사하려는 업종이 갈리는 경우가 있다.** 만약 **요식업을 할 경우 근린생활시설 2종에 해당**해야 한다. 이에 대해 정부에서는 총 9개 시설군, 28개 용도로 나누어 상세하게 관리하고 있다. 지면상 모든 용도를 여기에 실을 수는 없고, '생활법령정보' 사이트(www.easylaw.go.kr)에 들어가면 그 내용을 확인할 수 있다.

생활법령정보 사이트에서 건축물에 따른 장사 가능 업종을 확인한다

업종별로 들어가면 관련 내용을 확인할 수 있다

권리금계약 끝난 후 건물주 반대! 맥줏집 분쟁 사례

전담 부동산 중개업자가 있는 건물주를 만나다

장사꾼 D는 맥주 전문점을 정리하고 다음 가게로 넘어갈 계획을 짜고 있었다. D는 가게를 인수할 새 임차인을 구해서 권리금계약을 마쳤다. 그리고 계약 종료 의사를 말하고 임차인을 소개해주기 위해 건물주를 만났다. 건물주는 잠자코 이야기를 듣더니 이렇게 말했다.

"그런데 누가 마음대로 매장을 부동산에 내놓으랬어?"

알고 보니 건물에 전담 부동산 중개업자가 따로 있었다.

전담 부동산 중개업자가 있으면 다른 부동산중개소를 통해 임대차계약을 할 수 없다. D는 처음 듣는 이야기라 억울했지만, 알고 보니 자주 왕래하며 얼굴을 익힌 관리자가 바로 그 부동산 중개업자였다. 언제 하게 될지 모를 계약을 따내기 위해 오랫동안 건물 관리도 해주고, 우편물도 받아주고, 정화조 청소도 해주는 등 봉사를 해온 것이다.

다행스럽게도 새로 들어오기로 한 장사꾼이 적극적으로 중재에 나서서, 수수료를 전담 부동산 중개업자에게도 주기로 합의해 간신히 상황을 정리할 수 있었다.

임대차계약이 진행되지 않으면 권리금계약서는 백지!

위의 사례를 보아 알 수 있듯이, 기존 장사꾼(매도인)과 새로운 장사꾼(매수인)이 말이 잘 맞아서 권리금계약을 하더라도 결국 집주인이 임대차계약에 동의하지 않으면 모두 헛일이 된다. 그나마 권리금 계약금을 잘 돌려받을 수 있으면 다행이다. 권리금계약의 특약사항이 이상해서 권리금 계약금을 돌려받지 못하거나, 매도인이 이미 권리금으로 다음 점포에 투자해서 바로 돌려주기 어려운 경우가 생기면 골치가 아파진다.

결국 권리금계약을 했다고 곧 내 점포가 되는 것이 아니다. 집주인과 모든 계약이 끝나고 입주할 때가 진짜 끝이다. 그때까지는 확인에 확인을 거듭하는 습관만이 장사꾼을 지켜줄 것이다.

계약 3

호구가 되지 않는 인테리어 업체 선정법

인테리어 시공 절차

임대차계약까지 마쳤다면 드디어 점포를 꾸밀 차례다. 점포를 어떻게 꾸밀지 콘셉트를 잡고 예산 계획까지 짜놓았으니 거기에 맞춰 시공할 수 있도록 계약하는 것이 중요하다.

인테리어계약은 점포를 열 때 소비되는 금액으로, 어떻게 하는지에 따라 격차가 매우 크다. 권리금은 시세를 따라가고 임대료는 10% 인상이 다반사지만, 인테리어계약은 부르는 게 값이다. 간판 하나 늘어나거나 냉장고 브랜드 하나만 바꿔도 수십, 수백만원이 날라간다. 이런 눈먼 돈을 잡으려면 계약을 명확하게 하고 관리감독하는 것이 중요하다. 최근 실제로 실시한 한 가게의 인테리어 진행 과정을 살펴보자.

인테리어 시공 절차는 다음과 같이 진행된다.

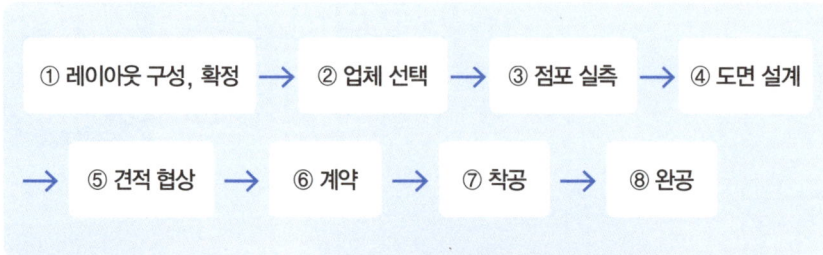

손해 보지 않는 인테리어 업체 선정 방법

먼저 인테리어 업체를 수소문해보자. 여기에는 정답이 없다. 장사꾼이 생각한 콘셉트에 따라 구현할 수 있는 업체가 달라지기 때문이다. 하지만 일반적으로 다음의 사항을 지킨다면 손해볼 일은 없을 것이다.

1 | 밖에서 미팅하는 업체는 피하라

인테리어 업체를 찾고 본격적으로 미팅을 하게 되면 인테리어 업주와 직접 대면할 기회를 갖게 된다. 이때 카페나 그 밖의 장소에서 만나는 경우가 있다. 이러면 훗날 인테리어가 다 끝난 후 사후관리를 위해 연락하려 해도 연락이 되지 않고, 직접 찾아가려 해도 사무실이 어딘지조차 알 수 없는 상황이 비일비재하다. 따라서 미팅할 때는 되도록 회사 사무실에서 만나야 한다.

2 | 전문지식을 뽐내는 업체는 피하라

장사꾼이 아무리 노력해도 매일 인테리어로 밥을 버는 전문가들을 이길 수는 없다. 하지만 전문성에 대한 자부심이 너무 강해서 장사꾼의 취향을 각종 전문용어로 뭉개버리는 지경까지 간다면 같이 일할 수 없을 것이다.

목재 하나를 선택하더라도 그 근거를 물어보자. 이에 대한 대답이 "원래 그래요", "요즘 트렌드가 이래요" 하는 식이라면 이 업체가 괜찮은지 심각하게 고려해봐야 할 것이다. 대신 "이 목재가 더 저렴할 뿐만 아니라 수명도 오래가기 때문에 가성비가 높아 추천합니다" 식으로 대답하는 업체라면 믿고 맡길 수 있을 것이다.

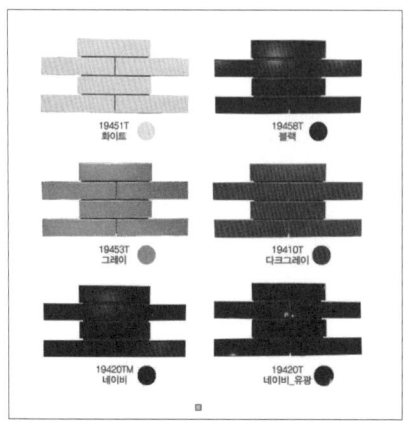

타일 하나를 고르더라도 그 이유와 근거를 스스로 납득할 수 있어야 한다

실제로 목재 재질 하나 바꿔서 80만원을 절감할 수 있었다

3 | 너무 바쁜 업체도, 너무 한가한 업체도 피할 것

너무 한가한 업체는 실력이 없는 업체일 가능성이 있으므로 피하라는 조언을 듣는다. 그런데 반대로 너무 바쁜 업체라면 어떨까? 인력이 턱없이 부족해서 내 가게에 충분한 시간을 할애하지 못하는 업체 말이다.

첫 연락 후 인테리어 견적을 얻기까지 꾸준히 연락을 주고받으며 의견을 나눠보자. 이때의 피드백 간격과 분위기가 앞으로의 모습이라고 생각하면 된다. 인력이 없어서, 너무 바빠서 연락이 되지 않는 업체라면 제아무리 실력이 있다고 해도 피해야 한다. 인테리어 시공이 끝났다고 인테리어 업체와 관계가 다 끝나는 것이 아니라 사후관리나 보수공사를 위해 지속적으로 연락해야 하기 때문이다.

백 마디 말보다 사진! 시공이 정확해진다

둘째마당에서 사업계획서를 작성하며 짚었듯이, 가게 인테리어를 진행하기 전에 미리 내 콘셉트를 설명할 참고자료를 많이 모아둬야 한다. 내 콘셉트를 명확하게 설명하고 전달할 수 있다면 인테리어 업체에 시공을 완전히 일임해도 걱정이 없다. 자료 모으기는 하루이틀 해서 되는 것이 아니니 꾸준히 해야 하는 부분이다.

실제로 동업하려고 맥줏집을 기획할 때 중점을 둔 콘셉트는 '소박함', '자연적인', '편안함', '인공적이지 않은', '모던함'이었다. 이를 알려주기 위해 다음의 자료를 준비했다.

콘셉트를 정하기 위해 모은 자료들. 사진 자료는 간극을 좁힌다

명확한 단어를 전달했다 해도 서로 이해하는 부분이 달라 오해가 생기기도 한다. 장사꾼이 생각하는 소박함이 인테리어 업체가 생각하는 소박함과 다르다는 말이다. 이 간극을 좁혀주는 것이 사진 자료다. 참고자료는 많을수록 좋다.

더불어 벤치마킹에 적극적으로 임하는 것도 필요하다. 내가 생각한 콘셉트를 구현한 매장이 있으면 알려주고, 내가 직접 시연해본 자료가 있으면 가져가자. 진행이 훨씬 빠르고 정확해질 것이다.

평당 10~15만원 실측과 도면 설계, 시공 문제 예방!

업체 선정이 끝나면 가게의 크기를 실측하고 도면을 설계하게 된다. 한 인테리어 업체에 모든 것을 맡긴다면 실측과 도면 설계는 무조건 이루어져야 하며, 평당 10~15만원 정도 비용지출이 발생한다. 이 작업을 진행하는 작업자의 인건비와 함께, 도면 설계 후 이 도면으로 다른 업체에서 시공하는 것을 막기 위함이라고 한다. 중요한 것은 실측이 정확해야 시공에 문제가 없다는 것이다.

계약 전 공급면적과 전용면적 확인은 필수다. 공급면적은 실제 면적인 전용면적과 다르다. 공급면적에는 복도, 계단 등 공용공간이 포함된다

한편 간판을 만들거나 조명을 다는 것처럼 별도의 실측이 필요하지 않은 부분은 점포 콘셉트를 전달하고 바로 견적 협상에 들어가면 된다. 선택이 필요한 부분을 장사꾼이 직접 진행하고, 거기에 따른 시공만 전문가가 진행하면 가성비를 높일 수 있다.

인테리어 시공 전에는 정확한 실측이 우선!

인테리어 선택은 장사꾼이, 시공은 전문가에게 맡기자

인테리어! 업체에 맡길까, 직접 할까?

콘셉트 구현 여부가 중요!

내 가게 인테리어도 DIY로 직접 시공하는 경우가 있다. 요즘은 각종 재료나 도구를 인터넷 등에서 구하기가 쉽기 때문에 충분히 가능한 일이다. 이 경우 견적비나 설비, 인건비 등이 들지 않기 때문에 비용절감을 꾀할 수 있다.

하지만 비용을 떠나서 장사꾼이 생각한 콘셉트를 명확히 구현할 수 있는지도 따져봐야 한다. 인테리어 생초보인 장사꾼이 아무리 노력해도 인테리어 전문가만큼 멋진 시공을 해내기는 쉽지 않다. 더군다나 DIY로 1달 걸릴 공사를 인테리어 업체는 1주일이면 해낼 수 있다. 인테리어 업체에 시공을 맡기면 비용이 발생하지만 3주 일찍 오픈할 수 있는 것이다.

따라서 업체나 DIY 여부를 먼저 정하기보다는 내 콘셉트를 명확하게 잡는 것이 먼저여야 한다. 그리고 그것을 구현하는 것이 내 선에서 가능하다면 DIY로 진행하면 된다.

전문가에 맡길 분야는 과감히 맡기는 게 좋다

창업자는 가게의 콘셉트를 명확히 하는 것에 집중하고 설비, 전기, 목공사, 도장, 금속공사 같은 공정은 전문인력에게 맡기는 게 이득일 수 있다. 다수의 예비 창업자들이 의외로 무엇을 어떻게 팔지 준비가 덜 된 경우가 많다. 그래서 인테리어 공사 후 개선비용이 추가로 들기도 한다. 인테리어에 자신이 없거나 시행착오를 줄이고 싶다면 도면 설계 작업과 비용 계획을 세운 후 전문가에게 믿고 맡기는 편이 좋을 것이다.

인테리어계약, 새는 돈을 막아라!

뭉뚱그린 견적서는 위험! 세부항목 견적서를 받아라

실측과 도면 설계가 끝나면 구체적인 공사비용을 계산할 수 있다. 이때 견적서를 받게 되는데, 업체별로 견적이 상이한 것을 알 수 있다.◆ 첫째마당 12, 13장에서 프랜차이즈 인테리어계약과 시공을 설명할 때 살펴봤듯이 뭉뚱그린 인테리어계약서는 위험하다. 각 분야의 견적서를 확인할 때는 꼭 세부항목 견적서를 요구해야 한다. 이를 토대로 불필요한 비용이 추가되지는 않았는지 확인할 수 있다.

◆ '박목수의 열린 견적서'(cafe.naver.com/pcarpenter) 등 인터넷 카페를 통해 다른 점포의 견적과 비교해볼 수도 있다.

인테리어계약, 빠진 게 없는지 살펴보자!

인테리어계약은 어디까지 일을 맡길지, 그리고 언제까지 관리를 해줄지에 대한 사항을 결정한다. 인테리어계약서는 일반적으로 다음과 같이 구성되어 있다.

CHECKLIST

인테리어계약서 구성 항목

☐ 인테리어 디자인 설계 계약서

☐ 인테리어 시공(공사) 계약서

☐ 설계용역 계약서

☐ 기본설계도

☐ 스케치업 등으로 작성한 3D 이미지 샘플

☐ 공사내역서

☐ 스케줄 확인서

인테리어계약서 구성 항목은 위와 같다. 하나라도 빠져 있는지 살펴보고 없다면 요청하자. 대개 인테리어 업체와 미팅하면서 서로 설명을 주고받은 내용과, 장사꾼이 생각한 인테리어를 구현한 내용이 주를 이룬다. 여기서 특별히 확인해야 할 부분은 다음 쪽과 같다.

CHECK LIST

인테리어계약시 물어볼 사항

☐ 시공 스케줄이 내 창업 계획에 지장을 주지 않는가?

☐ 공사가 지연될 경우 어떤 후속조치를 해주는가?

☐ 시공비에 포함되지 않은 별도 품목은 무엇인가? 그것에 대해 동의하는가?

☐ A/S 보증은 2년 이상인가?

☐ 갑작스런 보수가 필요할 때 바로 진행이 가능한가?

먼저 스케줄에 관한 부분이다. 사실 일정표를 받았다 해도 그대로 진행되리라는 보장은 없다. 여러 사람이 진행하기 때문에 어떤 변수가 나타날지 모른다. 이에 대한 인건비는 대개 장사꾼의 부담이 된다. 따라서 스케줄대로 진행되지 않았을 경우 다른 피해가 없는지 확인하는 것이 주가 되어야 할 것이다.

예를 들어 악천후로 인해 공사가 지연될 경우 어떤 식으로 처리되는지 확인해야 한다. 내가 비를 내리게 한 것도 아닌데 인건비가 추가로 부담된다면 문제일 것이다. 또한 전기시공이나 가스공사 등 다른 분야에 또 다른 전문가를 섭외했다면 그들과 협업하는 것이 스케줄에 지장을 주지 않는지 검토해야 한다.

나머지는 사후처리에 대한 부분이다. 인테리어 시공은 인테리어가 끝났다고 모두 끝나는 것이 아니다. 새로 붙인 마루가 들뜰 수도 있고, 업체를 통해 들인 가구가 망가질 수도 있다. 이에 대한 A/S가 언제까지 가능한지, 그리고 문제가 발생했을 때 바로 조치해서 장사에 지장이 없도록 할 수 있는지를 확인하는 것이 이 단계에서 꼭 해야 하는 일이다.

44 근로계약서, 왜 작성해야 할까?

45 근로계약서 정복하기

46 상생 근로계약서 작성법

47 최저시급, 주휴수당 모르면 나쁜 사장님

48 4대보험과 퇴직금도 인건비에 포함!

49 파트타이머 채용시 인건비 절약 노하우

다섯째 마당

나쁜 사장님 안되고도 인건비 줄이기

골목부자
월1천만원 장사왕

근로계약서, 왜 작성해야 할까?

근로계약서란 무엇인가

근로계약서란 근로자를 채용할 때 임금을 비롯한 근로조건을 명시한 문서다. 장사는 늘 손님을 대해야 하기 때문에 처음부터 끝까지 혼자서 하기에는 한계가 있다. 그래서 다양한 방식으로 종업원을 채용하게 된다. 이때 근로계약서를 작성한다.

장사꾼이 나 아닌 누군가를 채용해 함께 일한다는 것은 참 쉽지 않은 일이다. 장사꾼의 마음과 직원의 마음이 다르고, 관리자의 마음과 아르바이트생의 마음이 또 다르다. 그래서 분쟁이나 충돌이 일어난다.

이런 분쟁이나 충돌을 최소화하고 서로 일할 때 지켜야 할 것을 정하기 위해 근로계약서를 쓴다. 잘 정리된 근로계약서는 서로 지켜야 할 부분을 명확하게 표시하고, 그 내용에 대해 서로 동의했음을 증명한다.

제자리를 찾아가는 근로환경, 인식을 바꿔야 할 때!

예전에는 근로계약서를 작성하지 않는 경우가 많았다. 최저시급이 거의 유일한 기준이었고, 최저시급만 지키면 그 밖에 것을 챙길 필요나 이유가 빈약했다.

이제는 근로자의 근로환경에 대한 인식이 제자리를 찾아가고 있다. 그러면서 알바생의 근로계약서 작성 비율이 3년 새 3배로 증가할 만큼 현재는 근로계약서 작성이 당연시되고 있다. 이 과정에서 근로자의 근로환경을 보장하기 위한 여러 개념이 등장했다. 그것이 바로 각종 수당과 휴게시간, 퇴직금이다. 이에 근로계약서에서는 다음과 같은 부분을 명시하고 있다.

CHECKLIST

근로계약서 구성 요소 확인하기

☐ 근로계약기간

☐ 근로 장소와 내용

☐ 근로시간과 휴게시간

☐ 급여와 초과수당에 대한 약정

☐ 연차유급휴가

☐ 사회보험 적용 여부

☐ 퇴직금

이제는 알바생 하나를 고용하더라도 연장수당, 야간수당, 주휴수당, 휴게시간, 퇴직금 등을 염두에 둬야 한다. 왕초보 장사꾼에게는 복잡한 일이지만 그것이 사장의 기본적인 의무다. 이번 마당에서는 사장님이 기본적으로 알아야 하는 노무에 관한 상식을 살펴볼 것이다.

근로계약서, 출근 첫날 작성하라!

근로계약서는 근로자가 출근한 첫날 작성해야 한다. 출근 첫날 근로계약서를 작성하고 그 내용을 서로 숙지한 뒤 상호 동의한다는 뜻으로 서명을 하게 된다. 출근 첫날인데 며칠 뒤에 쓰자는 식으로 미루어서는 곤란하다.

간단한 근로계약서는 1장만으로도 모든 내용을 담고 있지만, 업종이나 업무의 특성에 따라서 3~4장까지 내용이 불어나기도 한다. 이때 내용을 꼭 덧붙여야 한다면 수기로 작성하는 것도 무방하다. 중요한 것은 직원이나 알바생에게 그 내용을 충분히 설명하고 상호 동의하는 것이다.◆

◆ 근로계약서의 세부적인 내용은 45장 참고.

좋은 직원 뽑는 면접 방법

면접은 직원에게도 긴장되는 일이지만 사장님에게도 부담스러운 일이다. 괜한 부담감에 면접을 대충 보고 채용했다가는 그 여파를 고스란히 떠안게 된다. 그렇다면 면접에서 내 장사에 알맞은 지원자를 가려내기 위해 무엇을 물어봐야 할까?

1 | 근무시간 외의 초과근무 가능 여부

초과근무는 사장님도 직원도 피하고 싶은 일이다. 하지만 장사를 하다 보면 예상치 못한 일손 부족에 부딪치는 경우가 많고, 이럴 때 근무시간 외에도 초과근무가 가능한 직원은 큰 힘이 된다. 초과근무를 시킨다면 언제 가능한지, 이 직장 외에 다른 일은 무엇을 하고 있는지를 파악해두면 일정과 인력관리에 도움이 될 것이다.

2 | 거주지역과 통근시간

면접자가 사는 지역이 어디인지, 그리고 일하기 위해 어떤 교통편으로 얼마나 걸려서 오는지를 물어보자. 거리가 멀고 통근하기가 어려울수록 예상치 못한 결근이 잦을 확률이 높다. 그래서 많은 장사꾼이 알바생을 고용할 때 인근 거주자를 찾는다.

3 | 일하는 이유는 무엇인지

누구나 돈이 필요하지만 돈이 필요한 정도는 다르다. 당장 생활비가 부족해 일을 하는 사람이 있는 반면, 시간이 남아 소일거리로 일을 하는 사람도 있다. 남는 시간에 일하려는 지원자에게 책임감을 요구하기는 어렵지만, 그것은 당장 생활이 빠듯한 사람에게도 마찬가지다. 일에 집중할 여력이 없을 수 있다는 말이다. 따라서 왕초보 장사꾼은 자신의 업종에 어느 정도의 업무 주도성이 필요한지를 파악한 다음, 지원자가 일하는 이유가 무엇인지를 알아내 판단하면 된다.

4 | 관련 업무 경험이 있는지 여부

직원과 알바생을 뽑을 때 관련 업무 종사 경험이 있다면 좋을 것이다. 면접 때 구체적으로 어떤 매장에서 어떤 일을 했는지 물어보면 업무에 대한 태도와 숙련도를 파악할 수 있다.

5 | 비상연락망

실제로 일을 해보면 알겠지만 생각 이상으로 많은 알바생이나 직원이 말없이 일을 그만둔다. 그리고 양심이 찔려서 그러는 건지 연락을 아예 받지 않고 피하는 경우도 많다. 이럴 경우 당장 일손이 부족한 문제는 어떻게 달리 해결한다 하더라도 남은 임금을 전달하고 다음 직원을 뽑기 위해서는 꼭 비상연락망이 필요하다.

근로계약서 정복하기

표준근로계약서로 기본기를 다져보자!

근로계약서를 처음 작성한다면 고용노동부에서 제공하는 표준근로계약서 양식을 사용하거나 그것을 참고해 새로 작성하면 된다. 표준근로계약서에는 근로계약에 필요한 기본적인 사항이 모두 포함되어 있으며, 단기근로인지 아르바이트인지 등 근로형태에 따라 양식이 모두 갖추어져 있다. 고용형태에 알맞은 표준근로계약서를 그대로 사용해도 좋고, 특약을 덧붙여 사용하거나, 참고해서 내 가게만의 근로계약서를 만드는 것도 한 방법이다.

고용노동부 www.moel.go.kr

표준근로계약서는 고용노동부 홈페이지(www.moel.go.kr)에서 '근로계약서'를 검색해 다운받으면 된다.

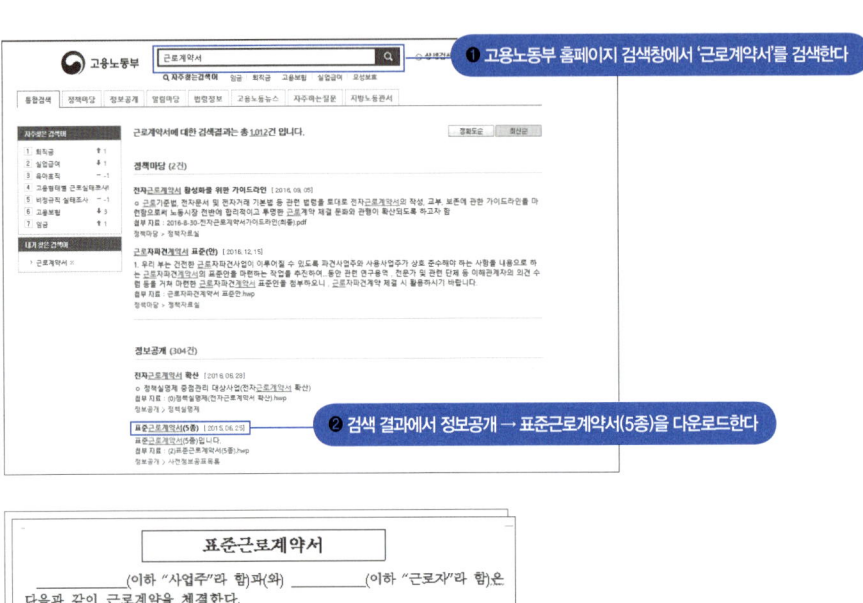

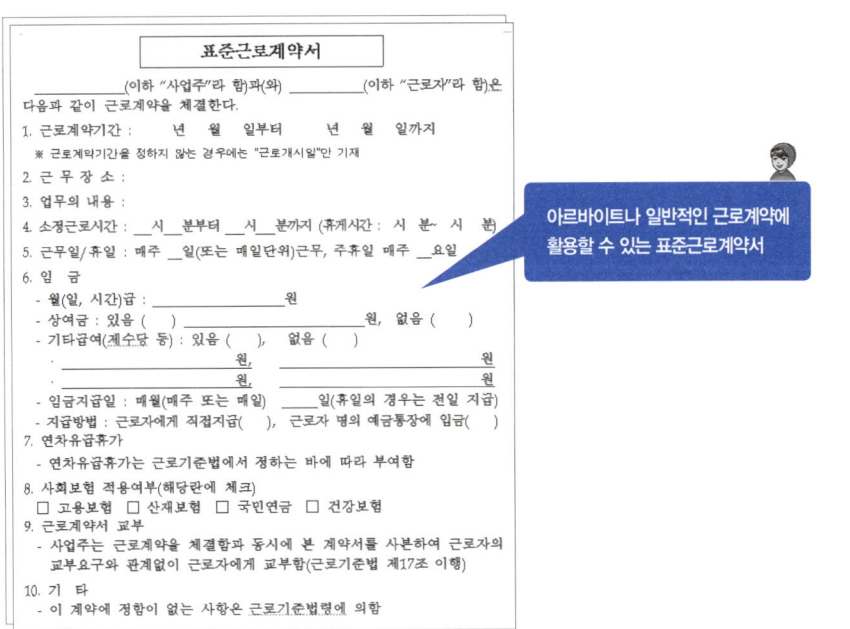

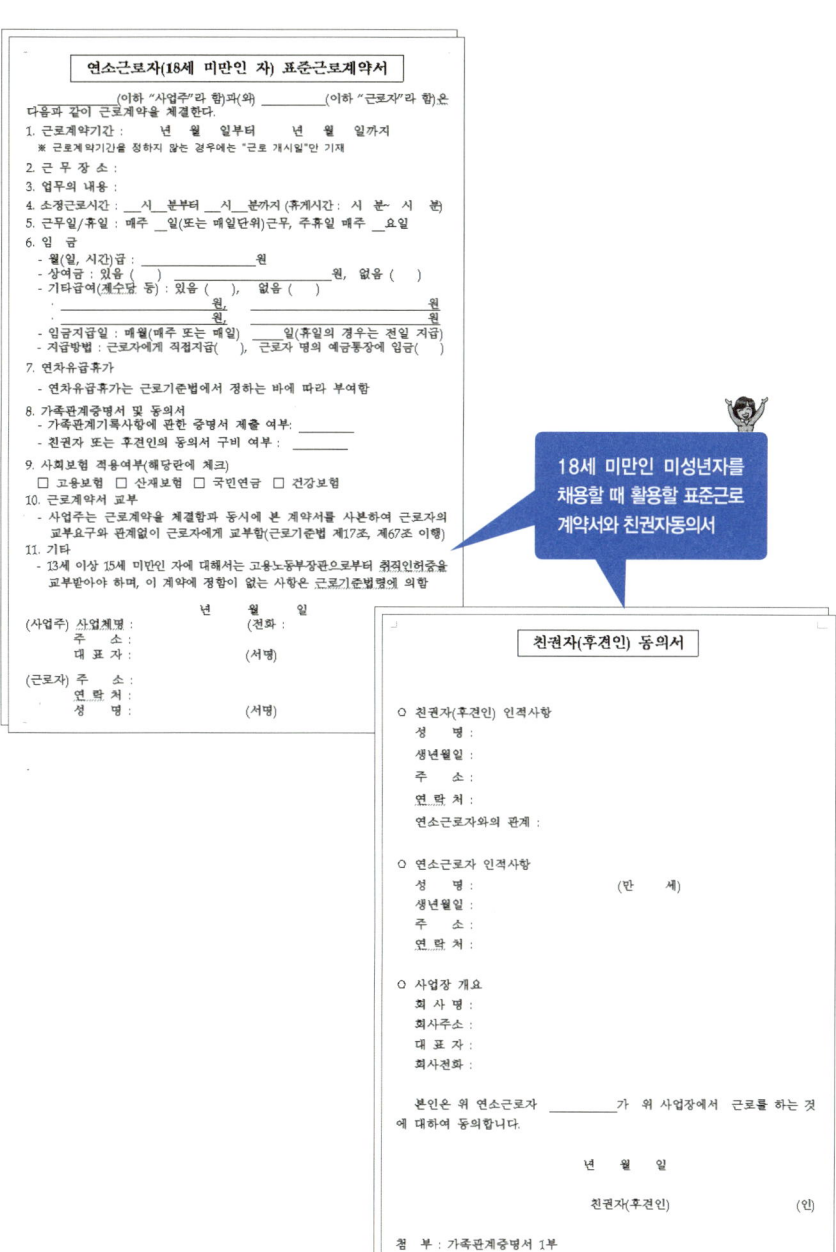

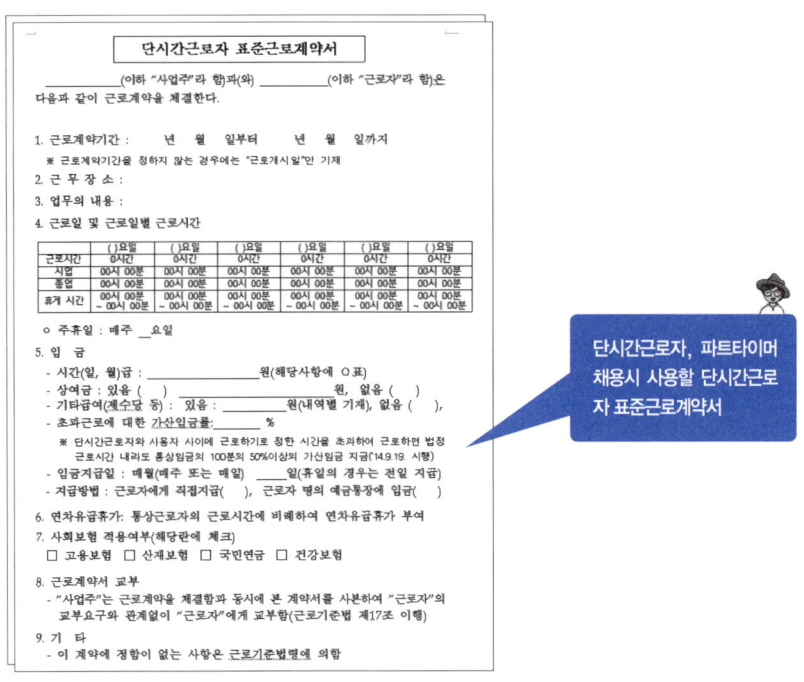

근로계약서에는 장사의 업종이나 내용에 따라 자유롭게 특약을 추가할 수 있다. 특약을 추가할 경우, 근로자한테 근로계약을 체결할 때 추가한 내용에 대해 충분히 이야기하고 숙지할 수 있도록 안내해야 한다.

단, 근로계약서에 이것저것 특약을 적어놓고 상호 동의하에 근로계약을 체결하더라도 그 특약이 고용노동법을 위반한다면 아무런 효과도 없다. 법적 효력은 법에 맞는 부분까지만 적용되는 것이다. 예를 들어서 알바생이 근로계약서상의 근로계약기간을 지키지 않고 3개월 이내에 그만둔다면 최저시급을 지급하겠다는 내용을 추가하는 경우가 있다. 이런 부분은 고용노동법상으로 보장된 부분이 아니기 때문에 적용될 수 없다.

단시간근로자 계약시 근로일과 근로시간 쓰는 법

단시간근로자는 표준근로계약서를 쓸 때 근로일과 근로시간을 따로 적는다. 이때 다양한 사례가 나올 수 있다. 다음은 '단시간근로자 표준근로계약서'에 첨부된 사례를 정리한 것이다. 단시간근로자와 계약서를 작성할 때 참고하기 바란다.

예시 1 | 주 5일, 하루 6시간(근로일별 근로시간 같음)
- **근로일** : 주 5일
- **근로시간** : 매일 6시간
- **시업시각** : 09시 00분
- **종업시각** : 16시 00분
- **휴게시간** : 12시 00분부터 13시 00분까지
- **주휴일** : 일요일

예시 2 | 주 2일, 하루 4시간(근로일별 근로시간 같음)
- **근로일** : 주 2일(토, 일요일)
- **근로시간** : 매일 4시간
- **시업시각** : 20시 00분
- **종업시각** : 24시 00분
- **휴게시간** : 별도 없음
- **주휴일** : 해당 없음

예시 3 | 주 5일, 근로일별 근로시간 다름

	월요일	화요일	수요일	목요일	금요일
근로시간	6시간	3시간	6시간	3시간	6시간
시업시각	09시 00분	09시 00분	09시 00분	09시 00분	09시 00분
종업시각	16시 00분	12시 00분	16시 00분	12시 00분	16시 00분
휴게시간	12시 00분 ~ 13시 00분	—	12시 00분 ~ 13시 00분	—	12시 00분 ~ 13시 00분

• **주휴일** : 일요일

예시 4 | 주 3일, 근로일별 근로시간 다름

	월요일	화요일	수요일	목요일	금요일
근로시간	4시간	—	6시간	—	5시간
시업시각	14시 00분	—	10시 00분	—	14시 00분
종업시각	18시 00분	—	17시 00분	—	20시 00분
휴게시간	—	—	13시 00분 ~ 14시 00분	—	18시 00분 ~ 19시 00분

• **주휴일** : 일요일

상생 근로계약서 작성법

5인 이하 사업장은 야간수당 없다는 사실 고지할 것

    왕초보 장사꾼 역시 근로계약서를 작성하는 것이 처음이겠지만, 장사꾼이 고용하려는 직원 또는 알바생 역시 이 매장에서 근로계약을 체결하는 일은 처음일 것이다. 점포마다 사정이 다르고, 추가하거나 변경해야 하는 특약사항이 다 다르기 때문에 충분히 설명하는 것이 중요하다.

    부기곰탕이 첫 채용으로 알바생을 3명 고용하고, 그 3명 모두 근로시간이 1주에 15시간이 되지 않는다면 상시근로자가 5인이 되지 않는다. 그렇다면 각종 추가수당(연장근로수당, 야간근로수당, 휴일근로수당. 단 주휴수당◆ 제외)을 지급할

◆ **주휴수당** : 1주에 15시간 이상 일한 근로자에게 하루치 유급휴가를 제공하는 것. 정규직, 비정규직 모두 해당된다. 자세한 내용은 47장 참고.

조건에 해당하지 않는다. 그러나 근로조건에 대한 관심이 많아지면서 각종 추가수당을 지급하지 않는 점포에 대한 부정적인 인식 역시 커졌다. 따라서 부기곰탕의 경우 **첫 채용에서는 아직 근로자가 5인이 되지 않은 영세한 업장이므로 근로계약서상의 추가수당 지급 부분에 해당사항이 없다는 사실을 설명해줘야 할 것**이다. 그렇지 않으면 오해와 분쟁이 발생할 수 있다.

근로계약서, 3년은 보관하라

그런 일은 일어나지 않는 것이 최선이겠지만, 간혹 근로자와 분쟁이 발생하는 경우가 있다. 특히 그만두고 어느 정도 시간이 지난 근로자와 분쟁이 발생하는 경우가 많다.

예를 들면 이런 경우다. 근로계약서상 추가수당 지급에 해당하지 않는 영세한 사업장일 때 일하다가 그만둔 알바생이 있다. 이 알바생은 사장님과 잘 지냈고, 성실히 일하다가 깔끔하게 송별회까지 하고 그만두었다.

그런데 이 알바생, 일을 그만둔 지 3년 가까이 지난 뒤에 친구와 이야기를 하다가 옛날에 일한 가게 이야기가 나왔다. 알바생의 이야기를 가만히 듣던 친구가 묻는다.

"그런데 주휴수당은 받았어?"

사장님을 믿고 따랐던 알바생은 충격을 받는다. 주휴수당이라니. 그런 것을 받을 수 있는지도 몰랐고, 받을 수 있다면 사장님이 어련히 주시겠거니 생각했다. 계산해보니 족히 50만원은 못 받은 것 같다. 학생에게는 아주 큰 돈이다. 밤새 인터넷을 검색하며 고민에 뒤척이던 알바생은 결국 지방고용노동청에 요청한다.

"주휴수당을 못 받은 것 같아요, 대신 받아주세요."

실제로 알바생을 고용해 장사를 꾸리다 보면 심심찮게 접하는 일이다. 위 상황에서는 누구도 서로에게 피해를 주려고 의도하지 않았다. 사장님은 주휴수당을 줄 필요가 없으니 주지 않았고, 알바생은 그 사실을 몰랐기 때문에 억울할 뿐이다.

이럴 때 지방고용노동청은 사장님과 알바생을 실제로 만나게 하지 않더라도 계약의 사실관계를 확인하고 분쟁을 조정한다. 따라서 실제로 두 사람이 만나 얼굴을 붉힐 일은 많지 않다. 단지 노동청이 요청하는 자료를 사장님이 잘 제공하기만 하면 된다.

근로계약서는 이처럼 시간이 지난 고용에 대한 사실관계를 확인하는 데에도 쓰인다. 이때 장사꾼은 사용증명서를 준비해 제출해야 한다. 사용증명서는 근로자의 퇴직 후 3년까지 요청할 수 있다. 그러므로 근로계약이 끝난 계약서라도 최소 3년은 보관하고 있어야 한다.

고용노동청은 사장님과 근로자 사이의 분쟁을 해결한다

사용증명서 제출 기간은 최장 3년! 이 기간 동안은 근로계약서를 보관해야 한다

근로계약서 관리가 어렵다면? 노무사를 만나라

장사 초기에는 근로계약서를 쓸 일이 자주 있지 않을 것이다. 하지만 점포가 자리를 잡고 영업시간을 지키다 보면 채용은 피할 수 없다.

직원관리도 장사의 한 부분이다. 하지만 면밀히 신경쓰기 어렵다. 이럴 때는 노무사를 만나면 된다. 장사꾼과 자영업자를 위한 노무사가 많고, 이들에게 **노무관리를 받으면 1달에 15만원 선에서 합리적이고 정확한 조언**을 들을 수 있다. 그리고 남는 여력으로 장사에 매진하면 될 것이다.

최저임금 인상으로 인한 정부지원금 계획

최저임금이 인상되면 영세기업은 부담이 크다. 정부는 2018년부터 최저임금 보조금 약 3조원을 지원하기로 하고 세부안을 마련, 현재 예산 통과를 앞두고 있다. 노동자 1명당 월 13만원을 보조한다는 것이 핵심이다. 하지만 야당의 반대도 있어서 집행 여부는 두고 봐야 할 것 같다.

일자리 안정 기금(기획재정부, 고용노동부) 내용

지원 예산	2조 9,704억원
지원 대상	약 300만명
지원액	노동자 1명당 월 13만원 (주 40시간 이상 근로 기준)
지원 조건	• 최저임금 120% 이하 노동자 • 1개월 이상 고용 유지 • 30명 미만 고용 사업체 • 고용보험 가입 • 최저임금 준수
지원 방법	사업주가 임금 지불 후 근로복지공단 등에 신청하면 지급

최저시급, 주휴수당 모르면 나쁜 사장님

상시근로자 5인 이상 점포, 근로기준법 적용!

상시근로자는 하루를 기준으로 일하는 근로자를 말한다. 구체적으로 들어가면 1달 동안 매일 몇 명이 일했는지를 평균으로 계산한 것이다. 예를 들어 3월 중 절반인 15일은 3명이 일했고 나머지 15일은 5명이 일했다면 평균은 4명이 될 것이다.◆ 이런 경우 지금부터 살펴볼 상시근로자 5인 이상에 해당하는 근로기준법에 적용되지 않는다. 단, 주휴수당은 상시근로자 5인 여부와 상관없이 1주에 15시간 이상 일한 근로자라면 누구나 지급해야 한다.

◆ 근로자는 고용형태를 불문하고 모두 포함한다. 예를 들어 일용직, 단시간근로자는 물론 같이 동거하며 일하는 친족까지 포함한다.

사장님이 꼭 알아야 할 급여 관련 근로기준법

사실 대부분의 분쟁은 돈과 관련해 일어난다. 그것은 사장님과 직원 사이에서도 마찬가지다. 왕초보 장사꾼이 꼭 알아야 하는 급여 제도는 다음과 같다.

1 | 최저시급

2017년 최저시급은 6,470원이고 **2018년에는 16.4% 인상해 7,530원**이 될 예정이다. 최저시급은 말 그대로 최소한 이만큼의 시급은 지급해야 한다는 개념이므로, 이보다 높은 것은 문제가 없으나 낮으면 분쟁이 발생한다.

근로기준법상에는 이와 함께 4가지 수당이 등장한다. **주휴수당, 연장근로수당, 야간근로수당, 휴일근로수당**이다. 수당은 2018년 시급을 기준으로 설명하겠다.

2 | 주휴수당

주휴수당은 1주에 15시간 이상 일한 근로자에게 하루치 유급휴가를 제공하는 것이다. 예를 들어 하루에 3시간씩 월요일부터 금요일까지 일하면 최저시급(7,530원) 기준으로 주급은 112,950원(7,530원×3시간×5일)이 된다. 그리고 이는 주휴수당을 받을 수 있는 조건에 해당하므로, 하루치인 22,590원(7,530원×3시간)을 추가로 지급해 최종 주급이 135,540원(112,950원+22,590원)이 된다.

여기서 **주휴수당을 포함한 최종 주급을 일한 시간으로 나누면 실질적인 시급은 9,036원**이 된다. 이에 '주휴수당 포함'한 시급을 제시해 직원을 모집하는 경우도 있다.

그렇다면 같은 15시간을 3일에 걸쳐 일한다면 어떻게 될까? 예를 들어 하루에 5시간씩 월화수 3일만 일하는 알바생을 생각해보자. 15시간을 일했다는 사실은 위의 사례와 동일하지만 일당은 다르다. 그렇다면 위 알바생과 형평성에서 문제가 생길 것이다. 그래서 **주휴수당을 똑같이 지급하기 위해 '하루 평균 근로시간'을 계산**한다. 그 공식은 다음과 같다.

하루 평균 근로시간 계산법

$$\underset{\text{1주간 근로시간}}{15\text{시간}} \div \underset{\text{1주간 법정근로시간}}{40\text{시간}} \times \underset{\text{일일 법정근로시간}}{8\text{시간}} = \underset{\text{하루 평균 근로시간}}{3\text{시간}}$$

그렇다면 15시간을 5일간 근무한 사람이든 3일간 근무한 사람이든 **하루 평균 근로시간은 3시간으로 동일하므로 주휴수당 역시 22,590원으로 동일함**을 알 수 있다.

3 | 연장근로수당

주휴수당을 제외한 나머지 3가지 수당, 즉 연장근로수당, 야간근로수당, 휴일근로수당은 근로시간을 초과하거나 밤에 근로하는 근로자를 위한 것이다. 모두 **통상임금의 50%를 가산해 지급**해야 한다.

하루 8시간씩 5일간 일하는 알바생이 가게의 사정상 9시간을 일하고 가는 상황을 생각해보자. 단순계산으로는 67,770원(7,530원×9시간)이지만, 근로를 연장한 1시간에는 급여의 50%인 3,765원이 가산되어 총 71,535원을 지급해야 한다. 단, 연장근로수당은 주 40시간, 일 8시간 이상 근로하는 경우에만 해당된다.

시간	10시	11시	12시	13시	14시	15시	16시	17시	18시	19시	합계
근로시간	1H	2H	3H	점심시간	4H	5H	6H	7H	8H	초과 1H	
기본급여	7,530원	7,530원	7,530원		7,530원	7,530원	7,530원	7,530원	7,530원	7,530원	67,770원
연장근로수당										3,765원	3,765원
총 수령액											71,535원

4 | 야간근로수당

매일 밤 10시(22시)부터 다음날 아침 6시(06시)까지 근로하는 경우 야간근로수당이 적용된다. 저녁 8시에 출근해 새벽 2시에 퇴근하는 알바생이라면 총 근로시간은 6시간이며 45,180원(7,530원×6시간)이다. 여기서 밤 10시부터 새벽 2시까지 4시간은 야간근로수당이 적용되므로 15,060원(3,765원×4시간)이 가산되어 총 60,240원을 지급한다.

시간	20시	21시	22시	23시	24시	1시	합계
근로시간	1H	2H	야간 1H	야간 2H	야간 3H	야간 4H	
기본급여	7,530원	7,530원	7,530원	7,530원	7,530원	7,530원	45,180원
야간근로수당			3,765원	3,765원	3,765원	3,765원	15,060원
총 수령액							60,240원

5 | 휴일근로수당

휴일로 정해진 날에 근로하는 경우 휴일근로수당이 적용된다. 여기서 휴일이란 주휴일과 근로자의날을 말한다. 주휴일은 바로 주휴수당이 적용되는 날이다. 즉 1주일 중 하루 설정한 주휴일에 근로하면 휴일근로수당이 적용되는 것이다. 주휴일 하루 8시간을 일한 알바생이라면 모든 근로시간에 50%를 가산해 총 90,360원을 지급해야 한다.

시간	10시	11시	12시	13시	14시	15시	16시	17시	18시	합계
근로시간	1H	2H	3H	점심시간	4H	5H	6H	7H	8H	
기본급여	7,530원	7,530원	7,530원		7,530원	7,530원	7,530원	7,530원	7,530원	60,240원
휴일근로수당	3,765원	3,765원	3,765원		3,765원	3,765원	3,765원	3,765원	3,765원	30,120원
총 수령액										90,360원

6 | 만약 추가수당 조건이 중첩되면?

알바생이 위 추가수당 중 2가지 이상에 중복되는 상황도 있을 수 있다. 그럴 경우 50% 가산을 곱하는 것이 아니라 더하게 된다. 즉 2가지가 중복된다면 100% 가산, 3가지가 중복된다면 150% 가산하는 것이다.

예를 들어 주휴일에 출근한 알바생이 1시간 연장근로를 하고 3시간 야간근로를 했다면 계산은 다음과 같다.

시간	16시	17시	18시	19시	20시	21시	22시	23시	24시	1시	합계
근로시간	1H	2H	저녁시간	3H	4H	5H	6H	7H	8H	9H	
기본급여	7,530원	7,530원		7,530원	7,530원	7,530원	7,530원	7,530원	7,530원	7,530원	67,770원
연장근로수당										3,765원	3,765원
야간근로수당							3,765원	3,765원	3,765원	3,765원	15,060원
휴일근로수당	3,765원	3,765원		3,765원	3,765원	3,765원	3,765원	3,765원	3,765원	3,765원	33,885원
총 수령액											120,480원

고용형태별 수당 적용 여부는?

지금껏 살펴본 것처럼 다양한 수당이 존재하는데, 고용형태에 따라 적용되는 경우가 있고 그렇지 않은 경우가 있다. 이를 정리하면 다음과 같다.

◆ 상시근로자 5인 이상 사업장인 경우 ◆

	정직원	아르바이트	일용직
주휴수당	○	주 15시간 이상 근무하는 경우 ○	×
초과수당 (연장근로수당, 야간근로수당)	○	○	정한 시간 이상인 경우 ○
퇴직금	○	주 15시간 이상 근무하는 경우 ○	×

퇴직금에 대해서는 48장 참고!

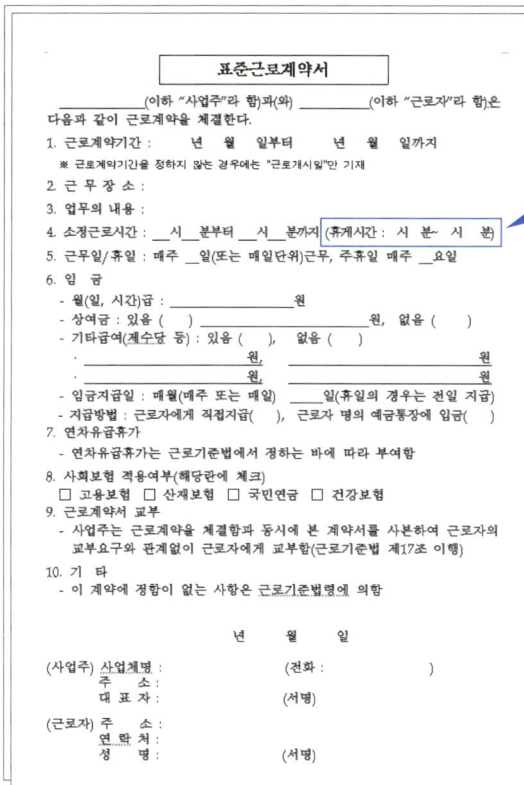

> 표준근로계약서에는 휴게시간도 따로 지정하도록 되어 있다. 휴게시간 작성 예시는 259쪽 〈장사왕 Tip〉 참고.

수당만큼 중요한 근로시간

근로계약을 할 때는 수당만큼 근로시간을 잘 정하는 것도 중요하다. 고용노동법상 적정 휴게시간이 있다. 4시간 근무했다면 30분, 8시간 근무했다면 1시간의 무급 휴게시간을 주어야 한다. 이 시간은 보통 식사시간으로 활용된다.

장사는 대부분 서비스업이라서 중간에 시간을 비우기 어려운 경우가 많다. 그래서 부득이할 경우 휴게시간이 겹치게 고용하거나 시간을 짧게 여러 명을 고용하는 방법도 있다.

4대보험과 퇴직금도 인건비에 포함!

4대보험, 꼭 가입해야 하는 사회제도

4대보험은 ① 국민연금보험, ② 국민건강보험, ③ 고용보험, ④ 산재보험, 이 4가지를 통틀어 부르는 말이다. 4대보험은 비단 직장인에게만 해당하는 것이 아니라 장사꾼이 고용한 직원과 알바생에게도 적용된다.

그렇다. 알바생이나 일용직근로자라 하더라도 4대보험 가입 대상이다. 흔히 알바생과 일용직근로자는 4대보험을 들지 않는다고 알려져 있으나, 어떤 것에 가입할지 차이가 있을 뿐 대상인 것은 맞다.

4대보험 가입 대상은 누구인가?

4대보험은 각각 가입할 조건과 대상이 다르다. 이 조건을 정리하면 다음과 같다.

◆ **4대보험 가입 조건과 대상** ◆

	국민연금보험	국민건강보험	고용보험	산재보험
정직원		○	고용했다면 의무	1명이라도 고용하면 의무
아르바이트	주 15시간 이상, 월 8일 이상 근로시 의무			
일용직	주 15시간 이상, 월 60시간 이상 근로시 의무			

4대보험 대상이 아닌 경우는?

4대보험 가입 대상이 이토록 많은데, 그렇다면 대상이 아닌 경우는 무엇일까? 아르바이트생 혹은 일용직근로자가 다음 조건에 해당되는 경우 4대보험 가입 대상이 아니다.

- 주 15시간 미만 근무
- 월 60시간 미만 근무
- 월 8일 미만 근무
- 3개월 미만 근무

1 | 국민연금보험과 국민건강보험

주 15시간, 월 8일 또는 60시간 이상 일하는 근로자라면 모두 가입 대상이다. 근로계약 방식이 정직원이든 계약직이든 노동법은 동등하게 본다. 가입 대상인지를 구분하는 유일한 기준은 근로시간뿐이다. 따라서 알바생이든 일용직 근로자든, 주 15시간과 월 60시간 이상 일하는 조건을 만족시킨다면 국민연금보험과 국민건강보험에 가입해야 한다.

2 | 고용보험

고용보험은 여기서 조금 더 확대된다. **1달을 채우지 않은 계약직이나 파트타이머** 역시 고용보험의 가입 대상에 해당한다.

3 | 산재보험

산재보험은 사업주, 그러니까 장사를 하는 사장님이 가입하는 것이다. 산재보험은 **단 1명이라도 직원을 고용했다면 모든 직원이 가입 대상**이다.

이처럼 직원이나 알바생을 채용한다면 대부분 4대보험에 가입해야 한다는 사실을 알 수 있다. 그러나 아르바이트나 일용직 채용의 경우 사장님뿐 아니라 근로자도 가입을 꺼리는 경우가 많다. 예를 들어 아직 졸업이 한참 남은 학생이 아르바이트를 하는 경우, 국민연금을 가입하기에는 사회에 첫발을 내디딜 날이 멀고 의료보험은 부모님과 묶여서 지불되고 있을 수 있다. 그래서 본의 아니게 융통성을 발휘해야 하는 경우가 생긴다.

청소년 고용시 신경써야 할 부분은?

청소년을 고용할 때는 부모의 동의가 필요하다. 단순히 동의서에 사인을 받아오는 것으로 끝내서는 안되고, 면접을 볼 당시 채용 의사가 있다면 부모님의 연락처를 받는 것이 좋다. "면접을 보러 온 것을 부모님이 아느냐?"고 물어보고 바로 그 자리에서 확인 전화를 한다.

부모의 동의 없이 근로를 하다가 부모님이 찾아오는 경우도 많다. 청소년이 부모의 동의를 원하지 않는 경우 엉뚱한 연락처를 적어서 동의 없이 취업하기도 한다. 그런 연락처에 전화를 해보면 어른 목소리가 나지만 실제로는 동년배 친구인 경우가 많다.

4대보험, 얼마나 지불해야 할까?

4대보험은 사업주와 근로자가 절반씩 부담하게 된다. 급여명세서를 받아본 적이 있다면 자신의 급여에서 4대보험의 각 보험 명목으로 금액이 빠져나간 것을 본 적이 있을 것이다. 그것과 같은 액수를 사업주가 부담한 셈이다.

4대보험 요율은 다음 쪽 표와 같다. 2018년 최저시급을 기준으로 월 법정근로시간인 209시간 동안 일하는 직원에게 4대보험으로 얼마를 부담해야 하는지 계산해보았다. 급여는 1,573,770원이 나가며, 여기에 추가로 157,377원을 4대보험으로 내야 한다는 것을 알 수 있다.

◆ **최저시급(7,530원) 기준 4대보험 요율과 실제 지출액** (단위 : 원) ◆

		보험료 총액	사업자 부담금
국민연금		141,639	70,820
9%			
고용주	근로자		
4.50%	4.50%		
건강보험		96,315	48,157
6.12%*			
고용주	근로자		
3.06%	3.06%		
고용보험		20,459	14,164
1.30%			
고용주	근로자		
0.90%**	0.65%		
산재보험		24,236	24,236
1%			
고용주	근로자		
1%***	0%		
합계		282,649	157,377

* 장기요양보험료 별도. 장기요양보험료는 건강보험료의 6.55%로, 이 경우에는 3,150원 추가
** 고용주는 고용안정개발사업 부문 0.25% 추가 부담
*** 산재보험은 고용주가 전액 부담. 일반적으로 음식점업은 1%

잊고 지내면 크게 불어나는 퇴직금

정직원뿐 아니라 알바생에게도 퇴직금이 있다. 퇴직금은 1년 이상 근로한 근로자, 1주 근로시간이 평균 15시간 이상인 근로자에게 지급해야 한다. 간단히 말하면 **근로자가 퇴직할 때 1년당 1달의 월급을 지급**한다고 생각하면 된다. 5년을 일한 근로자가 퇴직한다면 5달치 월급을 퇴직금으로 지급하게 된다.

그래서 퇴직금을 미리 꾸준히 마련해두는 것이 중요하다. 장사꾼이 별도의 계좌에 퇴직금을 모아두지 않으면 근로자의 퇴직에 맞추어 퇴직금을 못 주고, 안 줬다는 오해를 사 분쟁이 일어날 수 있다.

장사꾼 입장에서는 퇴직금이 갑작스러운 큰 지출처럼 느껴질 수도 있다. 그래서 퇴직연금제도를 활용하기도 있다. 퇴직연금제도는 확정급여형◆과 확정기여형◆◆으로 나뉜다. 확정급여형은 기존 퇴직금과 동일하게 지급할 금액을 정해놓고, 그중 일정액을 금융기관에 적립해두는 방식이다. 확정기여형은 매달 급여의 1/12에 해당하는 금액을 예금펀드형 계좌에 쌓아두는 방식이다. 두 방법 모두 직접 퇴직금을 모아두는 것보다는 강제성이 강하고 안정적이다.

이러한 퇴직금은 장사를 시작한 첫해에는 크게 드러나 보이지 않지만 해를 거듭할수록 지급해야 하는 금액이 불어나게 된다. 5년간 일한 종업원이 그만둔다면 퇴직금만 1,000만원에 육박한다. 이런 거금을 한번에 내놓기란 쉽지 않

◆ **확정급여형 퇴직연금**(DB, Defined Benefit) : 근로자가 받을 퇴직급여를 사전에 확정하고, 사업주가 일정액을 적립하는 연금제도.
◆◆ **확정기여형 퇴직연금**(DC, Defined Contribution) : 근로자가 받을 퇴직급여를 퇴직연금 계좌에 적립하고, 이 적립금을 근로자가 직접 운용해 그 결과에 따라 퇴직급여가 결정되는 연금제도.

은 일이다. 따라서 **퇴직금을 직접 안정적으로 운용할 자신이 없다면 금융기관을 통해 관리하길 추천**한다.

퇴직금 제도를 정리하면 다음과 같다.

◆ **퇴직금과 퇴직연금 제도 비교** ◆

	퇴직금	확정급여형	확정기여형
지급 형태	일시금	일시금 또는 연금	일시금 또는 연금
급여 수준	근속 1년당 평균임금 30일분	근속 1년당 평균임금 30일분	근로자의 운용실적에 따라 변동
사업주 부담	근속 1년당 평균임금 30일분	근속 1년당 평균임금 30일분	연간 임금 총액의 1/12
적립 방식	자율	부분 금융기관 적립, 부분 보장	전액 금융기관 적립, 전액 보장
적립금 운용	해당 없음	사업주	근로자

갑작스런 해고, 법적 제지 조항은?

먼저 상시근로자수가 5인 미만인 경우에는 정당한 이유가 없더라도 해고가 가능하다. 악용해서는 안되겠지만, 법적으로는 그렇다. 정말 어쩔 수 없이 당장 내일부터 나오지 말라는 이야기를 해야 한다면 어떻게 해야 할까? 1달치 급여를 지급해야 한다. 이것이 해고예고수당이다. 이런 상황을 피하려면 애초에 근로계약을 할 때 짧게 계약하고 이어서 재계약하는 것도 한 방법이다.

영세사업자와 저임금근로자를 위한 두루누리사회보험

두루누리사회보험은 무엇인가?

두루누리사회보험은 영세사업자와 소득이 적은 근로자의 4대보험 가입을 장려하기 위한 정부사업이다. 두루누리사회보험의 혜택을 받는 사업장은 **근로자수가 10명 미만인 소규모 사업장**이다. 이중 월 평균 보수가 140만원 미만(2016년 기준)인 근로자를 대상으로 고용보험, 국민연금보험료의 40~60%를 지원해준다. 장사를 막 시작한 왕초보 장사꾼처럼 영세한 사업장일수록 4대보험의 부담이 큰데, 그 부담을 줄여주는 것이다.

두루누리사회보험의 한계

그러나 두루누리사회보험은 정책의 의도만큼 그 효과를 발휘하지 못하는 것으로도 자주 구설수에 오른다. 한국개발연구원의 분석에 따르면 두루누리사회보험 덕분에 사회보험에 가입한 근로자는 1.5%에 불과했다. 사회보험의 사각지대에 놓인 영세사업장과 저임금근로자를 지원하려는 정책이, 이미 4대보험에 가입한 소규모 사업장을 위한 정책으로 노릇하고 있다는 뜻이다.

실제로 장사를 하다 보면 사업주도 근로자도 4대보험에 가입하기를 꺼리는 경우가 많다. 소득이 노출되길 꺼리는 사업주도 있고, 가족과 함께 묶여 있는 의료보험을 자신이 내야 하는 것이 부담스러운 알바생도 있다. 면접을 진행하다 보면 4대보험 가입 여부를 물어보고 가능하면 가입하지 않기를 희망하는 사람을 심심찮게 만난다.

4대보험은 미래를 위한 투자의 일종이다. 그러나 그것은 이상적인 말일 뿐, 진정 사각지대에 놓인 영세사업자나 저임금근로자에게는 빼앗기는 돈으로 여겨질 뿐이다. 하루 벌어 하루 살기 급급하니 미래를 위한 투자를 할 여력이 없는 것이다.

이처럼 사회적인 효과가 아쉬운 두루누리사회보험이지만, 왕초보 장사꾼이 직원을 채용해 가게를 꾸릴 예정이라면 알아볼 만한 가치는 충분하다. 국번 없이 1355로 전화를 걸면 언제든지 가입할 수 있다.

파트타이머 채용 시 인건비 절약 노하우

총정리! 최저시급으로 사람 하나 채용할 때 인건비

법정근로시간인 월 209시간을 일할 직원 1명을 1년간 고용한다고 할 때 실질적으로 부담해야 하는 금액은 최저시급(7,530원)을 받는 직원을 기준으로 다음 표와 같이 총 22,347,528원이다.

◆ 정직원, 풀타임 아르바이트 고용시 월별·연간 인건비 ◆

	월별 지급	연간 지급
총급여	1,573,770원	18,885,240원
4대보험	157,377원	1,888,524원
퇴직금(적립)	131,147원	1,573,764원
합계	1,862,294원	22,347,528원

결국 최저시급 7,530원으로 직원을 고용하더라도 실질적으로는 시급으로 8,978원을 지불하는 셈이다. 무엇보다도 이것은 최저시급 기준일 뿐이며, 지불해야 하는 최소치에 해당한다. 여기에 장사 상황에 따른 각종 추가수당이 붙으면 실제 시급은 더욱 올라간다.

사람을 고용한다는 것은 책임을 지는 일이다. 책임을 지려면 상황을 정확히 파악할 수 있어야 한다. **최저시급만 알고 장사를 계획했다면 4대보험이나 퇴직금, 각종 수당을 추가로 지불해야 할 때 곤란에 빠질** 것이다.

피크타임만 고용하면 인건비 절약 가능!

책임을 지라면 지겠으나 막 장사를 시작한 왕초보 장사꾼에게는 각종 수당과 4대보험, 퇴직금까지 모두 챙기는 것이 무척 버거운 일일 것이다. 그래서 법적으로 허용되는 한도 내에서 인력을 관리하는 것은 장사꾼이 인건비를 줄이는 기본 소양이 된다. 대표적인 방법이 파트타이머를 고용하는 것이다. 파트타이머는 단기간고용자를 말한다. 영업시간을 잘게 쪼개서 꼭 추가인력이 필요한 시간에만 인건비를 지출하도록 조정하는 것이다.

부기곰탕은 직원을 3명 채용하면서 근로시간을 식사시간 위주로 배정했다. 닭곰탕 같은 요식업은 손님이 몰리는 시간이 정해져 있다. 점심시간과 저녁시간이다. 점심 장사를 하는 11~2시에 일할 파트타이머 1명과, 저녁 장사를 하는 5~8시에 일할 파트타이머 2명을 고용하는 식으로 인력을 배치했다. 구체적으로는 다음과 같이 파트타이머를 배치했다. 10시부터 3시까지, 4시부터 9시까지, 5시부터 10시까지, 총 3명의 파트타이머를 배치한 것이다.

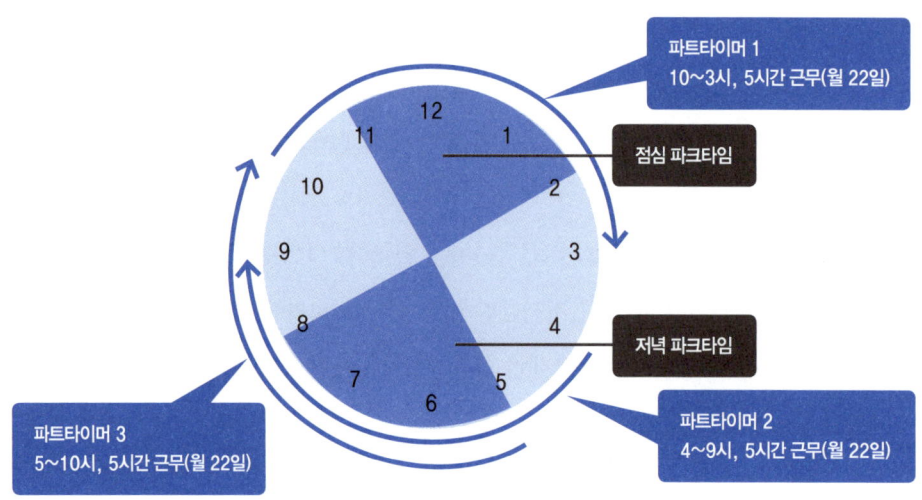

이렇게 **파트타이머를 고용해도 아직 상시근로자수가 5명이 되지 않으므로 주휴수당을 제외한 추가수당 지출은 없고**, 일손이 부족한 시간에 일을 도와줄 사람을 충분히 확보할 수 있다. 또한 근로자의 근로시간 자체가 줄었기 때문에 인건비도 절약할 수 있다.

파트타이머 근로자 3명(월 22일, 하루 5시간 최저시급으로 일하는 조건)을 채용한다면, 풀타임 아르바이트나 정직원을 2명(월 209시간 최저시급으로 일하는 조건) 채용하는 것보다 인건비가 저렴해지는데 그 차이는 다음과 같다. 참고로, 여기서는 간편한 비교를 위해 4대보험과 퇴직금은 포함하지 않았으나 실제로는 모두 지급해야 한다.

정직원 · 풀타임 아르바이트 인건비	파트타이머 인건비
3,147,540원	2,484,900원

종업원도 헤어지면 손님! 깔끔하게 헤어지자

직접 면접을 봐서 함께 일하게 된 직원이지만, 결국 언젠가는 헤어지는 날이 오게 마련이다. 부득이하게 인원 감축을 해야 할 때도 있고, 직원이 먼저 그만두겠다고 말할 때도 있다. 어떤 식으로 헤어지든, 근로계약이 끝나고 나면 또 하나의 손님이 된다고 생각하자. 깔끔하고 뒤탈 없는 마무리가 중요한 것은 이런 까닭이다.

근로계약을 해지할 때는 적어도 1달 전에 이야기해야 한다. 알바생 가운데에는 갑자기 연락을 끊거나 느닷없이 일을 그만두는 경우가 빈번한데, 그런 경우에도 일한 만큼의 일당은 지급해줘야 한다. 원칙상으로는 1달 전에 이야기해야 하지만 어쩔 수 없는 경우가 부지기수다.

하지만 반대로 사장이 알바생을 해고한다면 반드시 1달 전에 이야기해야 한다. 근로계약이 해지되고 나면 언제 내 손님이 될지 모르기 때문이다.

새로운 종업원 고용을 주저하지 마라

오랫동안 가게를 운영하다 보면 사장님만큼이나 가게 사정에 빠삭한 종업원이 1~2명 있게 마련이다. 돌발상황이 발생하더라도 잘 대처할 수 있는 믿음직한 종업원 말이다.
그러나 믿음직한 종업원이 있다고 너무 의지해서는 곤란하다. 결국은 종업원일 뿐인데 필요한 상황마다 출근해 일해주길 기대하다가는 서로 피곤해진다. 든든한 종업원 1명도 중요하지만, 여러 시간에 분배한 종업원 여러 명이 더 좋을 때도 있다. 영업시간에 변수가 많은 업종일수록 서로 보완하기도 좋다.

50 필수 세금 3종 — 원천징수, 부가가치세, 종합소득세

51 세무의 시작, 홈택스와 친해지기!

52 [필수 세금 1] 인건비의 마무리, 원천징수!

53 [필수 세금 2] 매출에 10%씩 붙는 부가가치세

54 [필수 세금 3] 돈을 벌면 무조건 내는 종합소득세

여섯째 마당

합법적으로 세금 아끼는 장사왕 비법

골목부자
월1천만원 장사왕

필수 세금 3종 — 원천징수, 부가가치세, 종합소득세

매출에서 세금까지 빼야 순수익!

1만원짜리 음식 1그릇을 팔아 매출 1만원 올랐다고 좋아하고 끝내기엔 순수익까지 갈 길이 멀다. 우리는 앞에서 이 매출 1만원에 각종 원가와 점포 임대료, 인건비 등이 포함되어 있다는 사실을 알아보았다. 지금부터는 매출 1만원에서 떼야 하는 세금에 대해서 알아볼 것이다.

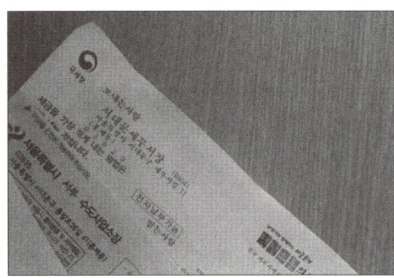

창업하면 날아오는 각종 세금고지서

세무신고를 위해 방문하는 세무서

내가 번 돈에 대해서는 착실하게 신고해서 세금을 내는 것이 국민의 도리라면, 동시에 **내가 번 돈에서 얼마나 뜯기는지를 알아서 덜 뜯기는 것은 장사꾼의 권리**다. 과연 나는 돈을 잘 벌고 있을까? 그 해답을 여기서 찾아보자.

핵심 세금 3가지 – 원천징수, 부가가치세, 종합소득세

세금 때문에 장사하기가 너무 어렵다는 말이 있다. 세금의 양이 부담스러워서 그렇기도 하지만, 세금제도 자체가 어렵고 접근성이 떨어지기 때문이기도 하다. 장사꾼을 대상으로 세금에 대한 기본적인 교육도 달리 없다. 용어도 낯설다.

결국 장사꾼이 세무사만큼 세무의 모든 것을 파악해야 할 필요는 없다. 하지만 어느 정도는 상식으로 알아두어야 기초적인 신고가 가능하고 세무사하고도 대화가 통한다. 특히 세무사가 장사꾼 1명만 봐주는 게 아니라서 할당된 시간 내에만 내 세무를 처리해주므로, 세무에 대해 질문하고 해결하려면 왕초보 장사꾼한테도 기초적인 지식이 있어야 한다. 여기서는 장사꾼이 알아야 하는 세무의 기초를 짚어볼 것이다.

장사를 할 때 내야 하는 핵심 세금은 3가지다. 바로 원천징수, 부가가치세, 종합소득세다.

❶ 원천징수	직원을 고용했을 때 직원이 내야 할 세금, 즉 소득세와 4대보험을 미리 떼어 대신 납부 → 52장
❷ 부가가치세	장사를 하는 과정에서 생성되는 부가가치에 대한 세금 → 53장
❸ 종합소득세	1년간 벌어들인 소득에 대한 세금 → 54장

한눈에 보는 1년 세금신고 로드맵

세금마다 신고하는 시기가 다르다. 기본적으로는 언제 납부하라고 알림이 오지만, 미리 1년치 세금신고 로드맵을 머릿속에 그려둔다면 갑작스런 지출에 대비할 수 있을 것이다. 1년간 내야 하는 세금의 납부시기는 다음과 같다.

◆ **세금 납부시기** ◆

분류		1분기	2분기	3분기	4분기
❶ 원천징수		매달 10일			
❷ 부가가치세	일반과세	모아서 7월 25일		모아서 1월 25일	
	간이과세	모아서 1월 25일			
	미부과	해당 없음			
❸ 종합소득세		5월 납부		11월 중간예납	

세금을 내지 않으면 어떤 불이익이 있나?

세금을 제때 안 내면 불이익이 크다

자금이 떨어졌든 세금을 낼 타이밍을 놓쳤든, 세금 납부는 개인의 사정과 관계없는 의무사항이다. 따라서 앞으로 알아볼 세금의 기본을 알고 미리 마음의 준비를 해두지 않으면 큰 불이익을 받을 수 있다. 신고와 납부를 불이행했을 때의 불이익은 다음과 같다.

1 | 신고불이행 가산세
① 종합소득세 : 무신고가산세 추징. 산출세액의 20%와 (복식부기대상자의 경우) 수입금액의 1만분의 7 중 큰 금액
② 부가가치세 : 무신고가산세 추징. 납부세액의 20%

2 | 납부불이행 가산세
납부기한 다음날부터 1일당 0.03%

3 | 가산금
- 체납된 국세의 3% 가산금 부과
- 체납된 국세가 50만원 이상인 경우 1개월당 1.2% 중가산금 부과

4 | 행정규제, 사업 제한
체납이 이어질 경우 재산 압류와 매각, 사업 정지, 출국 금지 등을 당할 수 있다.

납부기한 연장이 가능한 사유

한편 제한적이지만 납부기한 연장이 가능한 사유는 다음과 같다. 다음의 사유에 해당하는

경우 납부기한 3일 전까지 징수유예증명신청서를 관할세무서에 제출하면 된다.

① 천재지변이 발생한 경우
② 납세자 또는 동거 가족이 질병으로 위중하거나 사망해 상중인 경우
③ 납세자가 화재, 전화, 그 밖의 재해를 입거나 도난을 당한 경우
④ 납세자가 그 사업에서 심각한 손해를 입거나, 그 사업이 중대한 위기에 처한 경우(단, 신고는 해야 함). 그리고 납세자의 장부작성을 대행하는 세무사(세무법인 포함) 또는 공인회계사(회계법인 포함)가 화재, 전화, 그 밖의 재해를 입거나 도난당한 경우
⑤ 납세자의 형편, 경제적 사정 등을 고려해 기한의 연장이 필요하다고 인정되는 경우로서 국세청장이 정하는 기준에 해당하는 경우(단, 신고는 해야 함)
⑥ 정전, 프로그램의 오류, 그 밖의 부득이한 사유로 한국은행(그 대리점을 포함)과 체신관서 정보통신망의 정상적인 가동이 불가능한 경우
⑦ 금융기관 또는 체신관서의 휴무, 그 밖의 부득이한 사유로 정상적인 세금 납부가 곤란하다고 국세청장이 인정하는 경우
⑧ 권한 있는 기관에 장부나 서류가 압수 또는 영치된 경우

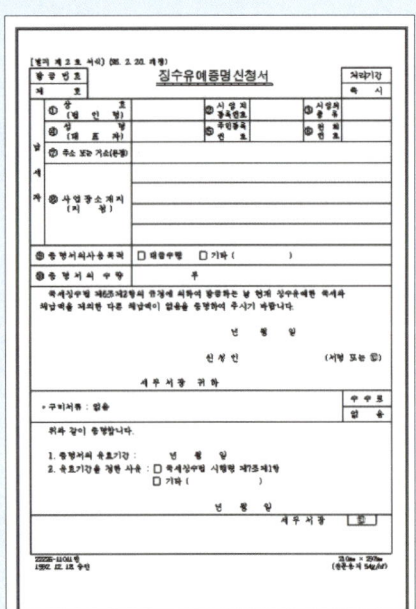
징수유예증명신청서 양식

세무의 시작, 홈택스와 친해지기!

사업에 쓴 돈, 모두 긁어모아 인정받자!

세무의 시작은 내가 사업에 쓴 돈을 한 푼도 빠뜨리지 않고 인정받는 것이다. 사업을 위한 비용지출로 인정받아야 세액공제나 소득세 감면 같은 혜택을 받을 수 있다. 세무를 모르면 몰랐던 세금이 튀어나오거나 내야 하는 줄 모르고 있다가 가산세라는 벽에 부딪칠 수 있다.

장사나 사업을 해보지 않은 사람에게는 생소한 용어가 많이 등장할 것이다. 하지만 근본적인 원리는 같다. **'내가 장사를 하며 쓴 돈이 이만큼이니 세금은 이만큼만 내면 된다'는 것을 인정받기 위한 과정**이라는 것이다.

다행히도 인터넷 발달로 정보화시대에 들어서면서 세무가 많이 편해졌다. 예전에는 영수증을 몽땅 모아두어야 비용인정을 받을 수 있었다. 그러나 이제는 내가 쓴 돈이 모두 전산에 기록되어 각 부처에 자동으로 전달된다. 따라서 그 과정을 알고 잘 기록될 수 있도록 준비만 잘하면 된다.

'카드 발급 + 카드 등록'으로 지출증빙 준비 끝!

지출할 때는 현금이나 카드를 사용하게 되므로 국세청 홈페이지에서 미리 카드를 주요 수단으로 등록해두는 일이 필요하다. 이것이 사실상 준비의 전부다.

1 | 사업자용 현금영수증카드 발급 + 등록

① 먼저 국세청 홈택스 홈페이지(www.hometax.go.kr)에 접속해서 '조회/발급'을 클릭한다.

② '현금영수증 발급수단'을 클릭해 들어간다.

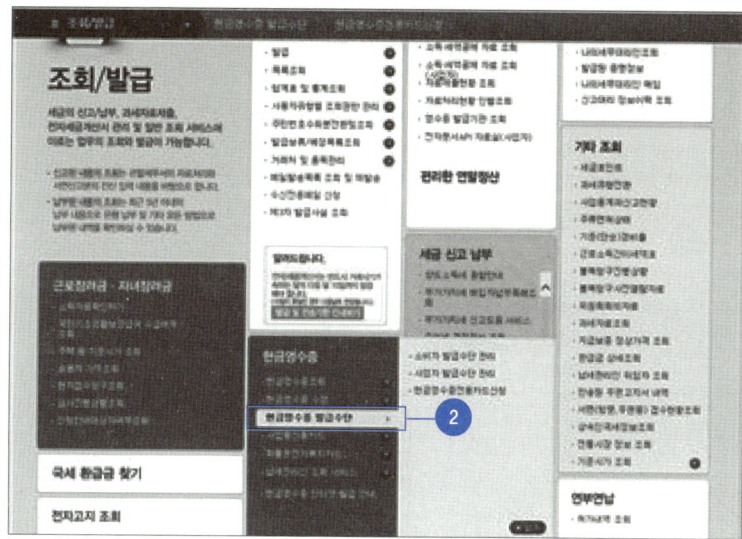

③ '현금영수증 발급수단' 메뉴에서 '소비자용 현금영수증 전용카드'와 '사업자용 현금영수증 전용카드'를 신청하거나, 이미 가지고 있는 카드를 등록할 수 있다. 여기서 '사업자용 현금영수증 전용카드'를 클릭해 들어가면 된다.

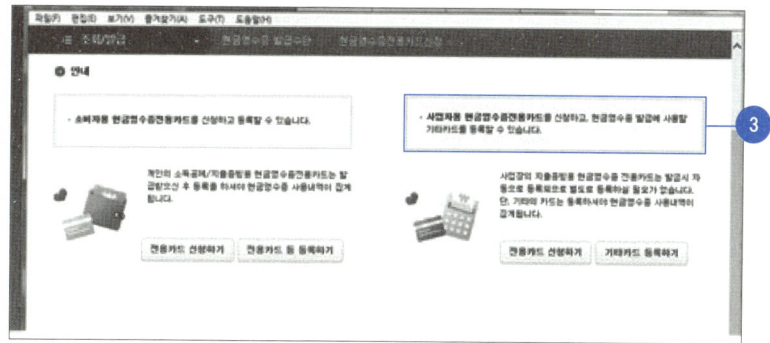

2 | 사업자용 신용카드 등록

① 국세청 홈택스 홈페이지(www.hometax.go.kr)에 접속해서 '조회/발급'을 클릭한다.

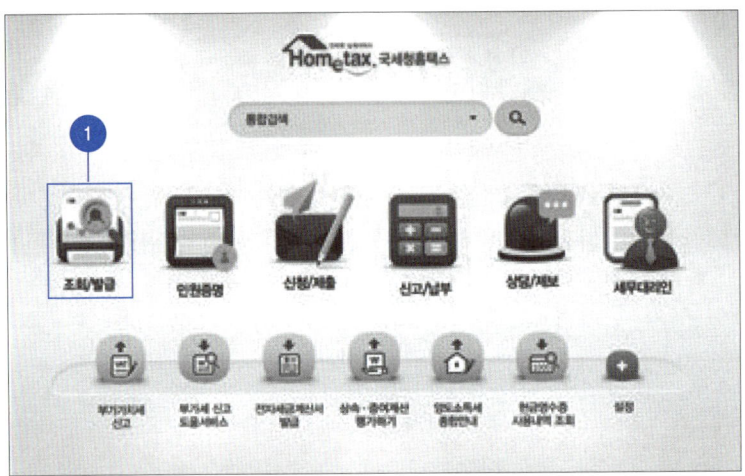

② '사업용신용카드'를 클릭해 신청, 등록한다.

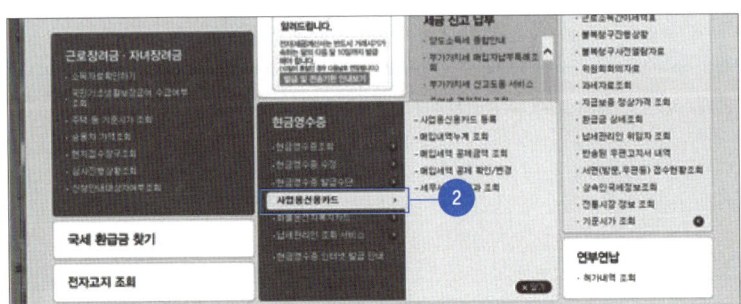

이렇게 현금영수증카드와 신용카드를 사업자용으로 등록했다면 이제부터 자동으로 영수증 발급과 지출내역이 기록된다. 카드사에서 이용내역서를 받거나 일일이 영수증을 챙기지 않아도 되며, 덕분에 영수증을 분실하거나 보관하다 흐려져서 알아보기 힘든 일도 줄어든다.

등록한 카드로 지출한 내역은 국세청 홈택스 '조회/발급' 메뉴에서 다음과 같이 조회해볼 수 있다.

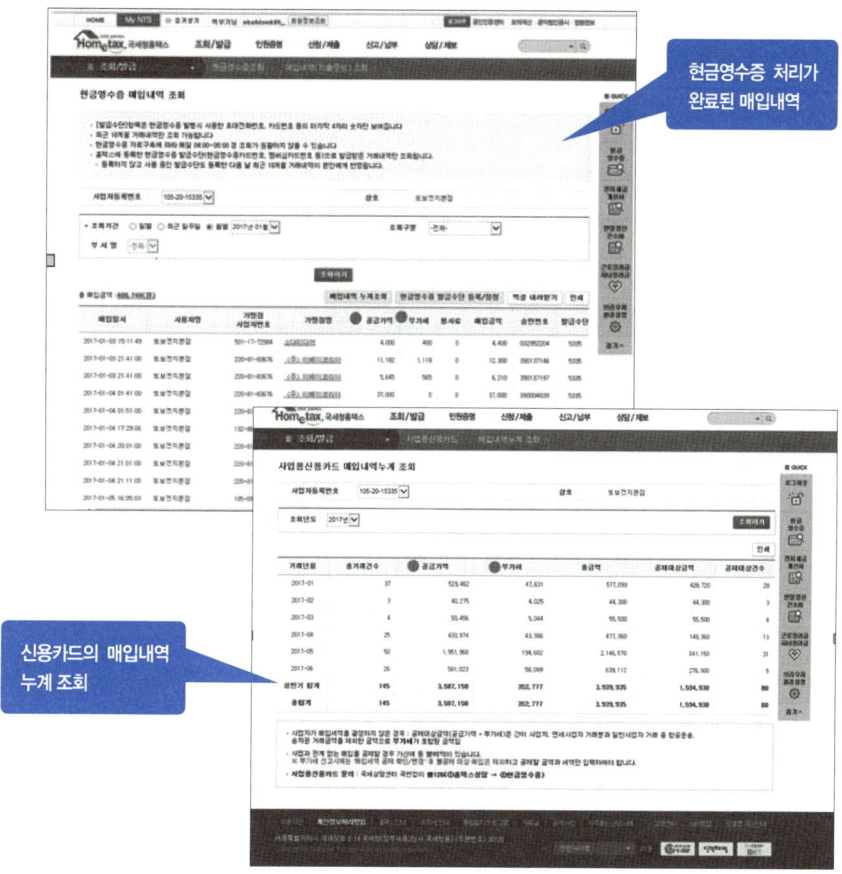

비용으로 처리되는 영수증 유형 5가지

이렇게 전산에 자동으로 등록되게끔 준비를 마쳤으니, 각 영수증이 어떤 역할을 하는지 살펴보자. 영수증에서 가장 중요한 것은 '부가가치세액'이다. 표시된 부가가치세액만큼 세액공제가 가능하기 때문이다.◆

1 | 세금계산서

공급가액과 부가가치세액이 별도로 표시된 영수증으로, 일반과세자가 발급할 수 있다. 만일 세금계산서를 발급받지 못한 경우 3개월 이내이고 10만원 이상인 거래에 한해 관할세무서에서 직접 발급이 가능하다. 지금은 전자계산서로 발급하는 경우가 많다.

전자세금계산서 예시. 공급가액과 세액이 표시되어 있다

◆ 부가가치세에 대해서는 53장 참고. 팟캐스트 왕장사 내용 중 세무와 관련된 106~107회를 청취하는 것도 추천한다.

2 | 신용카드 매출전표

카드 가맹점에서 신용카드로 결제한 영수증으로, 공급가액과 부가가치세액이 표시되어 있다.

3 | 현금영수증

현금으로 계산한 뒤 신분을 확인하고 발급받는 영수증이다. 사업자용 현금영수증카드를 이용하면 지출증빙용 영수증을 받게 된다. 만일 현금영수증 발급용 카드를 두고 왔다면 신분을 확인할 때 전화번호가 아니라 사업자등록번호를 적으면 된다.

앞에서 말했듯 미리 사업자용 현금영수증카드를 등록해두면 종이영수증을 모을 필요가 없다. 왕장사팀도 종이영수증을 모은 지 오래되었다. 옆의 현금영수증 사진을 보라. 글자가 거의 다 사라져서 보이지 않는다. 이러한 상황을 피하기 위해 꼭 현금영수증카드를 등록해두자.

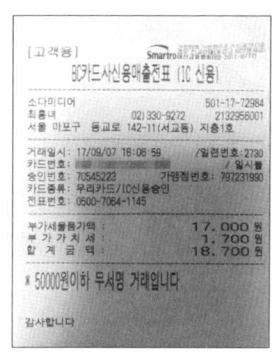
신용카드 매출전표

글씨가 다 사라진 영수증

4 | 계산서

공급가액만 표시된 영수증으로, 부가가치세가 면제되는 면세사업자가 발급할 수 있다. 매입세액을 공제할 증빙서류가 되지 못하지만, 일부

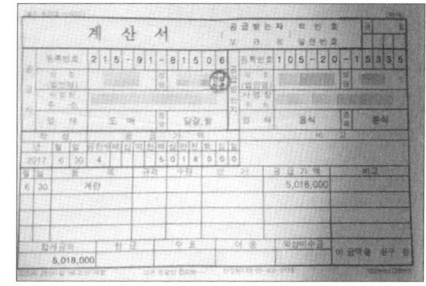
계산서

증빙이 되는 경우가 있다. 이를 '의제매입세액공제'라고 한다. ◆

5 | 간이영수증

공급가액만 표시된 영수증이다. 소액구매를 하고 영수증을 달라고 할 때, 내용을 간단히 쓰거나 아예 쓰지 않고 여러 장을 북 뜯어서 주는 영수증이 바로 간이영수증이다.

당연히 부가가치세액이 기재되어 있지 않으므로 매입세액공제를 받을 수 없다. 하지만 **3만원 이하의 지출에 한해 지출증빙을 하고 부가가치세가 아닌 종합소득세에서 세액공제를 받을 수 있으니**, 무시하지 말고 잘 모아둬야 한다.

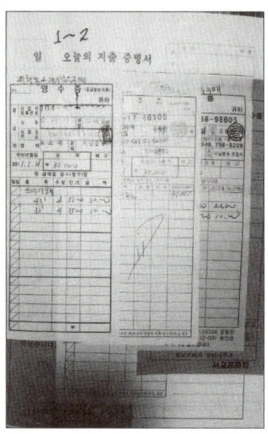
간이영수증

적격증빙 여부를 가르는 영수증의 역할

매입세액공제의 증거가 되는 영수증을 적격증빙서류라고 한다. 우리나라에서 세금신고는 자율신고납부제도로 이루어지고 있다. 자율적으로 납부를 신고해야 하는 것이다. 세무사를 쓰든 사이트에 들어가서 직접 하든 일단 그것을 믿는다는 말이다. 하지만 추후 신고한 내용에 대해 사실확인을 했는데 거짓인 경우 세금폭탄이 나온다. 즉 과태료가 발생할 수 있다.

◆ 의제매입에 대해서는 312쪽 〈장사왕 Tip 부가가치세 절감! 실전 꿀팁〉 참고.

이처럼 자율신고제에서 사실확인을 할 때 필요한 자료가 바로 각종 영수증이다. 적격증빙이 되는 영수증은 세금신고의 필수품이다. 종이세금계산서나 간이영수증을 모아둬야 하는 이유가 바로 이것이다. 대부분의 지출내역은 국세청을 통해 전산으로 공유되지만, 그렇지 않은 부분은 영수증이 없으면 증빙을 할 수 없다. 특히 간이영수증의 경우 앞서 언급했듯이 3만원 이하의 지출에 한해 지출증빙이 되므로 미리 준비해두면 작은 돈도 놓치지 않고 신고하는 데 도움이 될 것이다.

종이 없는 계산서, 전자세금계산서

전자세금계산서 제도는 공급자가 세금계산서를 발행할 때 이 내용을 인터넷을 사용해 국세청에 전송하고 매입자에게 세금계산서를 이메일로 발급하는 방식이다. 2011년부터 법인사업자는 의무적으로 전자세금계산서를 발급하고 있다. 따라서 종이세금계산서를 주지 않더라도 당황하지 말자.

장사꾼이 직접 세금계산서를 발행할 일은 거의 없다. 다만 마트나 시장에서 재료를 사고 월단위로 결제할 경우 분기별이나 월별로 세금계산서를 받게 된다. 전자세금계산서를 발급할 때는 사업자에 대한 정보가 필요하므로 사업자등록증 사본을 전달하면 된다. 한편 세금계산서를 종이로 받았다면 잘 모아두도록 하자.

필수 세금 1

인건비의 마무리, 원천징수!

원천징수, 직원 월급에서 세금을 미리 떼는 것

앞에서 사업주가 직원을 고용할 때 알아야 하는 노무 상식과 계약서 작성법을 살펴보았다. 이렇게 직원을 고용해 함께 일했다면 직원도 소득세와 4대보험료를 납부해야 한다. 그런데 직원 개개인이 직접 세금신고를 하고 납부하기는 어려우니, 사업주가 미리 소득세와 4대보험료를 떼고 월급을 지급한다. 이처럼 **근로자가 납부할 세금을 사업주가 미리 걷어두었다가 나중에 내는 방법을 원천징수라고 한다.**

보통 장사꾼들은 부가가치세나 종합소득세보다도 이런 노무와 관련된 세금 납부를 더욱 어려워한다. 직원 개개인에 맞춰 입사일, 퇴사일, 변동사항 등을 체크하고 적용해야 하기 때문이다. **원천징수를 직접 관리하는 것이 힘들면 주**

저 없이 세무사나 노무사를 통해 관리를 받자.

원천징수 납부 기간과 방법

원천징수한 세금은 근로자에게 급여를 지급한 다음달 10일까지 납부해야 한다. 따라서 매달 10일은 원천징수한 세금을 납부하게 된다. 단, 왕초보 장사꾼처럼 막 장사를 시작했거나 전년도 상시 고용인원이 20인 이하인 경우 1년에 두 번만 납부하면 된다. 원천징수 납부처는 관할세무서 또는 체신관서다. 국세청 홈택스 사이트에도 원천징수를 납부할 수 있는 '원천세' 메뉴가 있다.

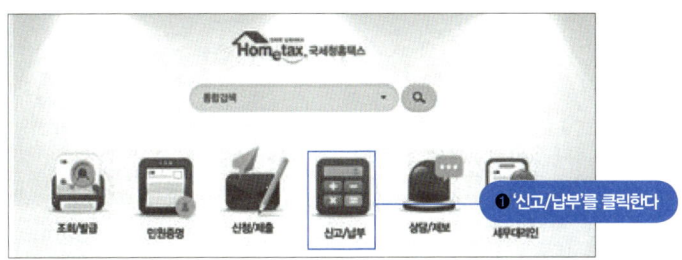

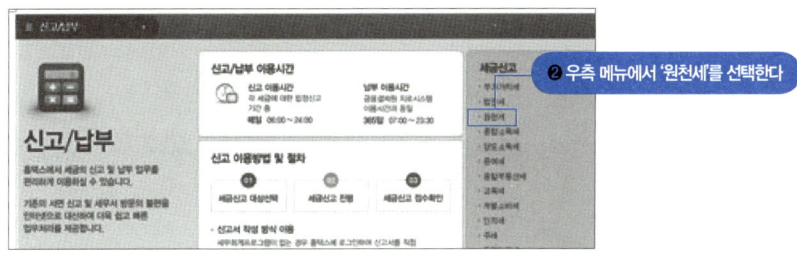

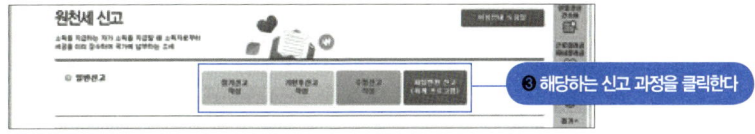

세무대행 서비스를 이용

　원천징수하는 소득세와 4대보험 제도는 실질적으로 사업을 하려고 본격적으로 공부하는 사람도 어려워하는 부분이다. 특히 여기저기 신경쓸 데가 많은 장사꾼이라면 더하다. 그래서 노무사나 세무사를 통해 처리하기도 한다.

　원칙적으로 4대보험 신고는 노무사를 통해 하는 것이 맞다. 하지만 대부분의 장사꾼은 **노무사보다 전담 세무사를 만나는 것이 일이 더 빠르고, 단순납부라면 세무사가 해줄 수 있기 때문에 세무사를 통해 해결하기도 한다.** 그러다 보니 간혹 세무사가 노무에 대한 정확한 공부 없이 4대보험을 접하면서 각종 사고에 대한 대응이 미비한 경우가 발생한다.

　결국 노무분쟁이 일어나면 노무사가 필요하지만, 장사꾼이 노무사와 세무사를 모두 고용하기엔 부담이 크다. 하지만 원칙적으로 노무문제를 해결하는 것은 세무사가 아니라 노무사임을 알아두자.

기장대리 vs 신고대리, 내게 맞는 세무대행 서비스 찾기!

　그렇다면 내게 맞는 세무대행 서비스는 어떻게 찾을까?

　세무대행 서비스는 크게 기장대리와 신고대리로 나눌 수 있다. 장사꾼마다 업종, 매출 규모, 근로자수 등 상황과 여건이 다르기 때문에 무엇을 콕 집어 선택하라고 말하기는 어렵다. 다만 왕초보 장사꾼이라면 신고대리만 해도 무방한 상황으로 만들길 추천한다.

1 | 기장대리

매달 복식부기를 통한 기장을 해주고, 여기에 덧붙여 부가가치세 신고나 종합소득세 신고 등 각종 신고기간에 신고까지 대신 해주는 서비스

2 | 신고대리

부가가치세 신고나 종합소득세 신고 등 각종 신고기간에 신고만 대신 해주는 서비스

즉 기장대리가 신고대리에 비해 복식부기라는 서비스도 추가로 제공하고 수수료도 더 비싸다. 하지만 복식부기는 장사가 자리를 잡고 매출이 일정액 이상 나오는 경우에만 하게 되므로 급한 일이 아니다.

왕초보 장사꾼이 지금까지의 내용을 잘 따라왔다면 영수증 처리도 전산으로 원활하게 되고 있고 간이영수증이나 종이세금계산서도 잘 모으고 있을 것이다. 그렇다면 **복식부기 없이 신고만 맡기는 것이 세무비용도 절감하고 효율적으로 대처하는 방법**이다. 복식부기에 대한 내용은 다음 쪽 〈장사왕 Tip〉을 참고하자.

복식부기, 성공한 장사꾼의 의무!

장부는 간편장부와 복식부기로 나뉜다. 간편장부는 마치 가계부처럼 언제 어디에 얼마 썼는지를 적은 장부다. 왕초보 장사꾼이라면 간편장부를 작성하는 것만으로도 충분하다. 하지만 장사가 자리를 잡고 업종에 따라 매출액이 일정액을 달성한다면 의무적으로 복식부기를 작성해야 한다. 장사에서 복식부기 작성 기준은 다음과 같다.

- 도 · 소매업 등 : 매출 **3억원** 이상
- 음식점 · 숙박업 등 : 매출 **1.5억원** 이상
- 전문기술서비스업 · 교육서비스업 등 : 매출 **7,500만원** 이상

따라서 음식이나 물건을 파는 대부분의 장사꾼은 최소 매출액 1.5억원 이상을 달성한 뒤에 복식부기 작성 의무가 생긴다. 이때부터 세무사를 통해 복식부기 의무자로서 의무를 다하면 된다. 세무사는 복식부기를 대신 작성하고, 작성한 복식기장을 토대로 조세에 대한 신청과 청구까지 하게 된다. 복식부기는 정확한 세금부과를 위한 의무이기 때문에 **복식부기 작성 대상인데 작성하지 않으면 산출세액의 20%나 되는 무기장가산세**가 붙는다.

그런데 예를 들어 2016년에 오픈해서 1년간 매출액 2억원을 달성했다 해도 직전년도 매출금액이 없으므로 2017년 5월 종합소득세 신고시 간편장부 대상자가 된다. 한편 같은 사람이 2017년에 매출이 떨어져 1억원을 달성했다 해도, 직전년도인 2016년의 매출액이 2억이었으므로 2018년 5월에 복식부기 의무자가 된다.

간편장부 사례

복식부기 사례

필수 세금 2

매출에 10%씩 붙는 부가가치세

장사와 뗄 수 없는 세금, 부가가치세

부가가치세는 제품이나 용역이 생산·유통되는 모든 단계에서 추가로 만들어지는 가치인 부가가치에 대해 부과하는 세금을 말한다. 부가가치세, 소득세, 건물을 살 때 취득세, 재산세, 양도세 등은 들어본 적이 있을 것이다. 그중에서도 가장 많이 내는 세금이 부가가치세다. **부가가치세는 물건을 사거나 서비스에 비용을 지불할 때 가격에 10%씩 붙어 있다.**

이런 부가가치세의 존재는 늘 접하는 영수

중에 항상 적혀 있지만, 관심을 기울이지 않으면 놓치기 쉽다. 부가가치세가 장사를 할 때 얼마나 큰 영향을 끼치는지 간과하는 것이다.

직접세, 간접세란?

세금은 내는 방식에 따라 직접세와 간접세로 나눌 수 있다.
직접세는 내가 사용한 인프라에 대해 직접적인 세금을 내는 것이다. 즉 종합소득세가 여기에 속한다. 반면 간접세는 세금을 부담하는 사람과 납세하는 사람이 다르다. 바로 부가가치세가 그것이다. 소비자가 재화의 값을 지불하면서 낸 부가가치세를 장사꾼이 나중에 내는 것이다. 한편 장사꾼 역시 장사를 하면서 고객이 되어 재화나 서비스를 구입한다. 예를 들어 100만원짜리 냉장고를 들였다면 10만원의 부가가치세를 포함해 110만원을 쓴다. 그렇다면 냉장고를 판 사람이 부가가치세 10만원을 납세할 것이다. 그렇다면 내 10만원은? 돌려받는다. 세금은 누가 내든 결국 한 번만 내면 되는 것이므로 내가 중복해서 낸 세금은 돌려받게 된다.

부가가치세 신고기간 — 면세품목 판매시 신고 대상 제외!

부가가치세 신고는 과세 유형에 따라 시기와 횟수가 다르다. 과세 유형은 크게 일반과세, 간이과세로 나눌 수 있다. 이를 나누기 위해 먼저 환산 연매출◆을 계산한다. 환산 연매출은 실제로는 1년간 장사를 하지 않았더라도 지금의 월매출을 기반으로 연매출을 추정하는 것이다. 공식은 다음과 같다.

환산 연매출 = (사업 개시일 ~ 12.31 매출 합계액) ÷ 해당 월수 × 12월

예를 들어 7월 1일부터 12월 31일까지 반년간 장사를 하면서 총 3,000만원의 매출을 올렸다고 가정하자. 이를 위 공식에 대입하면 환산 연매출은 6,000만원이다.

일반과세자는 환산 연매출 4,800만원 이상인 사업자로서, 상반기와 하반기로 나누어 1년에 두 번 신고하게 된다. 상반기에 대한 신고를 7월 25일에, 하반기에 대한 신고를 이듬해 1월 25일에 한다.

간이과세자는 환산 연매출 2,400만원 이상~4,800만원 미만인 사업자로서, 1년에 한 번만 신고하면 된다. 지난 1년치에 대한 신고를 이듬해 1월 25일에 한다.◆◆

◆ 부가가치세 신고 일정 ◆

분류		1분기	2분기	3분기	4분기
부가가치세	일반과세	모아서 7월 25일		모아서 1월 25일	
	간이과세	모아서 1월 25일			
	미부과	해당 없음			

단, 부가가치세가 붙지 않는 면세품목을 판다면 부가가치세 신고 대상이 아니다. 장사에서는 기초 생활필수품인 미가공 식료품, 비식용 농·축·수·임산물을 팔 때 해당된다.

◆ **환산 연매출** : 이를 법률용어로 '공급대가'라고 부른다.
◆◆ **부가가치세 면제 대상** : 연매출 2,400만원 미만인 사업자는 부가가치세 신고와 납부가 면제된다.

만약 장사를 법인사업으로 확장했다면 1년을 4분기로 나누어 각 분기의 신고를 다음달 25일에 한다. 일반적인 장사라면 여기까지는 알 필요가 없을 것이다.

부가가치세 신고 방법

부가가치세 신고를 하려면 관할세무서에 방문해 다음과 같은 서류를 작성하고 준비해야 한다. 관할세무서에서는 신고서를 작성하고 서류를 준비하는 것을 도와주는 세무사와 전문가가 상주하고 있다. 따라서 신고서 외의 자료만 정리해 가져가면 친절한 도움을 받아 신고서를 작성할 수 있다.

◆ 부가가치세 신고 서류 ◆

서류	일반과세자	간이과세자	설명
일반과세자 부가가치세 확정신고서	○		세무서에 가서 작성
간이과세자 부가가치세 신고서		○	세무서에 가서 작성
매출처별 세금계산서 합계표	○		
매입처별 세금계산서 합계표	○	○	
신용카드 매출전표 발행금액 등 집계표	○	○	내가 판 물품의 매출을 정리해 알리는 자료
신용카드 매출전표 수취명세서	○		내가 산 물품의 공급자와 부가가치세를 기재해 매입세액공제를 받는 자료
매입처별 세금계산서 합계표	○		요식업 등을 운영할 때 의제매입세액공제를 받을 경우 제출

한편 국세청 홈택스에서는 전자신고를 통해 절차만 따라가면 신고가 가능하게끔 시스템을 갖추고 있다. 국세청 홈택스 홈페이지(www.hometax.go.kr)에 접속해 다음과 같이 들어가면 전자신고를 할 수 있다.

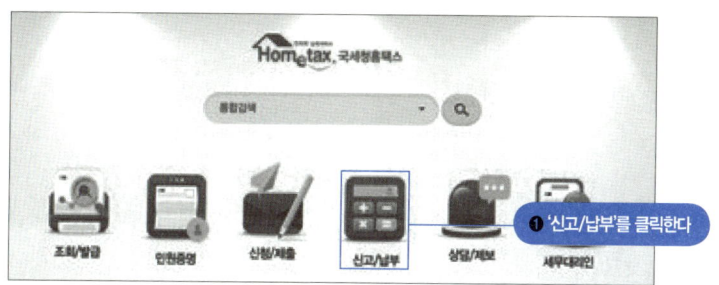

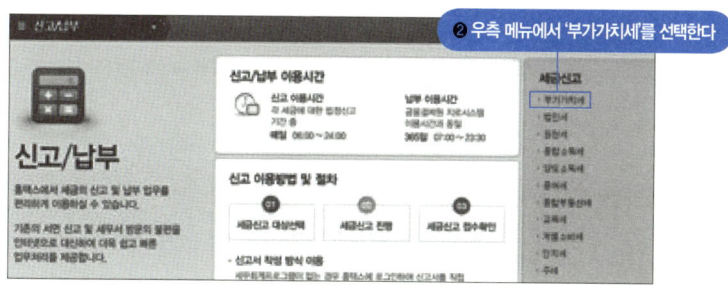

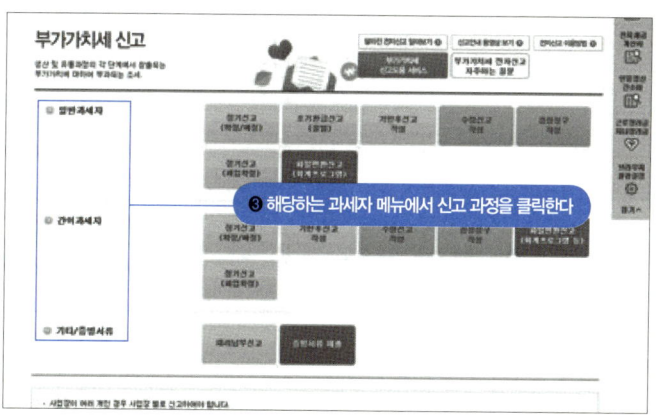

중간예납신고, 왜 자꾸 중간에 내라는 걸까?

일반과세자인 장사꾼이 부가가치세 신고를 잘 했는데 납부를 앞두고 먼저 절반을 내라고 하는 경우가 있다. 이것을 중간예납신고라고 한다.

국세청은 장사꾼이 상반기 부가가치세 신고를 해서 나온 세액이 500만원이면 하반기 세액도 마찬가지일 거라고 예측한다. 그리고 가을에 그 500만원의 절반인 250만원을 미리 납부하라고 한다.

이 제도는 **부가가치세 납부를 한 번에 하려면 지출이 커서 부담될 것을 대비해 미리 절반을 걷어두는 것**이다. 다른 면으로 보면 장사꾼의 사정으로 세금 납부가 원활히 이루어지지 않을 것을 대비하는 제도이기도 하다. 중간예납은 국세청에서 사업을 운영할 때 직접 고지한다. **그 기한은 10월 25일**인 경우가 많다. 이는 **간이과세자에게는 해당되지 않는 부분**이다.

간이과세가 장사에 유리하다? 큰 그림으로 접근하자!

간혹 이런 조언을 받을 때가 있다. "간이과세가 일반과세보다 유리하니, 최대한 일반과세로 넘어가지 말고 버텨라!" 일반과세의 경우 부가가치세를 10% 모두 내지만 간이과세는 일부만 내기 때문이다.

그러나 이 말은 걸러들을 필요가 있다. **간이과세자로 남으려면 매출이 연 4,800만원 이하를 유지**해야 한다. 월매출 400만원 수준이다. 순수익을 계산하면 절반 수준으로 줄어들 것이다. 그렇다면 간이과세를 유지하기 위해 적당히 장사하는 것보다, 일반과세로 넘어가더라도 매출을 크게 올리는 방법을 구상하는 것이 더 좋을 것이다. 같은 논리라면 차라리 연매출 2,400만원 미만을 유지해 세금을 아예 안 내는 것이 나을 수도 있기 때문이다.

매출액과 관계없이 신고는 반드시 하자

부가가치세는 연매출 2,400만원 이상인 경우부터 조금씩 부과되기 시작해, 4,800만원 이상을 달성하면 10% 전액을 내게 된다. 즉 연매출 2,400만원 이하라면 미부과 대상에 해당되므로 부가가치세를 낼 필요가 없다.

그런데 여기서 매출이 작다고 매출액 신고 자체를 건너뛰는 경우가 있는데, 이는 절대 지양해야 한다. 번 돈이 아무리 푼돈이라도 매출액 신고는 해야 한다. 또한 예상과 달리 부가가치세를 내야 할 정도로 매출이 높아질 수도 있으니 절대 신고를 빼놓지 말자.

일반과세자? 간이과세자? 뭐가 좋은 걸까?

본인이 사업자등록을 할 때 일반과세자인지 간이과세자인지 확인해야 한다. 하지만 등록할 때 그 기준을 충족하는지 어떤지 장사를 해보기 전에는 알 수가 없다.

그래서 구청 등 행정기관에서는 일정 기준을 두고 가게의 규모를 추정한다. 내가 장사를 시작한 자리에서 지금껏 장사한 점포들이 일반과세자였다면 내 장사도 일반과세가 될 확률이 높다. 하지만 홍대앞처럼 모든 가게가 번창할 것같이 상권이 좋은 곳이라도 구청의 근거에 따르면 간이과세로 내야 할 만큼 매출 근거가 떨어지는 경우도 있다.

또한 업종을 따지기도 한다. 술을 파는 업종이라면 대부분 일반과세자로 시작하게 된다. 한편 온라인 공간에서 하는 장사라면 간이과세자로 시작할 수 있다. 그만큼 온라인 공간에서 하는 장사는 매출 올리기가 쉽지 않다는 방증이기도 하다.

부가가치세 절감! 실전 꿀팁

1 | 매입세금계산서를 발급받아라

점포 임대료를 내든지 시설 시공을 하든지 장사를 위해 지출을 했다면 계산서를 발급받을 수 있다. 이때 대부분 부가가치세 10%를 더 내고 매입세금계산서를 뗄 수 있는데, 부담스러워하지 말고 지출하자. 부가가치세는 내도 나중에 부가가치세 신고를 통해 돌려받을 수 있기 때문이다. 이 매입세금계산서에서 부가가치세를 제외한 지출비용은 종합소득세 신고 시 비용인정을 받는 데 사용할 수 있다.

2 | 현금보다 카드를 사용하라

대금을 지불할 때 현금보다 카드를 사용하면 좋은 점은 바로 증빙이 남는다는 것이다. 이 경우 결제 자료가 모두 전산에 남아 있으므로 세금신고할 때 사업 관련으로 처리할 수 있다. 현금은 일일이 다 증빙을 보관해야 해서 자료 작성하기가 힘들다. 그러므로 카드를 사용하는 것이 가장 기본적으로 부가가치세 10%를 공제받는 최우선 실천지침이다.

3 | 인터넷 쇼핑은 오픈마켓을 활용하라

사업상 필요한 물품을 구매한다 해도 구입처에 따라 구매한 품목이 영수증에 정확히 나오지 않는 경우가 많다. 이런 경우 세금신고시 적격증빙이 되지 않아 비용처리가 안될 수도 있다. 물론 증명을 하면 끝날 일이지만, 개별적으로 증명할 것이 많아질수록 세금신고가 피곤한 일이 된다. 애초에 오픈마켓에서 구입을 하면 구매한 품목이 구체적으로 나오기 때문에 사업상 필요해서 샀다고 인정받기 쉽다.

4 | 부득이하게 현금을 사용한다면 현금영수증을 받아라

카드가 편리하다는 것을 알아도 어쩔 수 없이 현금을 쓰는 경우가 생긴다. 그럴 경우 현금영수증을 꼭 받자. 현금영수증은 2가지가 있다. 소득공제용(직장인), 지출증빙용(사업자). 그런데 사업자는 2가지를 모두 발급받을 수 있다. 둘 중 지출증빙용이 더 이득이다. 똑같이 1만원을 쓰고 소득공제를 받는다면 지출증빙용이 7~800원 정도 더 세액절감 효과가 있다.

5 | 면세물품 구입시 계산서를 받아라

장사를 하다 보면 사게 되는 가공되지 않은 농수산식품은 부가가치세가 붙지 않는 면세품목이다. 이때는 계산서를 받는다. 이 계산서는 세금계산서와 동일하게 세액을 공제해주는 의제매입을 받을 수 있다. 부가가치세를 내지 않았으니 원래는 공제가 안되는 품목이지만 공제가 되는 것으로 보겠다는 뜻이다. 개인사업자 중 요식업의 경우 8/108만큼 공제가 된다. 결국 8% 정도의 세액을 절감할 수 있다.

6 | 신용카드 매출보다 현금 매출이 좋다

장사꾼 입장에서는 신용카드 매출보다 현금 매출이 좋다. 왜냐하면 신용카드수수료 때문이다.◆ 업종별로 다르지만 2~3% 정도 수수료를 뗀다. 카드로 1만원의 매출을 올렸다면 카드사로부터 9,700~9,800원 정도를 받는 것이다. 반면 현금으로 팔면 다 받을 수 있다. 정부에서는 이런 신용카드수수료가 많다고 생각하므로 매출액의 1.3%를 부가가치세에서 깎아주는 제도(1년 500만원 한도)를 운영하고 있다. 1만원 매출을 올리고 카드수수료로 200원을 낸다면 부가가치세를 낼 때 매출의 1.3%인 130원을 깎아주는 것이다. 이 제도를 '신용카드매출세액공제'라고 부른다. 이런 제도가 있음에도 현금 매출이 신용카드 매출보다 70원 더 높다.

◆ 신용카드수수료에 대해서는 〈일곱째마당 알면 덜 뜯긴다! 15평 매장 자투리 경비들〉 참고.

필수 세금 3

돈을 벌면 무조건 내는 종합소득세

경제활동에 대한 소득, 종합소득세

종합소득세는 지난해 1년간의 경제활동으로 얻은 소득에 대해 납부하는 세금이다. 매년 5월 31일까지 신고하고 납부하게 된다.

소득에 대해 납부하는 소득세에는 다양한 종류가 있다. 사업소득, 근로소득, 이자소득, 배당소득, 임대소득, 연금소득, 기타소득이 있다.◆ 이를 통틀어 종합소득세라고 부른다. 그 밖에도 양도소득, 퇴직소득이 있지만 이것은 종합소득세에 속하지 않는다.

이렇게 다양한 종류의 소득이 있지만 장사꾼에게 해당하는 소득은 사업소득

◆ 이자소득과 배당소득은 금융소득으로 따로 묶는다. 이 두 소득의 합이 2,000만원을 넘는 경우에만 사업소득에 더해 세금을 부과한다. 장사할 때는 딱히 신경쓸 필요가 없다.

뿐이다. **사업으로 얼마를 벌었는지에 따라 종합소득세가 결정**되는 것이나 다름 없다.

많이 벌수록 늘어나는 종합소득세, 순수익이 적으면 낮아진다

종합소득세는 소득이 많을수록 더 많이 부과된다. 장사꾼의 경우 사업소득이 많을수록 종합소득세가 많이 부과된다고 생각하면 된다. 따라서 사업소득을 산출하면 거의 정확한 종합소득세를 추산할 수 있다. 사업소득은 다음과 같이 산출한다.

총매출 － 필요경비 = 사업소득

만일 총매출이 높더라도 그 매출을 달성하기 위해 들어간 필요경비가 많다면 사업소득이 줄어들고 종합소득세도 축소된다. 이 계산식은 순수익을 추산하는 것과 비슷하지만, 나 개인의 순수익이 아니라 사업의 순수익이므로 **인건비가 필요경비에 포함되지 않는다는 차이점**이 있다.

결국 종합소득세를 합법적으로 절감하는 열쇠는, 사업을 하며 쓴 필요경비를 빠짐없이 모두 증빙하는 일에 달려 있다. 장사를 하며 구입한 재료비, 비품비, A/S비, 수도광열비 등등, 모든 지출의 영수증이나 증빙서류를 받아둬야 하는 이유가 이것이다.

종합소득세를 결정하는 과세표준

소득에 따라 종합소득세의 양이 달라지는 기준을 과세표준이라고 부른다. 과세표준에 따르면 **종합소득세는 최소 6%부터 시작해 최대 40%까지 올라갈 수 있다. 여기에 지방소득세까지 포함하면 세율은 더 올라가는데, 최소 6.6%부터 최대 44%까지 올라간다.**

여기서 지방소득세는 각 주소지 관할 세무서에 신고하는 것으로, 소득세의 10%에 해당한다. 서울에서 장사를 하면 서울에, 제주도에서 장사를 하면 제주도에 신고해야 한다. 종합소득세와 함께 신고하는 것이 아니라 따로 조회해서 내야 하는 부분이다. 또한 산출세액을 계산할 때는 누진공제액을 빼면 된다. 과세표준을 정리해보면 다음과 같다.

◆ 종합소득세 과세표준 ◆

과세표준	종합소득세율	누진공제
1,200만원 이하	6%	해당 없음
1,200만원 초과 4,600만원 이하	15%	1,080,000원
4,600만원 초과 8,800만원 이하	24%	5,220,000원
8,800만원 초과 1.5억원 이하	35%	14,900,000원
1.5억원 초과 5억원 이하	38%	19,400,000원
5억원 초과	40%	29,940,000원

부기곰탕이 1년간 장사해서 올린 사업소득이 5,000만원이라면 다음과 같이 계산하게 된다.

부기곰통 1년간 사업소득이 5,000만원이라면?

종합소득세

$\underline{50,000,000원} \times \underline{24\%} - \underline{5,220,000원} = 6,780,000원$
　　소득　　　종합소득세율　　누진공제

지방소득세

종합소득세의 10%이므로 678,000원

세금 합계

$\underline{6,780,000원} + \underline{678,000원} = 7,458,000원$
　　종합소득세　　지방소득제

영수증의 힘! 필요경비가 종합소득세를 낮춘다

그런데 부기곰탕이 종합소득세를 신고하기에 앞서 그간의 증빙자료를 정리하다 보니 400만원의 추가증빙이 가능했다. 그렇다면 소득이 400만원 줄어서 과세표준이 1단계 낮아지게 된다. 이 경우 다음과 같이 계산한다.

$$46{,}000{,}000원 \times 15\% - 1{,}080{,}000원 = \underline{5{,}820{,}000원}$$
$$\phantom{46{,}000{,}000원}\;\text{소득}\text{소득세율총합}\text{누진공제}\text{종합소득세}$$

$$5{,}820{,}000원 \times 10\% = \underline{582{,}000원}$$
$$\text{지방소득세}$$

$$5{,}820{,}000원 + 582{,}000원 = \underline{6{,}402{,}000원}$$
$$\text{세금 합계}$$

같은 매출을 올리고도 400만원의 추가증빙이 가능하다면 100만원 넘는 세금이 절감되는 것이다.

종합소득세 신고 방법

종합소득세 신고는 여타 신고에 비해 간단하다. 내 매출을 증빙하는 자료와 함께 부가가치세를 낸 증빙자료와 인건비를 신고한 증빙자료를 내면 된다.

그런데 이미 가진 영수증은 대부분 부가가치세 신고 때 냈을 것이다. 인건비 신고 증빙자료도 이미 제출한 상태일 것이다. 이러한 자료들이 종합소득세에서도 그대로 효력을 발휘한다. 그동안 한 원천징수와 부가가치세 신고 등이 종합소득세 신고를 위한 과정이 되는 것이다.

국세청 홈택스에서는 절차만 따라가면 종합소득세 전자신고가 가능하게끔 시스템을 갖추고 있다. 홈택스 홈페이지(www.hometax.go.kr)에 접속해 다음과 같이 들어가면 전자신고를 할 수 있다.

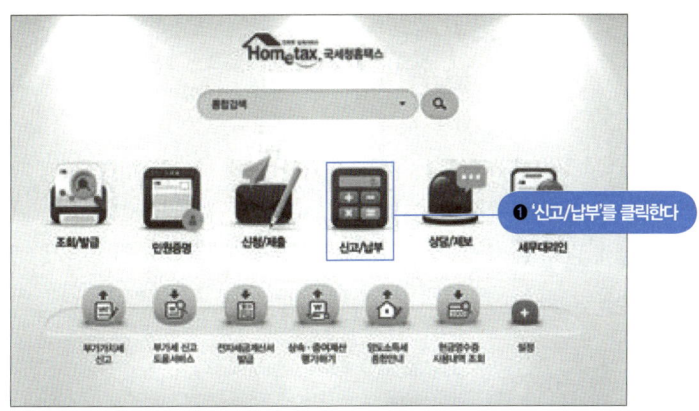

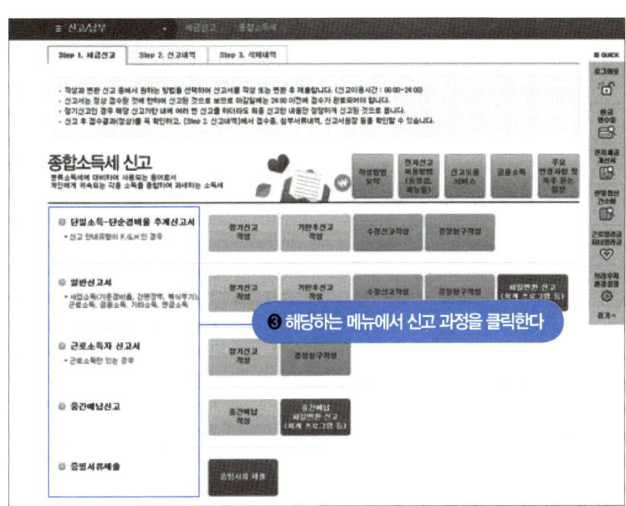

종합소득세 신고는 주로 2가지 기능을 많이 쓰게 된다. '단일소득-단순경비율 추계신고서'와 '일반신고서'가 그것이다.

1 | 단일소득-단순경비율 추계신고서

처음 종합소득세 신고를 하는 장사꾼, 또는 **연매출 4,800만원 이하인 장사꾼이 이용하는 신고서**다.

2 | 일반신고서

연매출 4,800만원 초과이고 복식부기 대상자인 장사꾼이 이용하는 신고서다. 장사 2년차부터는 연매출을 달성할 시 이 신고서를 작성한다고 생각하되, 혼자 하기 부담스럽다면 세무사를 알아본다.

종합소득세 절감! 실전 꿀팁

1 | 노란우산공제 활용하기

소상공인에 속하는 많은 장사꾼이 노란우산공제(www.8899.or.kr)를 이용하고 있다. 중소기업중앙회에서 운영하는 노란우산공제는 소상공인을 대상으로 한 공적 공제제도다. 매달 일정액 부금을 내면 연간 최대 500만원까지 소득공제가 된다. 또한 부득이한 이유로 폐업할 경우 적립한 부금과 이자를 모두 돌려받을 수 있다. 노란우산공제는 원래 한도가 더 낮았지만, 국가 차원에서 장려하고자 2017년부터 공제액을 올렸다. 또한 가입 후 5년 안에 폐업하면 환급금이 적거나 가산금을 내는 단점이 있었는데, 이것을 완화시켜서 5년 이내 폐업 사유가 아닌 해지를 할 경우 해지금을 줄여주거나 없애주고 있다.

노란우산공제 사이트에서 내용을 확인하고 가입할 수 있다

2 | 연금을 이용한 세액공제

연금저축과 퇴직연금을 활용하고 있다면 주목할 부분이다. 소득공제가 세액공제로 변환되었기 때문에 최대 84만원까지 세금이 줄어드는 효과를 얻을 수 있다. 2017년 7월부터 소득이 있는 사람이면 누구나 개인퇴직연금(IRP) 700만원(연금저축 합산한 금액)까지 세액공제가 가능하다. 따라서 장사꾼들도 적극적으로 활용해볼 만하다.

3 | 부양가족 등록과 기타 소득공제

부양가족이 많은 경우 등록하면 가족 1사람당 150만원이 공제된다. 만일 그 가족이 70세 이상이면 100만원 더 공제된다. 만일 그 가족이 장애인이면 200만원 더 공제된다. 이러한 공제는 중복으로 적용되므로 만약 모든 조건에 해당한다면 가족 1사람당 소득공제 450만원이 적용될 수 있다. 덧붙여 주소지가 같지 않더라도 부양가족 등록이 된다.

55 포스기를 비롯한 각종 기기 렌탈비용 — 8만원
56 요식업 치명타, 쥐와 벌레! 방역비 — 10만원
57 내 가게의 안전을 위한 보험! CCTV — 3만원
58 내 재산을 지켜주는 화재보험 — 연 11만원
59 음식물쓰레기 처리비용 — 30만원
60 사장님만 예민한 카드수수료 — 8만원
61 15평 요식업 에너지비용 — 100만원
62 내 가게 알리기 — 온라인 마케팅으로 비용 절감!
63 웃어넘겨야 할 각종 분쟁과 돌발지출

일곱째 마당

알면 덜 뜯긴다!
15평 매장 자투리 경비들

골목부자
월1 천만원 장사왕

포스기를 비롯한 각종 기기 렌탈비용 — 8만원

계산대에는 필수, 포스기 설치!

본격적으로 장사를 시작하려면 몇 가지 더 필요한 것이 있다. 먼저 가게를 운영할 때 포스기를 설치하는 것은 필수 항목이다. 당장 어떤 가게를 들어가더라도 계산할 때 바코드 안 찍고 카드결제 안되는 가게 찾기가 쉽지 않다. 그만큼 포스기는 계산대의 기본 옵션으로 자리매김했다.

그런데 포스기의 용도는 계산 그 이상이다. 포스(POS)란 Point Of Sales(판매시점 정보관리)의 약자로, 장사할 때 필요한 온갖 정보를 관리할 수 있는 기계다. **정산, 결제, 월별 매출 확인, 자료 백업 등, 포스기를 통해 매출을 끌어와서 세무사에게 전달**해주는 기능도 있고, 시간대별 매출 분석이나 품목별 매출 분석도 가능하다. 포스기를 활용하면 내 가게만의 빅데이터를 만드는 일도 가능하다.

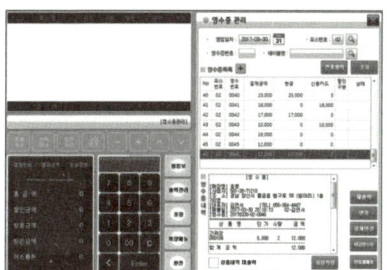

가게에서 사용 중인 포스기   포스기를 활용하는 모습

포스기 설치 방법과 비용

포스기를 설치하는 방법은 크게 기계를 사서 설치하는 것과 임대해서 설치하는 것으로 나뉜다. 포스기를 구입해 설치하면 초기 비용이 많이 들고 관리하기가 어렵다. 따라서 여기서는 우선 임대 설치하는 방법을 소개한다.

가게를 오픈할 때 포스기 설치를 신청하면 월별 결제액과 가게 규모를 살펴본다. 그 이유는 포스사의 수익구조 때문이다. 포스사는 은행으로부터 계산 건당 결제액을 받아 돈을 번다. 즉 결제건수가 많을수록 좋은 것이다. 그래서 월별 300건 결제가 이루어지면 관리비를 무료로 해주거나 오더포스◆ 추가 제공 등의 혜택을 준다.

결국 결제건수가 높아질수록 포스기 임대에 대한 비용부담이 줄어들지만, 그렇지 않다면 추가비용 지출을 피할 수 없다. 월 결제건수가 채워지지 않아 고민하는 장사꾼들이 있을 정도다.

◆ **오더포스** : 주문만 가능한 별도의 포스기.

한편 장사 초기에 포스기를 설치할 때 일정 건수를 달성하면 **할인혜택이 있다고** 설명을 들은 장사꾼도 나중에 그걸 달성했을 때는 바빠서 잊어버리는 경우가 많다. 이런 부분은 포스기 임대할 때 쓴 계약서에 상세히 설명되어 있으니 잊지 않도록 하자.

포스기 선택, 대세를 따라가라!

보통 장사꾼들은 장사를 시작하기 전까지는 포스기 자체를 잘 모르는 경우가 많다. 그래서 어떤 브랜드의 제품을 선택할지도 쉽지 않다.

포스기는 휴대폰을 살 때처럼 중도해지에 대한 위약금도 있고, 다른 브랜드로 교체하는 과정이 1주일 이상 걸리는 제품이다. 또한 브랜드 사정에 따라 서버가 자주 다운되는 경우도 있다. 그러므로 포스기를 사기 전에 미리 장사 커뮤니티 등에서 추천을 받는 게 좋다. 되도록 많은 점포에서 사용하는 것을 알아봐 설치하도록 하자.

통신비, 정수기 등 각종 기기 렌탈비용

그 밖에도 장사할 때 렌탈해야 하는 서비스가 더 있다. 포스기나 CCTV를 설치할 때 인터넷 연결이 필요하므로 통신비 결제 역시 필수적이다. 랜을 통해 유선으로 연결하는 인터넷이 월 3만원 선이고, 유선전화 사용료나 휴대폰과 결합할 경우 가격 변동이 크다.

요식업이라면 정수기가 필수다. 정수기를 필터교체형으로 설치할 경우 월 3만원 선으로 렌탈 설치할 수 있다. 어떤 음식을 파는지에 따라 제빙기가 필요할 수도 있다. 특히 카페라면 차가운 음료를 만들기 위해 제빙기가 꼭 필요하다. 제빙기의 렌탈 가격은 싸지 않다.

 지금까지 살펴본 각종 서비스와 렌탈 이용료를 합치면 1달에 10만원에서 20만원은 꼬박꼬박 나가게 된다.

 부기곰탕은 아직 월 결제건수 300건이 넘지 않아서 포스기 이용료를 내며, 기가와이파이가 포함된 인터넷을 설치했다. 아낀다고 했지만 월 8만원의 고정 비용이 지출될 예정이다. 장사하기 위해 기본적인 것만 설치했는데도 이용료가 만만치 않다. 따라서 장사를 유지하려면 매달 고정으로 나가는 비용이 얼마나 되는지 꼼꼼히 살펴봐야 할 것이다.

◆ **15평 부기곰탕의 각종 렌탈비용** ◆

종류	월별 비용	비고
포스기(렌탈)	월 1만원	오더포스 미포함
정수기(렌탈)	월 3만원	필터교체형
인터넷 · 전화	월 4만원	기가와이파이 포함
합계	월 8만원	

포스기로 부기곰탕 영업 빅데이터 예측하기

24시간 장사하는 국밥집은 언제 쉬면 될까?
한 장사꾼은 국밥집을 운영하다가 연중무휴 24시간 점포를 운영하는 것이 더 이상은 무리라고 생각했다. 하지만 아무 때나 쉬는 날을 잡을 수는 없는 법. 마침 포스기를 활용하면 시간대별 매출을 확인할 수 있다는 사실을 떠올렸다.
포스기 자료에 따르면 월요일과 화요일, 새벽 3시부터 오전 11시까지의 매출점유율이 가장 낮았다. 따라서 월요일과 화요일 야간에는 가게를 닫고 쉬는 것을 재충전의 기회로 삼았다.

빅데이터 활용, 피크타임 예측!
한편 24시간 국밥집이다 보니 나머지 시간 중에서도 특출나게 점유율이 높은 시간대가 없다는 점이 마음에 걸렸다. 특별히 사람이 몰리는 시간이 있는 게 아니라 고루고루 퍼져 있었다. 모든 시간에 고만고만하게 손님이 퍼져 있다면 장사꾼으로서 가게를 운영하면서 집중하고자 하는 피크타임을 만드는 것도 필요하다. 쉴 때는 확실하게 쉬고, 피크타임에는 확실하게 매출을 끌어올리는 것이다.
포스기 자료에 따르면 국밥집에 술을 마시러 오는 야간 손님보다 낮에 점심을 먹으러 오는 손님이 더 많았다. 따라서 점심식사 관련한 홍보 전략을 마련하기로 했다. 이처럼 포스기는 단순계산을 넘어 내 가게의 방향을 잡을 수 있는 빅데이터로도 활용할 수 있다.

부기곰탕의 롤모델 명가돼지국밥

포스기가 예측하지 못하는 대박 손님도 있다

요식업 치명타, 쥐와 벌레! 방역비 — 10만원

방역업체 로고만으로 청결 가게 이미지

요즘은 카페나 음식점을 열 때 세스코 같은 방역업체를 부르는 것이 관례처럼 되었다. 사실 세스코의 관리를 받는다고 해서 정말 광고처럼 쥐나 해충을 물리적으로 박멸해주는 것은 아니다. 특히 이미 인테리어가 끝나고 온갖 장비와 비품이 자리를 잡은 점포를 뒤집어가며 해충을 박멸해주기를 바라기는 무리가 있다. 세스코에서 제공하는 서비스는 정기적으로 해충을 잡을 수 있는 트랩을 설치하고, 새로운 해충이 등장했는지를 확인해 그 원인을 해결하는 정도다.

그럼에도 세스코를 부르는 것은 그 이름 때문이다. 요즘은 먹을거리를 다루는 가게에 세스코 로고가 붙어 있지 않은 곳을 찾기가 힘들 정도다. 그 파란 로고는 손님이 이 가게가 청결한 가게라고 믿게 만든다. '이 가게는 바퀴벌레나

파리가 없는 깨끗한 곳'이라는 믿음을 갖게 만드는 것이다. 이런 신뢰감은 다른 어떤 방역업체에서도 제공하기 힘든, 가게에 대한 긍정적인 이미지다.

신뢰를 주는 세스코의 파란 로고

세스코 로고가 붙은 가게

방역업체의 관리비용은 대개 공개되어 있지 않다. 가게의 업종과 인테리어 상황, 건물의 노후 정도와 점포의 평수에 따라 가격이 달리 책정되기 때문이다. 세스코와 계약하고 **15평 정도의 가게라면 월 8만원 선의 비용**을 예상하면 된다. 반년이나 1년 단위로 결제하면 요금이 절약되는 혜택이 있다.

유명 방역업체의 한계, 그리고 보완

세스코가 그토록 신뢰도가 높은 방역업체이지만 여러 한계가 있는 것도 사실이다. 예를 들어 내 가게가 2층인데 1층과 3층은 별다른 방역 조치를 하지 않고 있다. 그렇다면 그 층에 사는 해충이 쉽게 내 가게로 들어올 수도 있다. 아무리 내 가게를 깨끗이 관리해도 건물의 다른 점포가 그렇지 않다면 악영향을 받을 수 있다는 말이다. 그럴 때는 건물주와 협의해 건물 전체에 방역 처리를 하거나, 같은 건물의 다른 사업주가 방역업체를 부르도록 설득하는 수밖에 없다.

내 가게가 있는 건물의 문제면 그나마 낫다. 더 골치아픈 일은 주위 다른 건물에서 해충이 건너오는 것이다. 대표적인 예가 근처에 새로 짓는 건물이 생길 때다. 원래 그 건물에 살던 온갖 해충이나 쥐가 보금자리를 잃는 순간 내 가게가 있는 건물로 옮겨올 수 있기 때문이다.

이런 상황이라도 세스코 회원이라면 일단 명분이 생긴다. 적어도 내 가게는 최소한의 관리를 하고 있다는 증거가 되기 때문이다. 하지만 당장 식사를 하고 있는 손님의 옆으로 벌레가 지나간다면? 그 결과는 상상하기도 끔찍하다. 그래서 세스코만 믿고 손을 놓고 있을 것이 아니라, 정기적으로 다른 방역업체를 불러 가게와 건물에 전반적인 방역을 실시하는 것이 필요하다.

내 가게의 안전을 위한 보험! CCTV — 3만원

1층, 도로 인접 가게일수록 CCTV 필요

내 가게가 1층이고 도로와 인접해 있다면 특히 CCTV를 설치하거나 캡스, 에스원 같은 보안업체와 계약할 필요가 있다. 내 가게가 상가건물 안쪽에 있고

운영시간이 끝나면 아예 건물 자체가 봉쇄되는 곳이라면 그 필요성이 줄어들 것이다. 하지만 24시간 내내 사람들이 다니는 곳과 인접해 있다면? 언제 누가 유리를 깨고 들어오거나 도둑이 들 위험성을 간과할 수 없다.

보안업체, 안전한 이미지를 사라

CCTV는 장사꾼이나 직원이 직접 보거나 녹화된 부분에 한해서만 관리가 된다. 하지만 정말 누군가 마음먹고 범죄를 저지르려 한다면 CCTV는 무력하기 그지없다. 그래서 종종 캡스 같은 보안업체와 계약을 맺어 안전성을 더한다.

캡스는 가게 안에 적외선탐지기를 설치하고, 영업시간이 아닐 때 안에서 물체가 흔들리거나 움직임이 발생하면 알려준다. 열어놓은 창문으로 바람이 불어 인형이 흔들리는 바람에 알람이 오기도 한다. 더 나아가 위험이 감지되면 보안요원이 출동한다.

캡스 같은 보안업체와 계약하면 세스코와 마찬가지로 계약업체 로고를 붙일 수 있다. 캡스 간판을 본다면 내 가게를 노리던 도둑도 포기하게 될 것이다. 더군다나 호프집, 노래방 등 야간 영업을 하는 경우 CCTV 설치는 필수다. 아울러 여유가 된다면 보안업체와 계약 맺기를 추천한다. 만약을 대비해 보험을 든다는 생각으로 말이다. 물론 CCTV와 보안업체로 여러 겹 방범에 신경을 써도 문제가 생기기도 한다. 그래도 CCTV를 잘 갖추고 보안업체와 계약하면 문제가 생길 확률이 줄어든다.

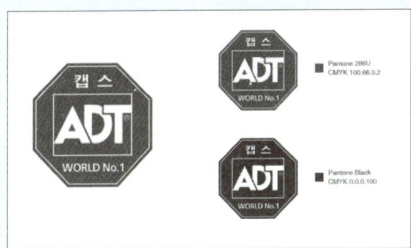

대표적인 보안업체, 캡스

세콤과 계약한 가게

CCTV 활용 – 손님 방문시 미리 준비 + 홀 현황 파악

한 곳에서 다른 장소의 모습을 확인할 수 있는 CCTV는 가게를 운영할 때 유용하게 활용하기 좋다. 요식업의 경우 계단이나 문 밖에 손님이 들어오는 곳, 주차장 등에 CCTV를 설치하면 **손님의 방문을 미리 알고 준비**할 수 있다. 또한 주방에서 홀을 보거나 홀에서 주방을 보는 식으로 **서로의 시야를 공유할 수 있어서 손발을 맞춰 장사하는 데 도움**이 된다. 아주 큰 점포라면 CCTV에 더해 무전기 이어폰까지 함께 활용해 호흡을 맞추는 모습을 종종 볼 수 있다.

사업주가 CCTV를 직원을 감시하는 용도로 사용해 논란의 주인공이 되는 경우도 있지만, 장사할 때는 이모저모로 활용할 여지가 많은 것이 사실이다. 큰 가게인 경우 CCTV를 이용해 상황을 눈으로 볼 수 있다면 그만큼 가게 운영에 용이할 것이다.

CCTV, 때로는 범죄 해결의 근거자료!

만약 가게 안에서 문제가 발생한다면 그것을 해결할 직접적인 증거는 CCTV뿐이다. 편의점에서 금품 도난을 방지하기 위한 CCTV 설치가 대표적인 예시다.

한편 손님이 직접 CCTV 촬영 장면을 요구하는 경우도 있다. 점포 안에서 지갑이나 가방을 잃어버렸을 때 누가 가져갔는지 확인하기 위한 것이다. 이런 일이 발생했을 때 CCTV마저 없다면? 무고한 손님이 용의자가 될 수도 있고, 내 직원이 용의자가 될 수도 있다. 이런 문제가 발생한다면 가게 안 분위기와 다른 손님들에게도 영향을 끼치고, 나아가 가게를 운영하는 직원들 간의 인간관계에도 영향을 끼칠 수 있다.

또 하나는, 가게가 외진 곳에 위치했을 때 위험을 감지해주는 눈이 되어주는 경우다. 많은 가게들이 늦은 밤이 되어야 장사를 정리하고 집에 갈 준비를 한다. 그럴 때 취객이나 범죄자가 가게 근처를 서성이는 것을 미리 확인하고 대비하는 것이 가능하다. 결국 CCTV는 내 가게를 지키는 눈이다.

CCTV 설치를 언짢아하는 고객이 있다?

간혹 사생활 침해라는 이유로 CCTV가 설치된 매장을 꺼리는 고객이 클레임을 걸 때가 있다. 하지만 CCTV를 설치함으로써 얻는 효과가 더 크기 때문에 설치하지 않을 수 없다. 이럴 때는 CCTV를 설치했다는 것을 알리고, 그로 인한 긍정적인 효과를 안내하는 것도 방법 중 하나겠다.

CCTV 설치 비용은? 대수에 따라 다르다

CCTV를 설치할 때 들어가는 비용은 카메라의 수와 성능에 따라 차이가 크다. 먼저 카메라는 최소 4대부터 설치가 가능하다. CCTV 전문업체가 아니라 사설로 구매해 1~2대만 달 수도 있지만, 사후처리가 잘 안된다는 단점이 있다. 지속적인 서비스를 받고자 한다면 대기업에서 운영하는 CCTV 서비스를 받자. KT텔레캅에서 운영하는 CCTV 서비스는 4대에 75,000원 선에서 시작한다. 또

1~2대만 설치할 수 있는 염가형 서비스도 출시했는데, 1대에 2만원부터 시작한다.

 CCTV 대수뿐 아니라 카메라 품질과 저장용량에 따라서도 가격이 달라질 수 있으니, 내 가게 크기와 용도에 맞춰 적절한 것을 선택하자. 부기곰탕은 일단 염가형 CCTV 설치 상품을 이용해 2대만 설치하기로 했다. 그리고 캡스는 건물 자체에 보안 시스템이 있어서 계약하지 않았다.

◆ **15평 부기곰탕의 방역·안전 비용** ◆

종류	월별 비용	비고
방역업체	월 8만원	
CCTV 설치	월 3만원	2대 설치
합계	월 11만원	

CCTV 4대에 75,000원부터 시작하는 KT텔레캅 서비스

내 재산을 지켜주는 화재보험 — 연 11만원

화재보험, 화재사고만 책임지는 게 아니다

화재보험은 화재로 인한 사고만을 대비하는 보험이 아니다. 만일의 사고를 당했을 때 내 재산이 손해 입는 것을 전반적으로 대비하는 보험이다.

화재보험은 실비보험처럼 소멸성 보험과 환급을 해주는 환급형 보험으로 나뉜다. 또한 특약에 따라 내 피해만 보장하는지, 주위 다른 거주민과 장사꾼의 피해까지 보상해주는지가 달라진다.

가게에서 아이들이 놀다가 문틈에 손이 낀다든지, 갑작스럽게 배탈이 난다든지 하는 느닷없는 사고에도 대비할 수 있는 특약이 있다. 이런 대물배상 특약은 장사를 하는 최소한의 안전장치가 된다.

화재보험 가입 금액? 상황에 따라 천차만별!

처음 화재보험에 가입할 때는 손해사정사가 나와서 보험 가입 가능 여부를 파악하게 된다. 손해사정사의 판단에 따라 금액이 달라진다. 간혹 건물의 자재가 불에 타기 쉬운 종류라는 등의 이유로 보험 가입이 안될 수도 있다. 또한 가건물도 가입 불가 대상이다.

일례로 20평짜리 맥주 전문점의 화재보험은 소멸성으로 연 11만원이었다. 이는 소멸성이자 가입자 점포의 피해만 보장해주는 보험이었다. 비슷한 평수의 국밥집은 보험가액을 적게 잡고 특약이 전혀 없었다. 정말 딱 화재로 인한 재산피해만 보장받게끔 해서 월 3만원을 내고 있다. 이렇듯 상황에 따라 화재보험 액수는 달라진다. 각자의 상황에 맞게 가입하면 될 것이다.

사업장 특성과 상황에 맞춰 적절한 화재보험 상품을 선택해보자

음식물쓰레기 처리비용 — 30만원

간과하기 쉬운 음식물쓰레기 처리!

장사를 시작해보니 또 보이지 않는 지출이 있다. 음식물쓰레기 처리가 대표적이다. 가정에서야 음식물쓰레기가 얼마 나오지 않으니 가끔씩 종량제봉투를 사서 버리면 그것으로 끝이다. 그 비용도 눈에 띌 정도는 아니라서, 음식물쓰레기 처리비용이 많이 나와봐야 얼마나 나오겠냐고 안일하게 생각하기 쉽다. 하지만 장사를 할 때는 쓰레기를 버리는 것도 다 돈이다.

음식물쓰레기, 무게와의 전쟁

지역자치구마다 음식물쓰레기를 처리하는 방법이 다르다. 예를 들어 홍대가 있는 마포구는 점포에서 음식물쓰레기를 처리할 때 사설업체를 통해 수거하는 문전수거제를 시행중이다. 기존에는 음식물쓰레기 봉투나 수거용 용기를 통해 처리했으나, 거리의 청결을 위해 방식을 바꾼 것이다. 덕분에 아무데나 쓰레기를 버리던 과거에 비해서 거리가 훨씬 깨끗해지고 냄새도 덜 나게 되었다.

지면상 모든 자치구별 처리 방법을 소개할 수는 없지만, 가게를 운영할 때 음식물쓰레기 처리는 크게 다음과 같은 기준으로 이루어진다.

- **연면적 200㎡(60.5평) 미만인 소형음식점** : 음식물쓰레기 종량제봉투, 수거대행업체 계약 등
- **연면적 200㎡(60.5평) 이상인 사업장** : 자체 처리 또는 재활용 신고자나 폐기물 처리시설 신고자에게 위탁처리

마포구는 문전수거제를 시행하면서 각 점포가 사설업체와 계약할 수 있도록 알선했다. 장사꾼은 소개받은 사설업체 가운데 조건이 좋은 곳을 골라 계약하면 된다. 이 경우 **음식물쓰레기 처리비용은 리터당 150원 선**이다.

가정에서 사용하는 종량제봉투를 떠올려보면 가격이 비싸지 않다고 느낄 만하다. 하지만 실제로는 어떨까? 밑반찬도 별로 없는 분식집은 요식업 중에서 음식물쓰레기가 많이 나오지 않는 편이다. 그럼에도 **음식물쓰레기 비용만 월 25만원이 훌쩍 넘는다. 한식처럼 반찬이 많이 남는 경우라면 100만원을 넘는 일도 비일비재**하다. 막 장사를 시작한 부기곰탕은 아직 30만원 선의 음식물쓰레기 처리비용이 나오지만, 자리를 잡아가며 조금씩 오를 가능성이 높다.

덧붙여 음식물쓰레기를 담는 전용용기를 구입해 음식물쓰레기를 내놓는 경우 기본 3만원부터 시작이라고 생각하면 된다. 당혹스러운 일이지만 간혹 용기가 없어지는 경우도 있으니 관리에 신경을 쓰자.

음식물쓰레기 처리비용 절감 방법

이처럼 음식물쓰레기 처리비용은 만만치 않은 수준이다. 하지만 대개 고정비용으로 생각하지 않는다. 매달 이 정도의 돈이 나간다는 것을 알았으니, 그 요금을 확실하게 비용처리하는 것이 필요하다. 이를 위해 음식물쓰레기 수거 업체에서는 점포와 계약을 맺고 세금계산서도 끊어준다.

먼저 다음 항목은 음식물쓰레기가 아니라 일반쓰레기로 버려야 한다.

◆ 음식물쓰레기로 버리면 안되는 것들 ◆

과일류	• 호두, 밤, 땅콩 등 딱딱한 껍질 • 복숭아, 살구 등 핵과류 과일의 씨앗
채소류	• 양파, 마늘, 생강, 옥수수 등 섬유질이 많은 채소류의 껍질 • 옥수숫대, 마늘대, 고춧대, 고추씨 등 딱딱한 줄기류
육류	소, 돼지, 닭 등의 털과 뼈다귀
어패류	조개, 소라, 꼬막, 굴 등 껍데기
찌꺼기	각종 차류(일회용티백 등)와 한약재 찌꺼기
기타	비닐(봉지 등), 병뚜껑, 나무이쑤시개, 종이, 호일, 빨대, 일회용스푼, 플라스틱, 고무장갑, 쇠붙이, 숟가락, 젓가락, 유리조각, 금속류 등

음식물쓰레기를 수거하는 방법은 크게 2가지로 나눌 수 있는데, 봉투에 담아 내놓는 부피 중심의 배출과, 무게를 달아 내놓는 무게 중심의 배출이다. 상황별로 다음과 같이 음식물쓰레기를 처리하면 비용절감에 도움이 될 것이다.

- **부피 중심** : 음식물쓰레기 봉투 안에 되도록 빈 공간이 없도록 담아야 한다. 양배추처럼 억세고 부피가 큰 채소는 썰거나 말리고, 빵처럼 부풀어 있는 음식물쓰레기는 꼭꼭 눌러 담으면 비용을 절감할 수 있다.
- **무게 중심** : 음식물쓰레기의 무게에서 가장 큰 비중을 차지하는 것은 수분이다. 찌꺼기가 없는 국물은 하수구에 버리는 것이 낫다. 수분을 최대한 빼고 담도록 한다. 경우에 따라 음식물쓰레기 건조기를 활용해 비용을 더욱 절감할 수 있다.

폐식용유도 모으면 돈!

요식업에 종사하면 식용유를 많이 사용하게 된다. 치킨이나 튀김, 전 등 기름을 사용하는 음식이 많기 때문이다. 따라서 폐식용유가 많이 나온다.

폐식용유를 하수구에 버리지 않는 것은 기본이다. 쓰고 남은 폐식용유는 다시 통에 담아두자. 공업사 등에서 폐식용유를 사용해 비누로 재활용하는 등 폐식용유에 대한 수요가 따로 있다.

장사하는 동네에 이런 폐식용유를 수거해가는 사람이 있는지 찾아보자. 만약 새 식용유 1통을 31,000원에 샀다면, 폐유를 수거해갈 경우 7,000원 정도를 책정해준다. 물론 폐유 시세는 끊임없이 변한다. 기름을 버리려고 들면 그 비용도 꽤 들지만 이렇게 재활용할 방법을 찾는 것도 좋다.

서울시에서 장사를 한다면, 2012년 12월 27일부 '폐식용유 수거 위탁' 협약을 통해 7일간 2kg 이상 동물성기름이 발생하는 음식점을 대상으로 위탁수거를 하고 있다. 해당 권역의 업체에 연락하면 단가를 확인하고 수거를 의뢰할 수 있다.

사장님만 예민한
카드수수료 - 8만원

편리한 카드 사용, 장사꾼이 수수료 부담!

요즘은 대부분의 소비가 카드로 이루어진다. 우리나라는 특히 신용카드 사용률이 정말 높다. 따라서 카드결제를 잘하기 위해서도 포스기 사용이 꼭 필요하다.

포스기로 카드결제가 이루어지면 장사꾼에게 카드수수료가 부담된다. 이 수수료는 2.8% 안팎으로, 카드사마다 다르다. 만일 **카드매출액이 3,000만원이라면 70만원은 수수료로 내야 하는** 것이다. 이 금액은 은행으로부터 카드결제대금을 받을 때 은행이 떼고 준다.

장사꾼과 고객의 동상이몽, 왜 10%를 붙일까?

더치페이 등으로 1회 결제를 여러 번에 나누어 결제하는 경우가 있다. 일반인이라면 흔히 이런 결제 방식을 점주가 싫어하는 이유는 카드수수료 때문이라고 생각한다. 하지만 실제로는 점원이 계산하는 동안 다른 일을 못하고 묶여 있고, 게다가 계산이 잘못될 가능성이 높다는 것이 더 큰 문제다. 손해보다는 짜증이 유발되는 것. 사실상 수수료는 큰 차이가 나지 않는다.

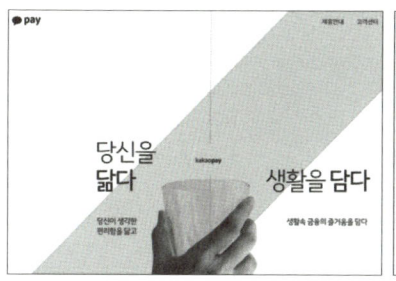 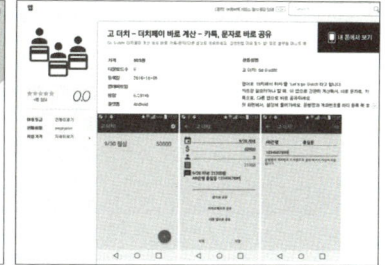

고객의 더치페이를 쉽게 해주는 스마트폰 앱 등장

카드대금 지급 횟수를 줄여 수수료 감축!

내 가게 카드 매출은 다음날 아침 사업자통장으로 들어온다. 이때 2.8% 안팎의 수수료를 떼고 입금된다. 이렇게 들어오는 금액은 곧 오늘 장사에 필요한 자재를 구입하거나 임대료를 내는 등 가게를 유지하는 데 쓰인다.
그런데 당장 빠듯하게 현금을 돌려야 할 상황이 아니라면 은행의 지급 횟수를 줄이는 것도 좋다. 예를 들어 이달 매출을 하루에 몰아서 받는 조건이면 카드수수료를 꽤 절감할 수 있다. 매일 입금받는 것이 불필요하다면 1달에 두 번 입금하는 조건 정도는 활용할 만하다.

15평 요식업 에너지비용 — 100만원

숨만 쉬어도 돈? 내가 쓰고 있는 에너지들!

장사를 하려면 반드시 에너지가 필요하다. 수도, 전기, 가스가 그것이다. 이런 에너지비용은 수도광열비와 난방비 등으로 지출된다. 식당이나 카페에서는 특히 각종 에너지를 많이 쓰기 때문에 가정용과는 들어오는 용량 자체가 다르다.

또한 직접 장사를 해보지 않으면 모르는 비용으로 정화조 청소비용이 있다. 관리비에 포함되기도 하지만, 그렇지 않다면 보통 1년에 한 번 정도 부과된다. 이것 또한 피할 수 없는 비용이므로 내야 할 때가 오면 1년에 한 번 오는 날이 왔다고 생각하고 받아들여야 할 것이다.

요식업 장사를 할 때 에너지비용은 얼마일까?

그렇다면 가게를 운영할 때 이런 비용은 얼마나 나갈까?

요식업을 기준으로 설명하겠다. **수도요금은 2달에 한 번씩 납부하는데 20만 원을 훌쩍 넘는 게 일반적**이다. 지속적으로 설거지를 해야 하고 요리할 때도 물이 들어가기 때문이다. 이것 역시 조금만 자리를 잡으면 2배는 훌쩍 넘는다.

가스요금 역시 하루에 1만원은 꼬박꼬박 나갈 것이다. 요즘은 도시가스를 많이 사용하는데, 안전하고 계량이 정확하다. 어떤 음식을 파는지에 따라 휴대용 버너로 대체할 수도 있지만 이는 드문 경우에 속한다.

전기요금은 하루 2만원은 예상하는 게 좋다. 전기제품들이 많아졌고 하루 종일 전원을 켜놓아야 하는 기기들이 있기 때문이다. 요즘은 손님들의 휴대폰 충전 요구도 많아졌다.

이를 모두 종합하면, **막 오픈한 요식업 점포는 하루에 3~4만원 정도를 쓴다고 생각하면 된다. 1달이면 100만원에 육박**한다. 아직 손님이 많지 않고 자리를 잡지 못했다 하더라도 이 정도는 사용할 것이라고 마음먹고 있어야 한다.

아는 사람만 아끼는 전기요금 절감 비법

여기서 살펴본 기본적인 요금 중 수도요금이나 가스요금은 무척 절약하기 어렵다. 반면에 전기요금은 사용자의 습관에 따라 일부 절감이 가능하다.

가장 우선적으로 해야 할 일은 **에너지효율등급이 높은 기기를 들여놓는 것**이다. 에어컨을 하루 종일 틀어도 10년 전에 구형 에어컨을 아끼면서 튼 것과 비슷한 전기요금이 나온다는 말이 있다. 그만큼 기기들이 에너지를 다루는 효율성이 높아졌다는 뜻이다. 새로 장사를 시작한다면 꼭 에너지효율등급을 따져보고 구입하자. 다만 에어컨같이 오랫동안 켜놓는 기기는 에너지효율등급이 높을수록 좋지만, 청소기처럼 잠시만 사용하는 기기는 에너지효율등급이 낮아도 크게 상관없다.

전기요금을 많이 잡아먹는 주범 중 하나가 전기밥솥이다. 특히 50인용, 100인용 전기밥솥이 잡아먹는 전기는 어마어마하다. **밥솥 전용으로 따로 멀티탭이나 차단기를 설치해 관리**하자.

마지막으로 전기요금, 수도요금, 가스요금 모두 사업자등록을 통해 세금계산서를 받을 수 있다. 세금계산서가 있다면 지출증빙이 된다는 사실을 잊지 말자.

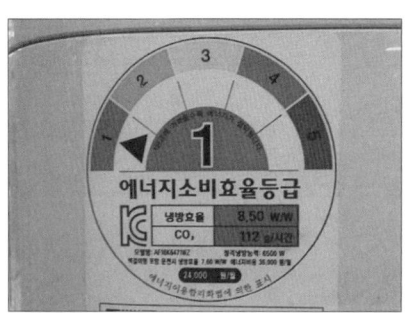
항상 틀어놓게 되는 에어컨은 에너지효율등급이 높은 것이 좋다

높은 전기요금의 주범, 전기밥솥

멀티탭 사용으로 전기요금 절감을 습관화하자

장사를 시작하면 처음에 전기요금 고지서를 받고 깜짝 놀라게 될 것이다

15평 부기곰탕, 자투리 경비 절약 체크리스트

월 165만원, 15평 장사 1달 경비

15평 요식업을 하는 부기곰탕에서는 1달 비용으로 얼마나 지출하게 될까? 지금까지 살펴본 각종 비용을 정리해보았다.

종류	월별 비용	비고
포스기(렌탈)	월 1만원	오더포스 미포함
정수기(렌탈)	월 3만원	필터교체형
인터넷 · 전화	월 4만원	기가와이파이 포함
방역업체	월 8만원	
CCTV 설치	월 3만원	2대 설치
화재보험	월 8,300원	연 10만원
음식물쓰레기 처리비용	월 30만원	
카드수수료	월 8만원	
수도요금	월 10만원	
가스요금	월 30만원	
전기요금	월 60만원	
합계	약 158만원	

만약 여기서 알아본 각종 유지비들의 정체를 몰랐다면 둘째마당에서 작성한 사업계획서대로 닭곰탕 가격을 책정하고 장사를 하는 과정에서 내가 모르는 지출이 발생했을 것이다. 장사꾼은 돈을 벌고 있다고 생각하지만, 실상은 구멍 뚫린 주머니에 돈을 넣는 것처럼 줄줄 새고 있었는지도 모르는 일이다. 이제 정확한 내역을 알았으니 절감할 부분이 더 있는지, 필요없는 지출은 없는지 반성도 할 수 있을 것이다.

CHECKLIST

자투리 경비 절약 방법

각종 렌탈
☐ 포스기 결제건수에 따른 혜택을 받을 수 있는가? 있다면 받고 있는가?
☐ 인터넷과 전화는 결합할인이 가능한가? 가능하다면 결합했는가?

방역과 안전
☐ 방역업체는 신뢰도 높은 곳을 선정했는가?
☐ CCTV를 너무 많이(적게) 설치하지 않았는가? 약정상 조정이 가능한가?
☐ 내 점포는 추가적인 보안장치가 필요한 환경인가?

화재보험
☐ 보험의 보장범위와 특약이 내 업종과 잘 맞는가?
☐ 내가 가장 우려하는 사고가 무엇이며, 보험이 그것을 보장해줄 수 있는가?

음식물쓰레기 처리비용
☐ 음식물쓰레기를 처리할 때 부피와 무게를 효과적으로 절감할 수 있는가?
☐ 그렇지 않다면 어떤 방법으로 절감할 수 있을까?

수수료
☐ 카드대금 지급 횟수가 너무 잦지는 않은가?

에너지비용
☐ 에너지효율등급이 낮은 가전제품은 없는가?
☐ 있다면 적은 비용으로 교체가 가능한가?

내 가게 알리기 —
온라인 마케팅으로 비용 절감!

개점행사, 내 가게 신고식?

유명 상권을 돌아다니다 보면 신장개업 행사를 심심찮게 목격할 수 있다. 요란한 음악, 알록달록한 풍선, 내레이터 모델의 화려한 언변…. 옆에 늘어선 각종 화환들을 보면 가게 주인이 무슨 일을 하던 사람인지 대충 짐작이 간다.

많은 장사꾼들이 가게를 열면 개점행사를 통해 요란하게 가게를 알리고 이것저것 이벤트도 한다. 돈이 적게는 수십에서 많게는 몇백만원이 행사 며칠 만에 깨지기도 한다. 하지만 호응은 예전 같지 않다.

왜 그럴까? 예전에 비해 많은 사람들이 장사에 뛰어들었고, 또 가게의 평균 계약기간이 짧아지면서 신장개업하는 가게가 많아졌기 때문일 것이다. 너무 자주 신장개업이 이루어지는 점포를 보다 보면 또 바뀌었구나, 건물주의 조건이 나쁜가, 목이 안 좋아서 금방 망하나, 그런 생각이 먼저 든다.

왕초보 장사꾼의 첫 가게가 프랜차이즈 점포라면 개점행사를 피할 수 없을 것이다. 또한 개점행사를 하는 업체도 프랜차이즈에서 선별해서 알려줄 것이다. 하지만 개인점포라면, 특히나 15평 남짓한 나만의 첫 가게를 만들었다면 개점행사는 조촐하게 했으면 한다. 차라리 옛날처럼 신장개업을 알리는 띠를 붙여두고 주위 점포에 떡 정도 돌리는 것이 낫다.

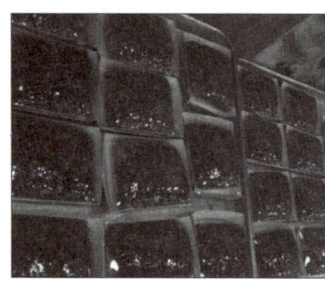 

IT 시대 홍보의 꽃, SNS 마케팅!

반면 온라인에서는 홍보할 수 있는 창구가 많아졌다. 먼저 네이버 블로그와 카페부터 페이스북이나 인스타그램 같은 SNS를 통해 글과 사진으로 다가갈 수 있는 방법이 대중적이고 일반적이다. 여기에 더해 요즘은 유튜브를 활용한 동영상 홍보나 실시간 스트리밍이 이루어지기도 한다. 직접 홍보비를 낼 생각이라면 네이버나 구글 GDN을 통해 타깃 광고◆를 할 수도 있다.

◆ **타깃 광고** : 인터넷을 쓰는 사람이 특정 키워드로 검색하는 경우 그 키워드가 내 장사와 연관 있을 때 그 사람에게 내 장사의 광고를 보여주는 방식이다. 일반적인 포털 배너광고에 비해 효과가 높은 만큼 단가가 비싸다.

그러나 본격적으로 SNS 마케팅을 시도한다면 배워야 할 것과 신경써야 할 부분이 많다. 요즘처럼 SNS 마케팅을 시도하는 업체가 많아진 때는 그 경쟁이 더욱 심하다. 전담인원을 배치하고도 사람들의 관심에 오르내리는 것은 천운이나 다름없다는 말이 나올 지경이다.

그러므로 장사꾼이 해야 할 SNS 마케팅은 전문적인 지식을 뽐내는 마케팅이 아니라 장사꾼이 잘할 수 있는 마케팅이어야 한다. 더불어 이런 홍보활동을 하느라 본업인 장사가 뒷전이 되어서는 안된다. 그렇다면 어떤 식으로 접근해야 효율적인 홍보가 될까?

비싼 1등 키워드보다 값싼 2등 키워드 포섭하기

여성의류 쇼핑몰 '마미클로짓'에서 답을 하나 찾을 수 있었다. 마미클로짓은 그냥 의류가 아니라 여성의류, 그냥 여성의류가 아니라 40~50대 어머니를 대상으로 한 여성의류를 판다. 이에 홍보 카피로 '럭셔리 엄마 옷'을 내세워, 육아의 고단함에 지쳐 아름다움을 내려놓은 대한민국 엄마들의 마음을 사로잡았다.

그런데 이 쇼핑몰, 아주 실용적인 방법으로 온라인 마케팅에 접근해 높은 효과를 거두었다.

포털사이트에서 키워드 광고를 할 때는 키워드당 단가가 매겨져 있다. 그런데 당연히 사람들이 많이 검색해서 유입될 확률이 높은 키워드의 단가는 비싸다. 마미클로짓의 경우에는 '엄마옷'이 그런 키워드였다. 이런 키워드는 높은 효과만큼 단가도 비싸고, 각종 거대 홈쇼핑과 검색 경쟁을 해야 한다. 그래서 마미클로짓은 2등 키워드를 찾는 전략을 선택했다. '엄마옷' 키워드의 가격이라면 '미시옷', '보세엄마옷', '중년여성의류' 등 2등 키워드 여러 개에 키워드 광고를 신청할 수 있다.

이렇게 2등 키워드 광고를 신청하고 나면 포털사이트에서 광고 효과를 분석할 수 있다. 광고주에게는 데이터가 공개되어 있으므로, 스스로 분석할 수 있다면 웬만한 광고대행사보다 정확한 분석이 가능하다. 2등 키워드 여러 개에 광고를 건 뒤 그중 효과가 떨어지는 것은 다른 키워드로 교체하는 식으로 접근하니 효과가 있었다.

비록 1등 키워드보다 효과는 떨어지지만 소자본으로 효율적인 키워드 광고

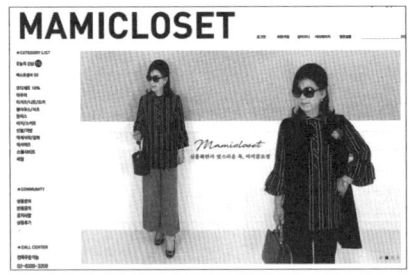

마미클로짓 www.mamicloset.com

1등 키워드를 검색해보면 2등 키워드의 힌트를 얻을 수 있다

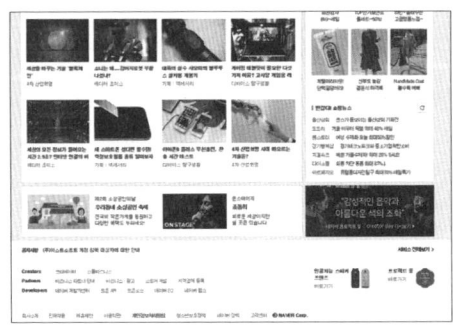

네이버 하단 parters → 비즈니스, 광고를 클릭해보자

광고 등 서비스를 신청할 수 있는 화면이 나타난다. 따로 가입해야 한다

가 가능한 방법이었다. 참고로 2등 키워드는 1등 키워드를 검색한 뒤 연관검색어나 검색 결과에서 자주 언급되는 키워드가 뭔지 살펴보면 찾을 수 있다.

고객이 있는 곳으로 찾아가라

따로 광고비를 지출하지 않아도 인터넷은 충분히 홍보가 가능하다. 마미클로짓은 패션을 다루는 카페를 찾고, 그중에서도 자신이 파는 옷을 입을 연령대와 지역에 맞춰 필터링을 해 들어가서 홍보를 했다고 한다.

이렇듯 마케팅을 하는 사람이라면 대형 포털사이트와 더 친해질 필요가 있다. 국내 최대 규모의 회원수를 자랑하는 네이버 카페나 다음 카페를 적극적으로 활용하자. 웬만한 인터넷 커뮤니티보다도 매출과 이어질 잠재고객이 많다.

새로운 홍보의 장! 팟캐스트와 네이버 모두, 스토어팜

판매하는 아이템과 관련된 팟캐스트 만들어 홍보하기

요즘은 팟캐스트를 제작하는 사람들이 많아졌다. 아직도 팟캐스트를 모르는 사람도 많지만 지금까지 만들어진 팟캐스트가 1만개가 넘는 걸로 봐서 요즘 젊은 사람들은 많이들 알고 이용하는 것 같다. 이제는 기업에서도 팟캐스트를 홍보 수단으로 많이 이용하고 있다. 그리고 앞으로 이 시장은 더 커질 것이다.

이런 분위기에 힘입어 팝콘자동차는 최근에 자동차 유지관리를 내용으로 '내 차를 부탁해'라는 팟캐스트를 제작하고 있다. 차량용품 쇼핑몰을 운영하면서 자동차와 관련된 팟캐스트 방송을 제작함으로써 잠재고객에게 '팝콘자동차'라는 이름을 노출하기 위한 작업이다.

SNS에서 가게를 홍보하고 노출시키는 것은 이미 너무 많은 가게들이 실천하고 있다. 하지만 팟캐스트는? 사실 알고 보면 정말 쉽게 제작할 수 있는데, 선뜻 만들겠다고 하기가 쉽지 않다. 따라서 아직은 팟캐스트를 이용한 홍보시장에서는 그렇게 경쟁이 치열하지 않다.

자신이 판매하는 아이템과 관련해 사람들에게 말해줄 것이 있다면 재미있게 기획해서 팟캐스트를 만들어보기를 권한다. 자신의 일에 대한 전문성도 높아지고 방송을 듣는 사람들에게 가게를 알리기에 참 좋은 도구다. 게다가 잘되면 추가로 광고수익도 얻을 수 있다.

네이버 모두 서비스로 가게 홈페이지 만들기

네이버에서 제공하는 모바일 홈서비스인 모두(modoo)에서는 작은 가게를 위한 홈페이지 만들기를 지원한다. 무료로 내 가게 공식 홈페이지를 만들 수 있고, 네이버라는 국내 최대 포털에 노출되기 쉽다. 또한 각종 공지와 영업시간, 점포 위치를 손님에게 알릴 수 있으며 손님과 일대일상담도 가능하다. 템플릿이 다소 한정적이며 네이버 밖에서는 검색이 쉽지 않은 한계가 있지만, 내 가게 첫 홈페이지로 고려해볼 만한 서비스다.

네이버 스토어팜

단독 쇼핑몰을 만들거나 관리하는 것을 부담스러워하는 사장님들에게 희소식이 있다. 바로 네이버에 노출되기 쉬운 오픈마켓 '스토어팜'이다. 네이버에서 직접 운영하기 때문에 상품이나 제품 등록이 블로그처럼 쉽다. 네이버 광고를 통해서 홍보할 수 있고, 직접 광고를 운영하면 네이버에서 작은 혜택을 준다. 팝콘자동차도 효과적으로 광고를 운영하기 위해 스토어팜을 이용했지만 상품수가 많아질수록 관리가 어려워져서, 현재는 관리 업체를 선정하는 중이다.

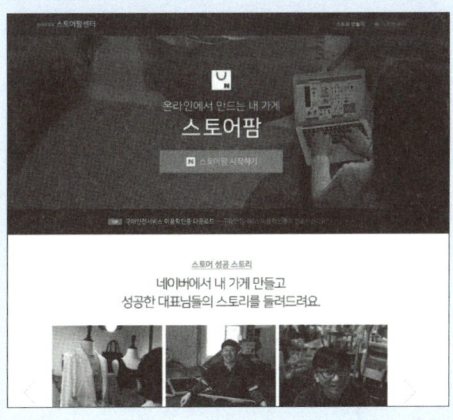

웃어넘겨야 할 각종 분쟁과 돌발지출

예상치 못한 돌발지출, 분쟁에서 나온다!

장사를 하다 보면 더욱 장사꾼을 힘들게 하는 문제가 있다. 바로 사람과 분쟁이 일어나는 것이다. 사람과 분쟁은 심하면 장사를 그만두고 싶어지는 결정적인 이유가 된다. 그동안 열심히 점포를 운영하고 단골손님을 만들었어도 1~2명과 분쟁으로 인해 장사를 접고 싶어지는 것이 사람의 심리다. 게다가 이런 분쟁이 발생하면 그동안 아무리 열심히 손익을 계산하고 사업계획서를 썼더라도 예상치 못한 돌발지출이 발생하곤 한다.

이런 분쟁을 예방하고 해결할 방법이 있다면 단 하나다. 스스로가 의연할 수 있는 강직한 신념을 갖는 것이다. 누가 뭐라고 하든, 어떤 일이 일어나든 유연하게 대처할 수 있는 멘탈 말이다. 이것은 오랜 경험에서 나온다. 살아남은 장사꾼이 모두 훌륭한 장사꾼이라는 것이 괜한 말이 아닌 이유다.

사례 1 | 미관을 해치는 덕트 문제

예를 들어보면, 조리를 하는 가게라면 덕트 설치를 고려하게 된다. 덕트란 내 가게의 조리시설에서 나오는 연기를 빨아들여 건물의 옥상으로 내보내는 환기용 기관이다. 덕트는 혼자 해낼 수 있는 시공이 아니다. 그래서 자재비뿐만 아니라 설치할 때 인건비가 많이 나온다. 건물이 높고 내 가게의 위치가 낮을수록 비용이 더 올라감은 물론이다.

한 가게에서는 처음 창업할 때 덕트를 따로 설치하지 않았다. 연기가 나가는 방향이 건물 뒤편이고 사람도 많이 다니지 않았기 때문이다. 그런데 윗집의 다른 점포 점주로부터 항의가 들어왔다. 아래층에서 조리할 때 나오는 연기와 냄새로 인해 직원들이 머리가 아파 모두 그만두었다는 것이다.

뒤늦게 덕트를 설치해야겠다고 마음을 먹었다. 비용이 많이 나갔지만 어쩔 수 없었다. 그런데 이 사실을 건물주에게 얘기하니 펄쩍 뛰었다. 덕트는 건물 외벽에 설치하는 것인데, 건물주 입장에서는 건물에 덕트 같은 시설을 덧붙이는 것을 용납할 수 없었던 것이다.

다행히도 이 사건은 다른 방향에서 해결책이 나왔다. 윗집 점포 직원들이 모두 머리가 아팠다는 말이 과장이 아니라 실제 연탄가스로 인해 벌어진 일이었다. 그리고 그 연탄가스는 다른 점포에서 고기를 초벌구이할 때 나오는 연기를 처리하지 못한 탓이었다. 그 연탄구이집에서 흡기시설을 설치함으로써 문제를 해결할 수 있었다.

하지만 만약 이 상황에서 내가 연탄구이집을 운영하는 당사자였다면 명백하게 추가시공이 필요한 문제다. 연탄가스가 배출된다는 사실을 간과하고 덕트 설치를 하지 않은 셈이기 때문이다. 따라서 애초에 **주위 점포나 거주민에게 피해를 주지 않을 방법을 모색**해두어야 추가지출을 피할 수 있다.

사례 2 | 영원한 분쟁거리, 주차 문제

가장 많이 받는 민원 주제 중 하나가 주차다. 특히 좁은 길목이나 번잡한 거리일수록 주차로 인한 갈등이 잦다.

꼭 주차가 아니더라도 차를 잠시 댈 일은 자주 일어난다. 한번은 내 가게가 2층인데 에어컨에 문제가 생겼기에 설비를 위해 차를 앞에 댔다. 그런데 그 상황에서마저 민원이 들어왔다. 홍대앞처럼 집값이 비싼 지역은 주차 문제에 굉장히 민감하다. 사정이 있어 잠시 주차하는 것이더라도 지역에 사는 사람들과 충돌이 일어나기 쉽다.

비록 주차 문제에 있어서는 열혈 싸움꾼이 되는 사람들이 많더라도 맞서 싸우기보다는 먼저 양해를 구하는 것이 중요하다. 에어컨 설비로 인해 차를 대야 하니 1시간만 양해해달라 이야기하면 면전에 대고 안된다고 말하기 어려운 법이다. 내 사정을 다른 사람이 당연히 이해해주기를 바라는 것은 무리가 있다. 장사는 내 일만 잘하면 되는 것이 아니라 주위 사람들과 물의를 빚지 않아야 하기 때문이다.

사례 3 | 쓰레기 투기로 인한 의심

장사에서 쓰레기 처리는 손이 많이 가는 일 중 하나이고, 그래서 생기는 분쟁도 많다. 쓰레기 배출과 처리가 깔끔하게 되면 좋지만, 몇몇 비양심적인 사람들의 불법 쓰레기 투기로 인해 피해자가 발생하기도 한다.

한때 필자는 길거리에 나온 불법 쓰레기봉투 안에서 꼬치구이를 먹을 때 쓰는 꼬치가 나왔다는 이유로 의심을 받은 적이 있다. 근처에 꼬치를 파는 가게가 한둘이 아닌데, 아마도 모든 가게를 돌아다니며 항의를 하는 모양이었다. 이런 의심이 심해지다 보니 길거리에 버려진 꼬치만 보면 필자가 직접 주워서 다른 곳에 버려야 마음이 편해질 지경이었다.

본인은 기본을 지키지만 그렇지 않은 사람들로 인해 오해나 불이익을 받는 경우가 있다. 억울함과 스트레스를 많이 받을 것이다. 하지만 피할 수 없는 일이다. 같이 사는 곳이기 때문이다. 되도록 소통하려고 애써야 한다. 싸워봐야 자신의 손해로 돌아올 뿐이다.

나중에는 가게에 안내문을 걸었다. 쓰레기 배출은 확실하게 책임지고 하고 있다는 것을 알리는 안내문이었다. 비록 그 안내문이 항의하던 사람의 의심을 거두어주지는 못했지만, 장사하는 사람으로서 '나는 당당하게 일하고 있다'고 굳게 마음먹는 데에는 도움이 됐다.

사례 4 | 비흡연자들의 고통, 담배로 인한 갈등

가게마다 흡연하는 근로자들 사이에 일종의 '담배 타임'이 있다. 흡연자에게 쉬는 시간은 곧 담배 1대를 피우며 이야기를 나누는 시간이다. 하지만 마땅한 흡연공간이 마련되지 않은 상태에서 이들의 흡연은 주위 상가와 비흡연자들에게 고통이 된다.

손님들의 흡연 역시 마찬가지다. 요즘처럼 점포 내에서 흡연이 제한되는 경우 가게 앞이나 뒤쪽의 후미진 공간에서 흡연하는 손님들이 많다. 요식업 중에서도 술을 함께 파는 가게라면 특히 많은 편이다.

이때 담배 연기와 냄새가 근처에 거주하는 주민들을 괴롭힐 수 있다. 정부 차원에서 금연구역 설정과 길에서 금연 지도가 이루어지고 있음에도 아직 갈 길이 멀다.

그렇다면 방법은 단 하나. 장사꾼이 직접 콘트롤할 수밖에 없다. 그나마 흡연해도 무방한 공간에 흡연구역을 마련해주거나, 매일매일 담배꽁초를 치워 환경미화를 해야 한다. 그것만이 주위 사람들의 분노를 잠재울 수 있는 방법일 것이다.

사례 5 | 들어본 사람만 아는 소음 문제

번화가일수록, 그리고 재건축이 활발한 도심일수록 소음 문제가 잦다. 소음 문제가 발생하는 대표적인 예가 공사다. 재건축은 엄청난 공사소음을 일으켜 주위 거주민이나 상가에 지속적으로 악영향을 미친다. 먼지가 피어오르거나 각종 해충이 이사오는 것은 덤이다. 이런 공사소음은 재건축이 아니라 리모델링이나 노후시설을 보수할 때도 일어난다.

그렇다고 해야 할 공사를 하지 않을 수는 없는 노릇이다. 그래서 갈등이 잦고 민원이 많다. 민원 문제로 동사무소를 한번 가보면 안다. 공사소음으로 인한 민원이 아주 많다.

따라서 내 가게를 공사해야 한다면 사전에 미리 주위 사람들에게 양해를 구해야 한다. 하다 못해 음료수라도 하나 대접하며 공사시간을 고지하고 그 시간을 철저하게 지키면 적어도 괘씸해서 넣는 민원은 방지할 수 있을 것이다.

또 다른 소음은 장사할 때 빼놓을 수 없는 음악이다. 가게 밖으로 울리는 음악소리는 손님을 끌어모으는 데 큰 역할을 한다. 시각만이 아니라 흥겨운 분위기가 손님을 감정적으로 자극하는 것이다. 하지만 이것이 지나치면 소음이 되고 곧 민원과 분쟁이 된다.

장사꾼 입장에서는 억울할 수 있지만, 가게 안에서 트는 음악이 남에게 피해를 끼칠 수도 있다는 것을 인지해야 한다. 건물의 자재에 따라 음악의 저음부와 드럼 소리가 쩌렁쩌렁 울릴 수 있는데, 내 가게 안에서 트는 음악소리는 작아도 건물 안에 있는 다른 사람들에게는 거슬리는 소음이 되곤 한다. 어디까지가 남에게 피해를 입히지 않고 내 가게 분위기를 살릴 수 있는 음량인지를 파악해둘 필요가 있다.

사례 6 | 내 가게 앞에 다른 가게 손님이? 공간활용 갈등

마지막으로는 서로의 가게 앞 공간을 본의 아니게 침범하게 되는 사례가 있다. 상가에서 한 가게가 너무 잘나가면 손님이 잔뜩 몰리게 된다. 특히 요즘처럼 TV나 인터넷을 통해 특정 가게가 맛집으로 소문나는 일이 잦은 때에는 이런 현상을 자주 목격할 수 있다.

그런데 이 잘나가는 가게가 직접 통제하지 않으면 손님들은 어디에 줄을 서야 할지 모르는 탓에 주위 가게에 피해를 끼칠 수 있다. 휴가철이면 손님이 몰리는 관광지의 한 시장에서 특정 음식이 유명세를 탔는데, 이 음식을 사기 위해 시장으로 몰리는 인파가 엄청났다.

그러나 내 가게에 와주지 않는 인파들이 야속해도 그 가게에 이야기해봐야 뾰족한 수가 없다. 내 가게 손님이 기다릴 때 이용하라고 놓은 의자에 다른 가게 손님이 앉아 있기 시작하면 마음이 복잡해진다. 그렇다고 내 가게 의자를 치우면 그만큼 내 가게의 손님들이 불편해지기 때문이다.

확실한 것은 한 가게가 잘되면 그 상가의 다른 가게들도 다 같이 좋다는 것이다. 전체적인 손님 유입이 많아지기 때문이다. 이를 어떻게 내 가게 손님으로 돌릴지 고민해야지, 인간관계로 인해 갈등이 일어나는 것은 피해야 한다.

내 가게 이름, 상표출원으로 지키자

가게 이름을 지을 때는 이것만 지키면 OK!

잘 지은 가게 이름은 수백만원짜리 마케팅 비용에 맞먹는다. 하지만 창업 준비 스케줄에 쫓겨 개성 없는 이름을 짓는 경우가 많다. 가게 이름을 전문으로 짓는 작명소가 있을 정도니, 이름의 중요성은 더 설명할 필요가 없을 것이다.

잘 지은 가게 이름은 다음의 요소를 충족한다는 점을 염두에 두자.

① 파는 것이 무엇인지 알려준다.
② 입에 착 붙고 기억하기 쉽다
③ 다른 상호와 겹치지 않아 검색이 잘된다

상표출원, 가게 이름을 지키는 기본!

우후죽순으로 등장한 김밥천국을 기억하는가? 김밥천국은 지금도 같은 이름을 쓰는 프랜차이즈 업체만 여러 군데다. 장사 초기에 상표권이 등록되지 않은 상태로 1,000원짜리 김밥이 대박이 났고, 이를 본 후발주자들이 너도나도 비슷한 상표를 사용한 것이다.

이런 사태를 방지하려면 자기가 지은 상호에도 상표권을 등록하는 절차가 필요하다. 특히나 그것이 왕초보 장사꾼의 머리에서 나온 반짝이는 아이디어를 기반으로 한다면 상표권 등록을 빼놓아선 안될 것이다.

상표출원은 어디서 할까?

상표출원을 하기 위해서는 먼저 특허청에 출원인 코드 부여를 신청해서 자신의 고유번호를 받아야 한다. 인터넷으로 신청할 수 있다. 고유번호를 받았다면 출원서를 작성한다. 출원서 서식은 특허청 홈페이지(www.kipo.go.kr)에 들어가서 다운로드할 수 있다. 서식번호는

3-0번이다.

출원서에는 출원인부터 출원 내용, 출원국, 상표 유형과 설명, 그리고 상표의 견본을 넣어야 한다. 출원서를 적는 일 자체는 복잡하지 않으나, 이 과정에서 법적 허용범위나 특례 등이 어렵게 느껴질 수 있다. 그렇다면 변리사를 통해 상표출원을 요청하는 것도 한 방법이다. 이 경우 상표 하나를 출원하는 데 70만원 정도의 비용이 든다.

특허청 홈페이지에 들어가면 '전자 출원' 메뉴가 바로 보인다

내 상호, 이미 쓰고 있는 사람은 없을까?

상표출원을 하기 전에 어떤 상호가 등록되어 있는지 살펴볼 수도 있다. 특허청에서 운영하는 특허정보넷 키프리스(www.kipris.or.kr)를 이용하면 된다. 키프리스에 접속해 검색 범위를 '상표'로 지정하고 검색하면 어렵지 않게 다른 상표를 검색해볼 수 있다.

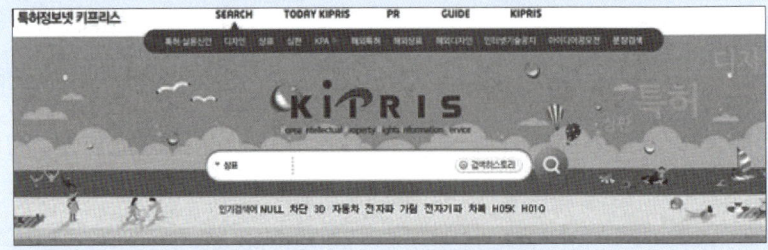

다른 사람들은 어떤 상호를 등록했을까? 내 상호 짓기의 아이디어를 얻는 데도 유용하다

내 상호를 지키는 작은 성실함

다시 김밥천국의 사례로 돌아와보자. 김밥천국은 왜 상표권 등록을 하지 않았을까? 안 한 게 아니라 등록이 거절된 것이다. 사유는 '김밥과 천국이 각각 보통명사라서 독점할 수 없다'는 것이었다.

이런 예시를 보고 왕초보 장사꾼은 '그렇다면 완전히 새로운 단어를 창작해야만 한다'고 생각할 수도 있다. 그러나 반대되는 예도 있다. 바로 알바천국이다. 알바천국 역시 비슷한 이유로 거절당했으나 등록 거절에 대한 항소에 성공해 상표권 등록을 하게 되었다. 두 사례의 결정적인 차이는 이 상표가 자신의 기획에서 나왔다는 사실을 설득할 수 있고 없고에 달려있었다.

장사꾼이 장사할 때 자신의 기획과 아이디어가 많이 담겨 있다면 상표출원을 꼭 고려하자. 눈에 보이는 손해가 아니기에 간과하기 쉽지만, 출원비를 아끼려다 큰 분쟁으로 이어져 손해를 보게 될 수도 있다.

상표권 등록에 실패한 김밥천국

상표권 등록에 성공한 알바천국

나에게 맞는 맘마미아 책을 찾아라!

1

월급으로 재테크를 하고
싶다면?

2

부업으로 수입을 늘리고
싶다면?

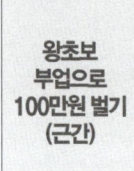 

3

식비를 절약하고
싶다면?

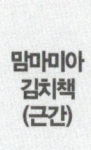 

4

재테크가 매번 작심삼일로
끝난다면?

5

아이들 경제교육이
고민이라면?

내 차가 톡톡 튄다! No.1 자동차 인테리어 쇼핑몰

"팝콘자동차"
www.popcorncars.com

내 방을 꾸미듯 내 차를 꾸미세요~

"왜 자동차 목쿠션은 개성이 없고 투박한 걸까?"
"내 차 예쁘게 꾸미려고 샀는데, 너무 불편해!"
"디자인 좋고 사용 편한 차량용 휴지통은?" "나만의 번호판을 만들고 싶다면?"

★ 팝콘자동차 오프라인 매장 ★

교보문고 핫트랙스 합정, 분당, 거제, 송도, 창원에서 만나요!

국내 자체 제작!
팝콘 only
디자인!

오직 팟캐스트를 위한 맞춤 스튜디오!

"단팟스튜디오"

★ 모든 독자 특별선물 ★

단팟 20,000원 쿠폰
(2시간 이용권)

- 쿠폰 이용시 카카오톡 '단팟스튜디오', 혹은 유선전화(02-336-0448)로 미리 예약해주세요.
- 쿠폰을 잘라서 방문해 주시면 2시간 이용권을 사용할 수 있습니다.